INA MIELKAU

KREATIV IN WEISS

KLEINE & GROSSE WOHNACCESSOIRES

Über 30 Projekte

CV

INHALT

VORWORT

FIFTY SHADES OF WHITE

GEHT GANZ FIX

1 TAG – 1 PROJEKT

DAS HELLSTE WEISS IST RAL 9016 VERKEHRSWEISS. ES IST DIE HELLSTE NORMFARBE UND WIRKT SCHON FAST GRELL.

BRAUCHT ETWAS MEHR ZEIT

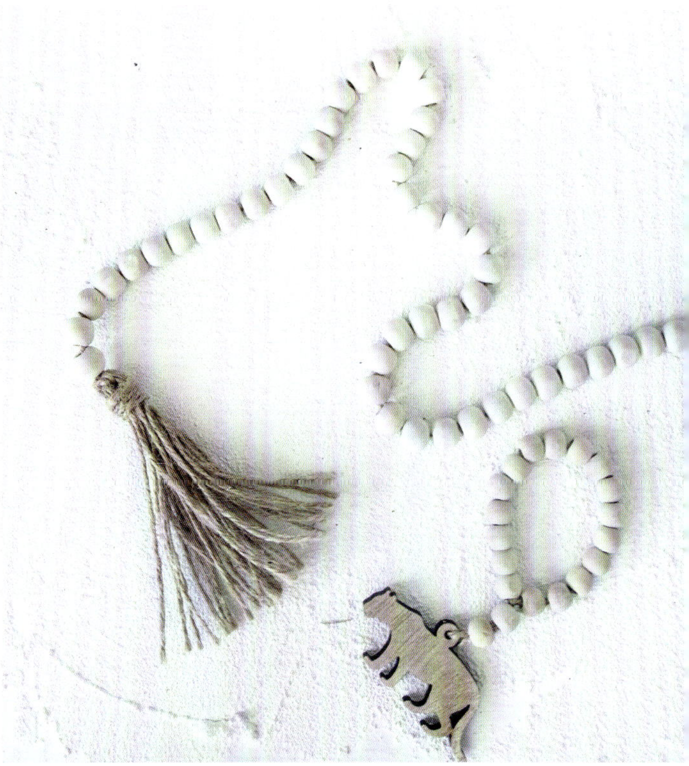

VORWORT

ICH LIEBE WEISS!

Ich mag weißes Geschirr, weiße Wände und Fliesen in Bad und Küche, weiße Schachteln, weiße Vasen, ein weißes Blatt Papier, weiße Blusen – eine weiße Bluse sieht einfach immer gut aus, egal, wozu man sie trägt, oder? Natürlich liebe ich auch weiße Sommerschuhe! Weiße Wohnaccessoires wirken leicht und freundlich. Sie fügen sich in jeden Wohnstil gut ein und lassen Räume heller wirken. Außerdem sind sie perfekte Geschenke für jemanden, dessen Lieblingsfarbe Weiß ist, aber auch für jemanden, von dem man nicht weiß, welche Farben der andere ganz besonders mag. Und für jede Hochzeit sind sie ein Geschenk, mit dem man immer richtig liegt.

In diesem Buch gibt es Projekte, die ganz easy und schnell umgesetzt werden können, wie Ringhalter aus Raysin oder Vasen aus Altglasflaschen. Andere, wie der Faltparavent aus Holz oder das Hundekörbchen, brauchen etwas mehr Zeit. Aber alle lassen sich mit ein bisschen Geschick umsetzen und erfordern nicht allzu große handwerkliche Fähigkeiten. Alle, die Weiß lieben oder mit diesem Buch entdecken möchten, finden hier viele Anregungen für stilunabhängige Dekoprojekte!

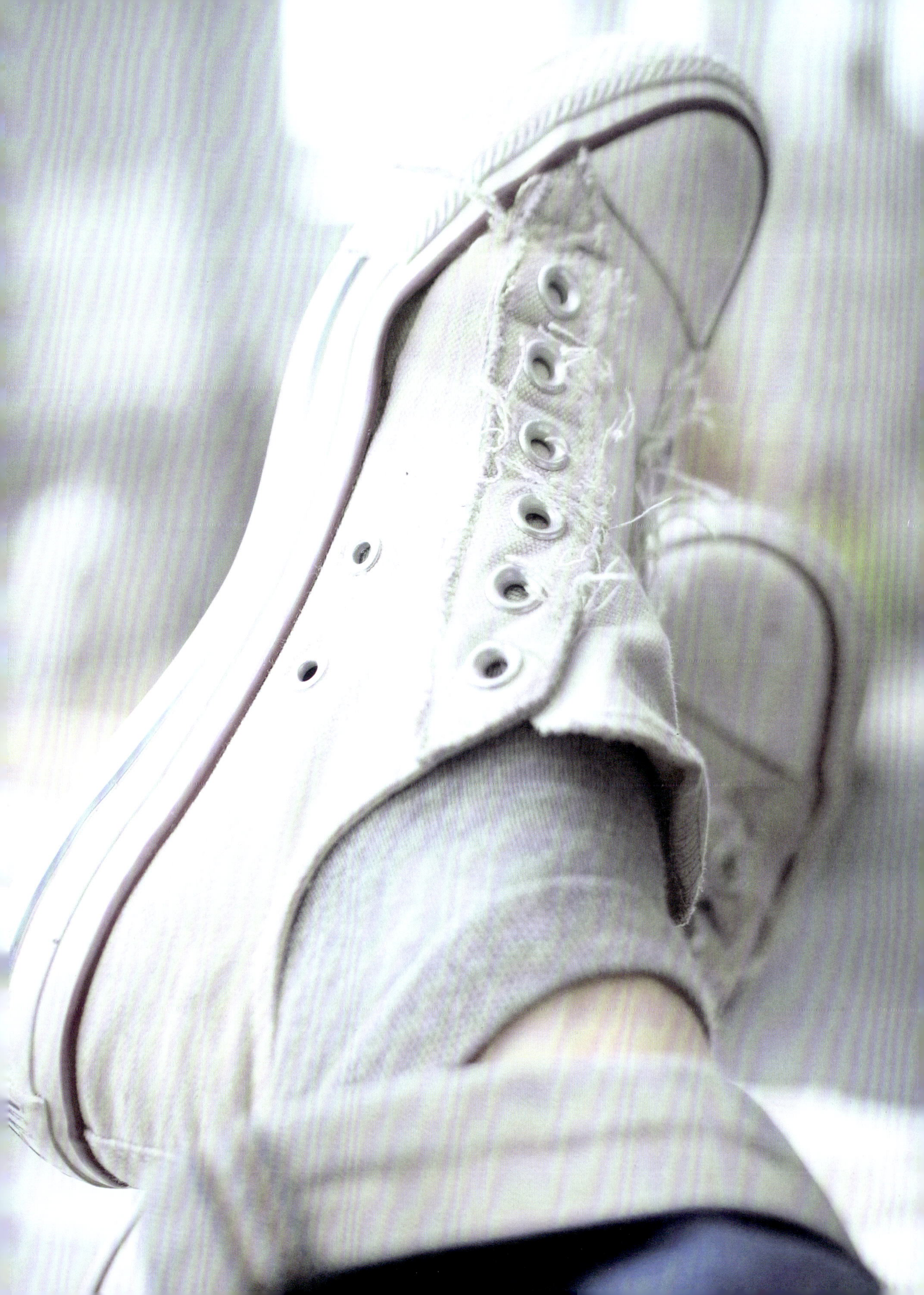

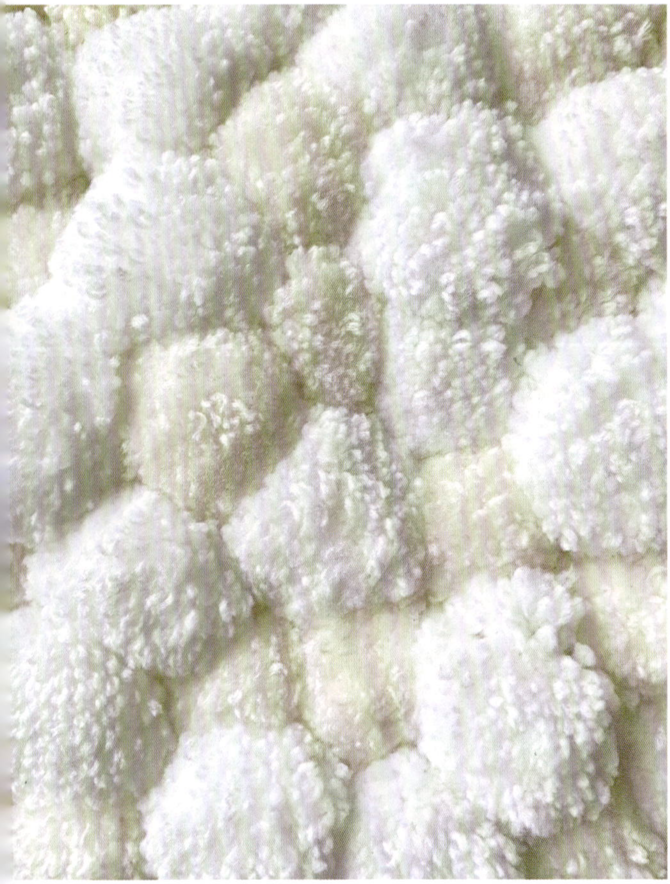

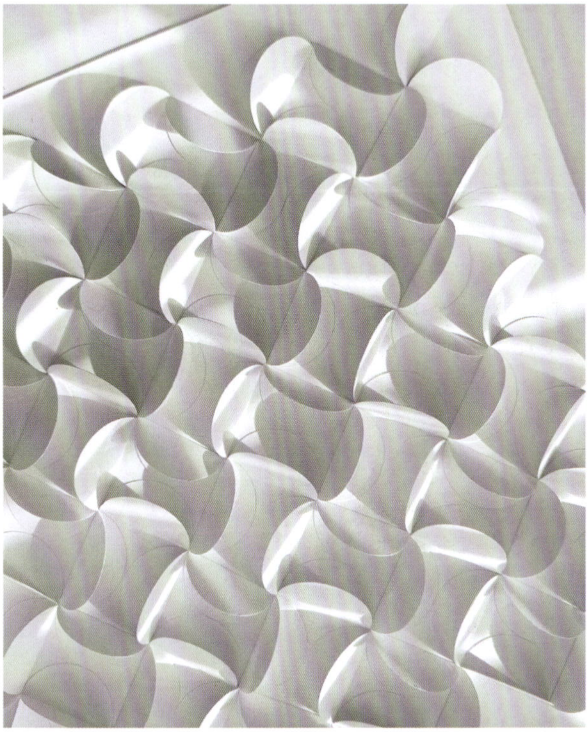

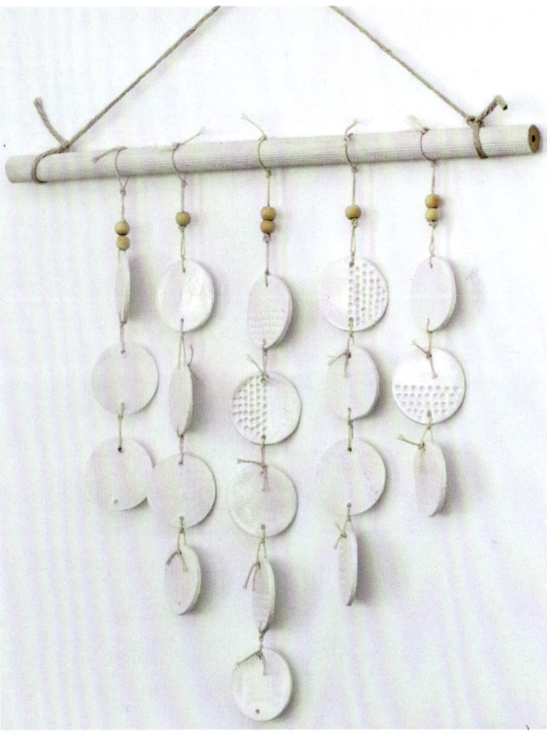

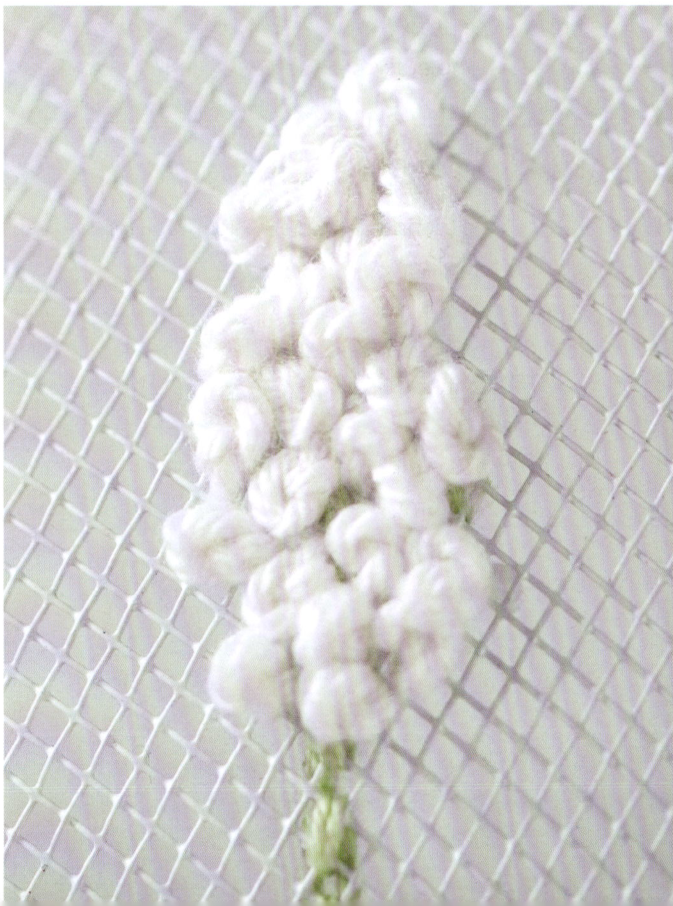

FIFTY SHADES OF WHITE ...

WEISS IST NICHT GLEICH WEISS

Bei der Suche nach den verschiedenen Weißtönen bin ich auf zig Varianten gestoßen.
Ein paar ganz klassische Weißtöne, wie zum Beispiel diese hier, kennt jeder:

Reinweiß oder Schneeweiß, ist ein reiner Farbton, der keine Beimischungen anderer Farben enthält. Es wird oft als Standardreferenz für Weiß in Farbsystemen verwendet.

Elfenbeinweiß ist ein cremiger und leicht gelbstichiger Weißton, der an die Farbe von Elfenbein erinnert.

Eierschalenweiß ist ein dezenter Weißton mit einem Hauch von Gelb.

Cremeweiß ist ein warmer und leicht gebrochener Weißton, der eine leichte Gelb- oder Beigetönung aufweisen kann.

Kaltweiß ist ein Weißton mit einem Hauch von Blau oder Kühle. Er wird oft in Umgebungen mit hohem technologischen oder medizinischen Charakter verwendet.

Perlweiß ist ein schimmernder Weißton mit einem leichten Glanz- oder Perlmutteffekt.

Natürliches Weiß ist das Weiß, das in der Natur vorkommt, wie das Weiß von Schnee, Wolken oder einer weißen Blüte.

Es gibt noch viele andere Nuancen von Weiß, da die Farbe in verschiedenen Umgebungen und Anwendungen variieren kann. Die genaue Bezeichnung oder Definition dieser Weißtöne kann auch von Farbstandards oder Farbsystemen abhängen, die in verschiedenen Branchen und Anwendungen zu finden sind.

Die eigene Empfinden von Farbtönen ist letztlich eine Sache des Gehirns und hat mit dem, was wir wirklich sehen, oft viel zu tun.

AM LIEBSTEN WEISS?

Die Vorlieben für bestimmte Farben verändern sich durch Mode, Musik oder Film und die persönliche Entwicklung. Jüngere Menschen haben andere Farbvorlieben als Ältere. Männer andere als Frauen.
Bei den Lieblingsfarben liegt Weiß laut einer Statistik ungefähr in der Mitte.

Und sagt das was über meinen Charakter aus, wenn meine Lieblingsfarbe Weiß ist?
Die Idee, ob die Lieblingsfarbe einer Person etwas über ihren Charakter aussagt, ist nicht wissenschaftlich belegt. Farbvorlieben sind immer subjektiv und werden eben von vielen Dingen beeinflusst: persönlichen Erfahrungen, kulturellen Hintergründen, Stimmung, Mode und dem individuellen Geschmack. Trotzdem gibt es in der Farbpsychologie natürlich Assoziationen und Bedeutungen zwischen Lieblingsfarben und Persönlichkeitsmerkmalen, zum Beispiel, dass Menschen, die die Farbe Weiß besonders mögen häufig Wert auf Sachlichkeit und Klarheit legen und neugierig und bescheiden sind.

GEHT GANZ FIX

DIESE PROJEKTE GEHEN IN DER REGEL RECHT SCHNELL. WER DIE NÖTIGEN MATERIALIEN UND WERKZEUGE ALLE ZUR HAND HAT, KANN IN EIN BIS ZWEI STUNDEN SEIN FERTIGES WERK IN HÄNDEN HALTEN.

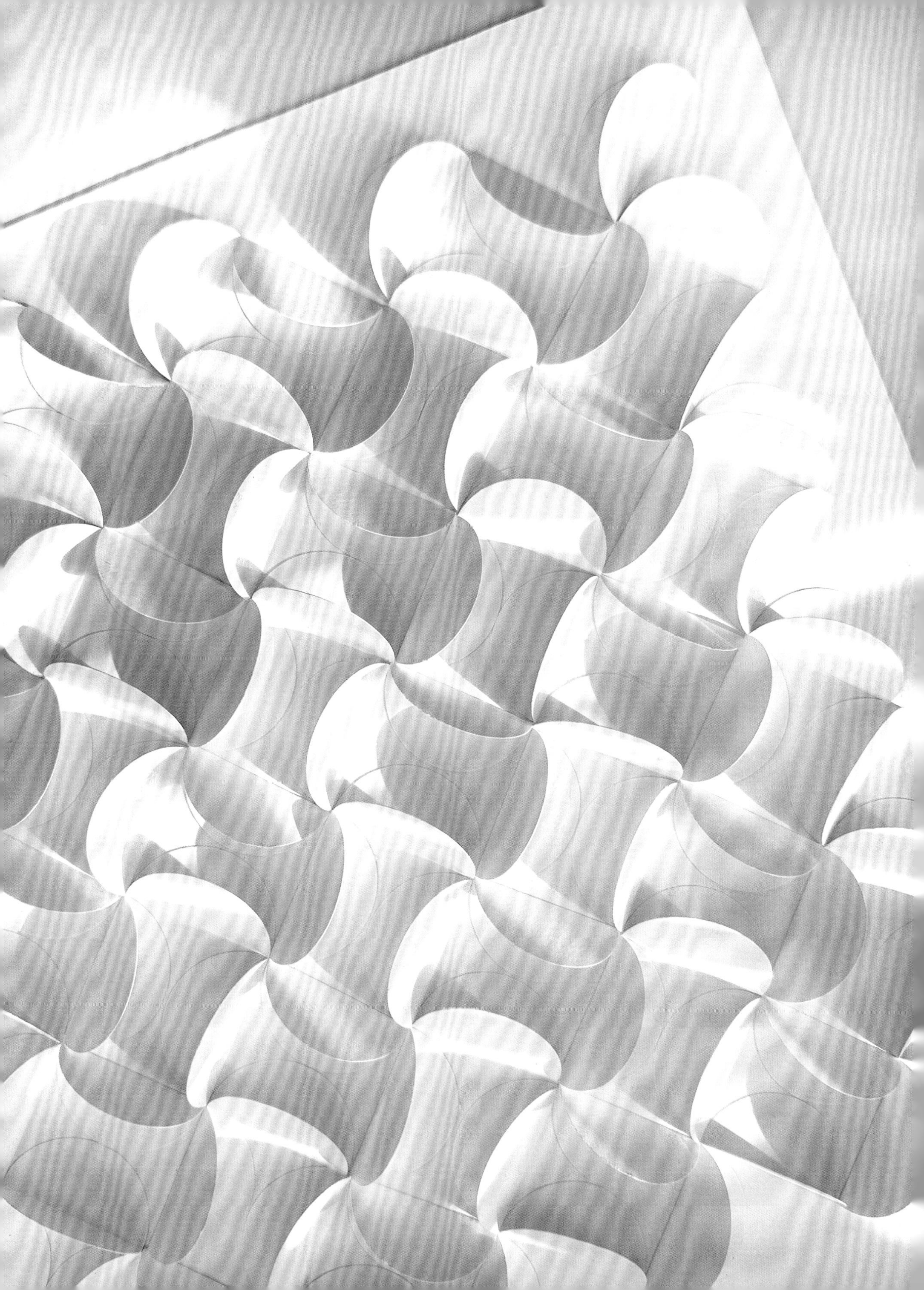

LIEBLINGSVASEN

Altglas-Upcycling

MANCHE FLASCHEN SIND EINFACH ZU HÜBSCH, UM SIE IN EINEN FLASCHENCONTAINER ZU WERFEN. WEISS LACKIERT WERDEN SIE ZUR VASE. EINE SCHNELLE DEKO UND EINE SUPER IDEE FÜR EIN MITBRINGSEL BEI DER NÄCHSTEN EINLADUNG.

MATERIAL ✱ alte Glasflaschen ✱ Verdünner ✱ Lappen ✱ Kreidefarbe als Spray ✱ Tablett & Deko

1

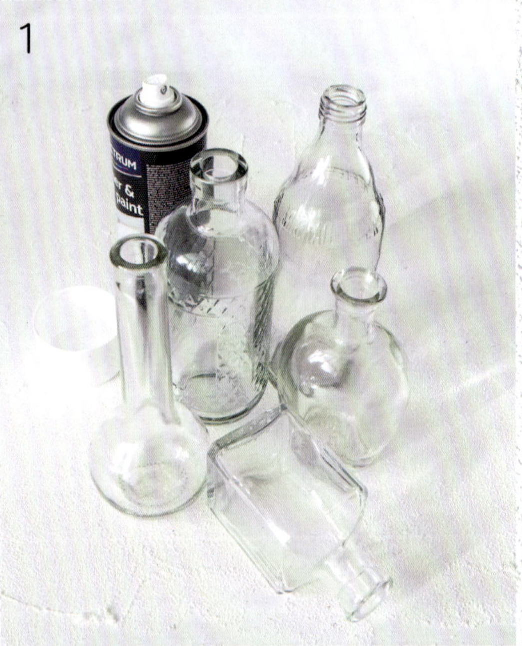

2

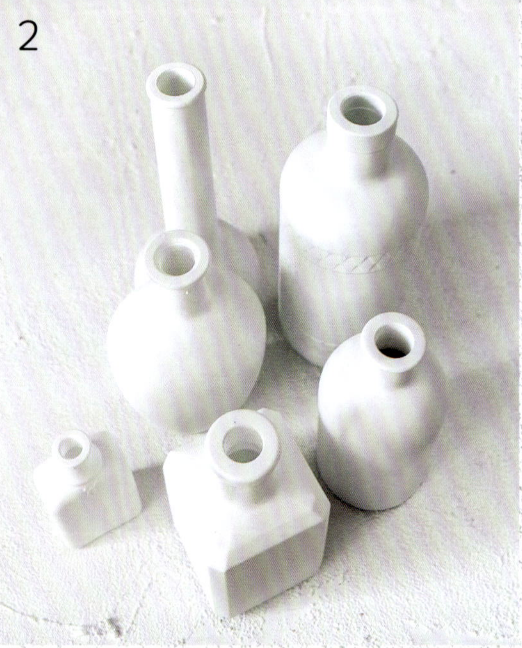

1. Die Glasflaschen werden zunächst von allen Klebeetiketten befreit. Wenn sich die Etiketten mit Wasser alleine nicht ablösen, kann man noch etwas Verdünner verwenden, um hartnäckige Klebereste zu entfernen. Die Flaschen anschließend spülen und gut trocknen lassen.

2. Dann auf einer Unterlage, am besten im Freien, mit der Kreidefarbe einsprühen. Anschließend die Farbe gut trocknen lassen. Auf einem Tablett arrangiert können sie sowohl als Kerzenhalter als auch als Vase genutzt werden. Ein wenig natürliche Deko rundet das Arrangement ab.

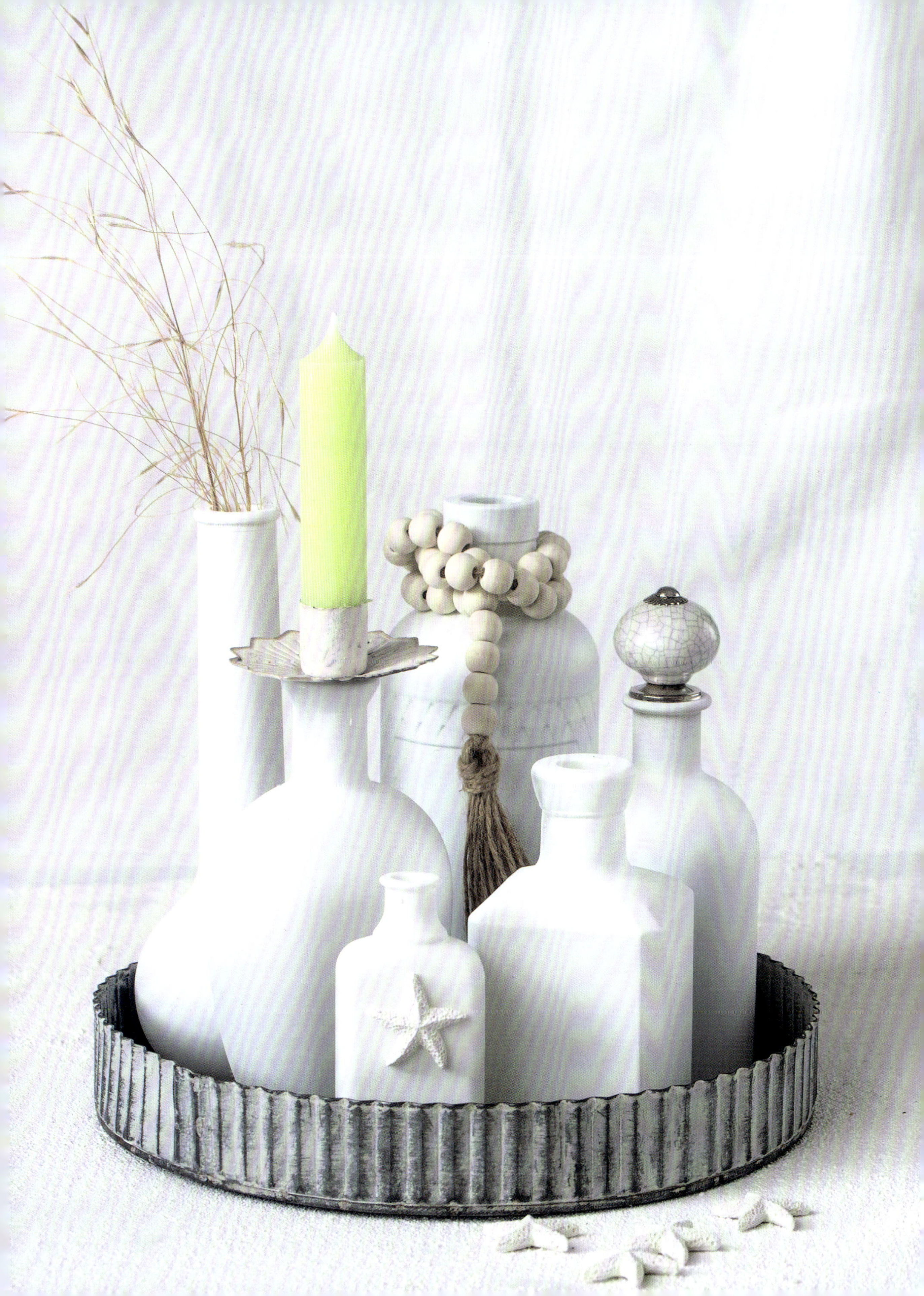

ES GEHT RUND

Ringlicht

EINE KLEINE COOLE LAMPE - GANZ SCHNELL GEMACHT. DIE LÄSST SICH AUCH LEICHT MAL WOANDERS AUFSTELLEN, WO SIE GERADE PASST. NATÜRLICH MIT AUFLADBAREN AKKUS.

MATERIAL ✱Holzring Ø 30 cm ✱Vierkantholz 2 x 2 cm ✱Schere ✱LED-Lichtband 1 m, selbstklebend, batteriebetrieben ✱Säge ✱Gehrungslade ✱Lineal + Stift ✱Holzleim ✱Acrylfarbe weiß ✱Pinsel ✱Heißkleber

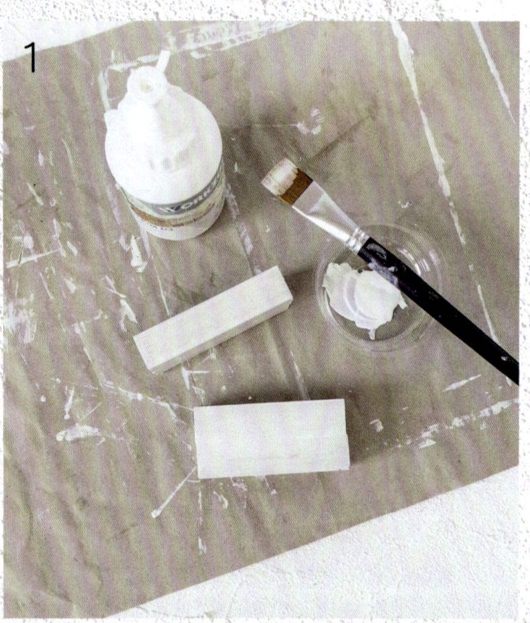

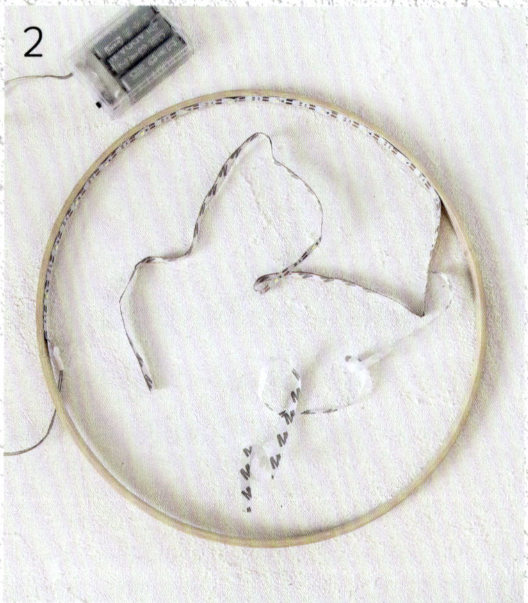

1. Vier Vierkantstücke auf 10 cm zurechtschneiden (z.B. in einer Gehrungslade) und anschließend mit Holzleim jeweils zwei Stück aufeinanderkleben. Nachdem der Kleber fest ist, die beiden Blöcke weiß anstreichen und die Farbe gut antrocknen lassen.

2. Das LED-Lichtband nun in den Holzring kleben. Dabei dort anfangen, wo das Kabel ist, sodass man am Ende das Band mit der Schere auf die richtige Länge kürzen kann. (Angaben auf der Packung beachten!) Den Ring dann mit Heißkleber zwischen die beiden Holzblöcke kleben.

Batterien einsetzen und Licht anschalten!

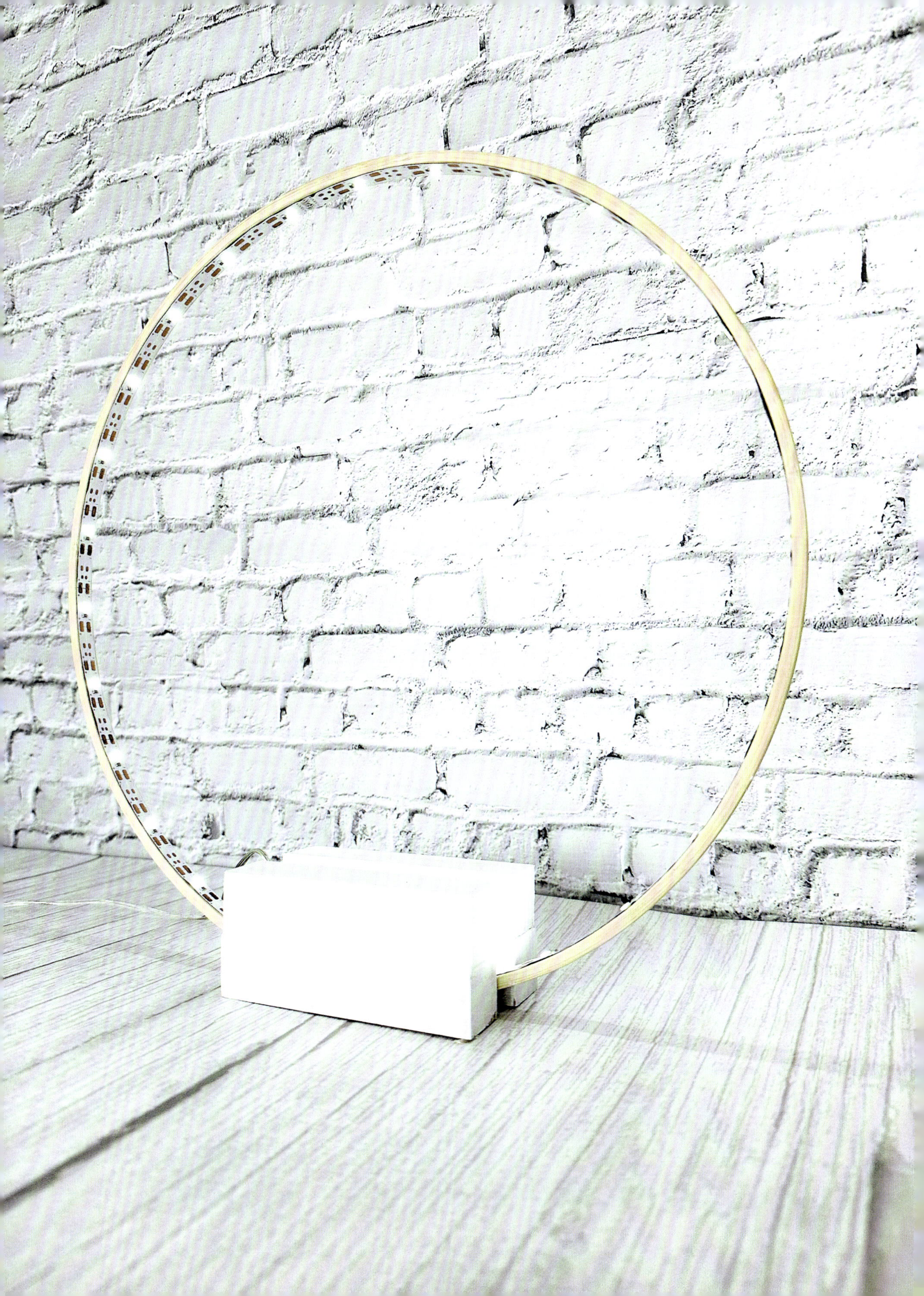

FLOWER-POWER

Serviettendruck

AUSGEDIENTE STOFFSERVIETTEN BEKOMMEN DURCH EINEN INDIVIDUELLEN DRUCK NOCH MAL EIN BISSCHEN PEPP. EIN BLUMENMUSTER MACHT SICH IMMER GUT AUF EINEM SONNIGEN FRÜHSTÜCKSTISCH.

MATERIAL ✱ unifarbene Stoffservietten ✱ Textilfarbe weiß ✱ Schablone ✱ altes Schneidebrett ✱ Schaumstoffstempel ✱ Unterlage ✱ Bügeleisen

1

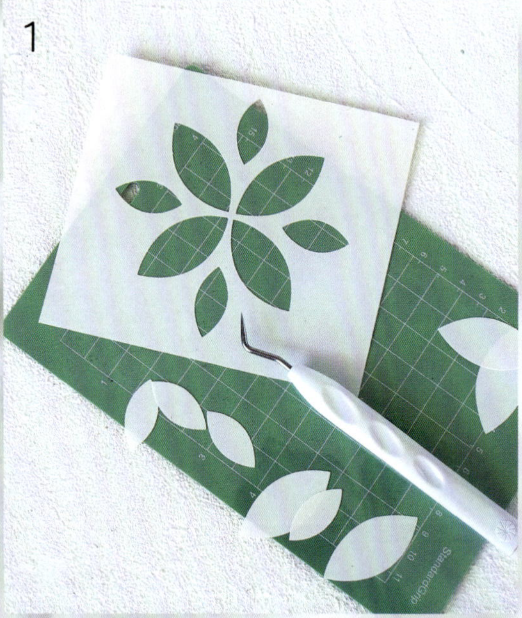

2

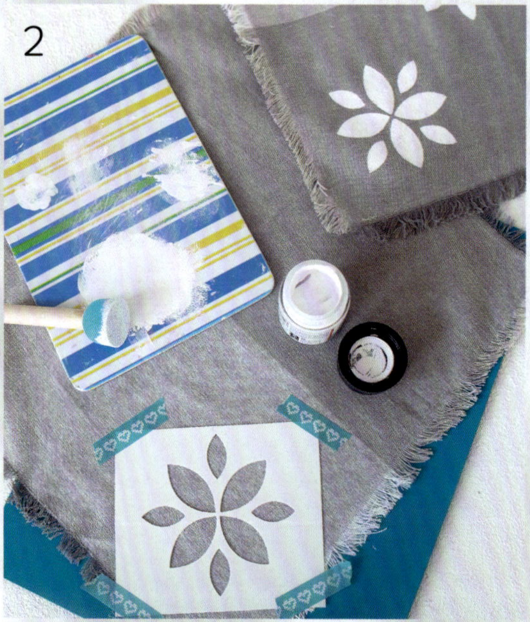

1. Mittlerweile gibt es viele schöne Schablonen zum Stempeln, die man kaufen kann. Man kann sie aber auch nach eigenen Wünschen selbst herstellen. Wer keinen Plotter hat, kann sich die Blumenvorlage (Seite 157) auf einen festen Karton übertragen und mit dem Cutter ausschneiden. Besser noch ist eine dünne Folie, die nicht gleich aufweicht, wenn man sie mehrmals verwendet.

2. Den gewaschenen Stoff zunächst glatt bügeln und auf eine abwaschbare Unterlage legen, da evtl. Farbe durch den Stoff dringt. Die Schablone positionieren und die Textilfarbe mit einem Schaumstoffstempel stückchenweise auf den Stoff stempeln. Dann die Schablone vorsichtig entfernen und die Farbe trocknen lassen. Anschließend ein Baumwolltuch darüberlegen und mit dem Bügeleisen die Farbe fixieren.

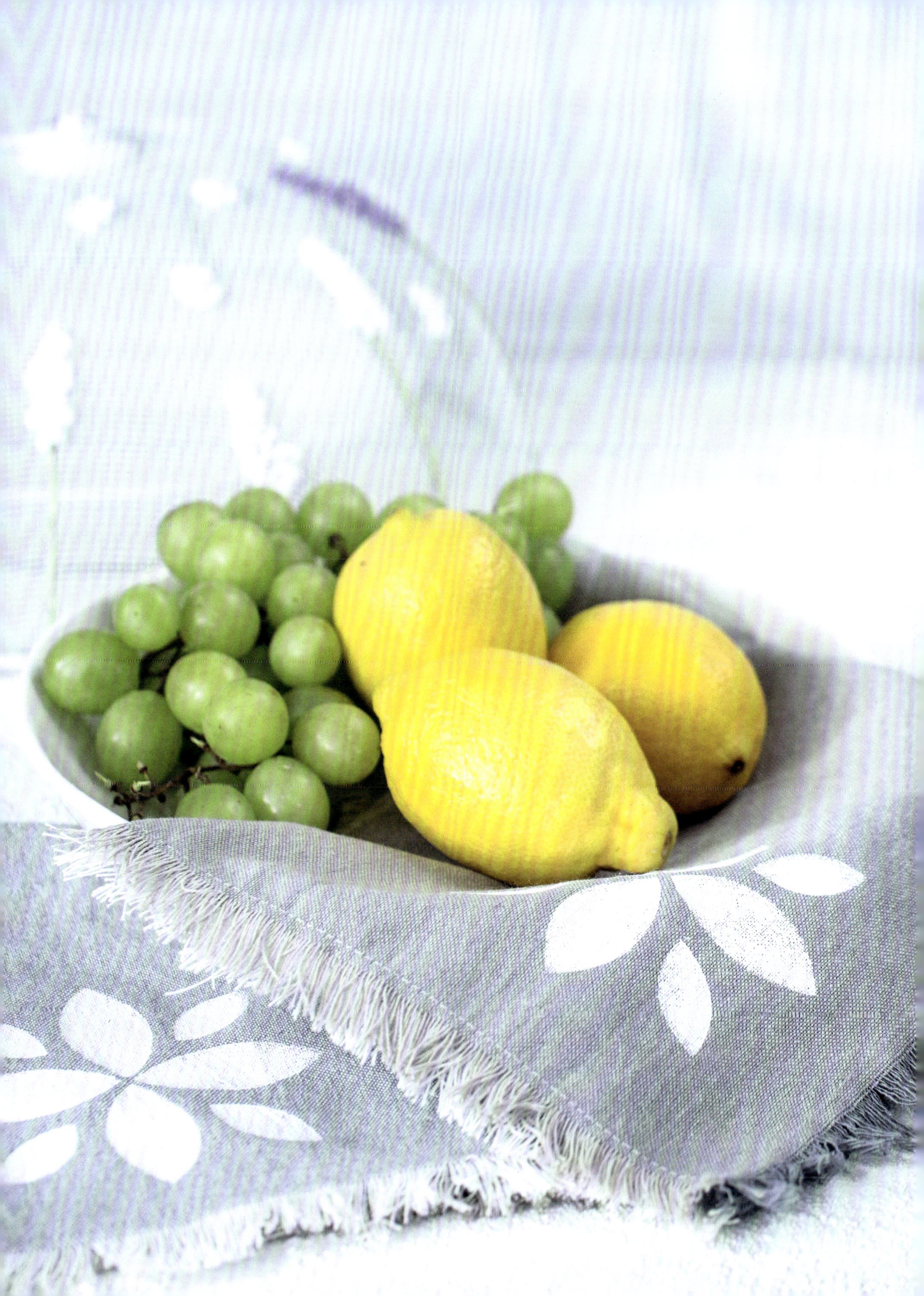

LICHTBLÜTEN

Lichterkette aus Eierkarton

LICHTERKETTEN SIND IMMER EINE SCHÖNE IDEE. OB ALS DEKO IM WOHNBEREICH, AUF DER TERRASSE ODER VIELLEICHT SOGAR IN EINEM CAMPER, WENN MAN UNTERWEGS IST.

MATERIAL ✱ Eierkarton ✱ Lichterkette ✱ Schere ✱ Acrylfarben in Weiß und Roségold ✱ Pinsel

1

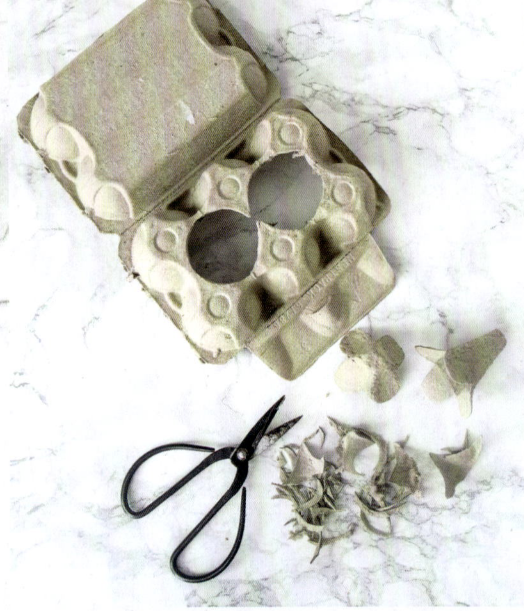

2

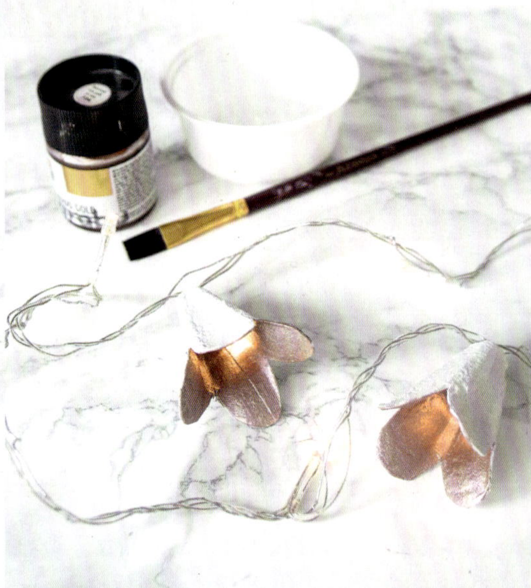

1. Mit einer Schere die spitzen Hütchen aus den Eierkartons herausschneiden. Die Anzahl richtet sich nach den Lämpchen der Lichterkette. Dann die Blütenformen herausschneiden und die Blütenblätter ein wenig nach außen biegen. Anschließend an der spitzen Seite mit der Schere passende Löcher für die Lichter bohren.

2. Nun die Eierkartonblüten von innen mit roségoldener Farbe auspinseln. Nach dem Trocknen dann die Außenseite weiß anmalen. Danach können die kleinen Lämpchen durch das spitze Ende der Blüten gesteckt werden.

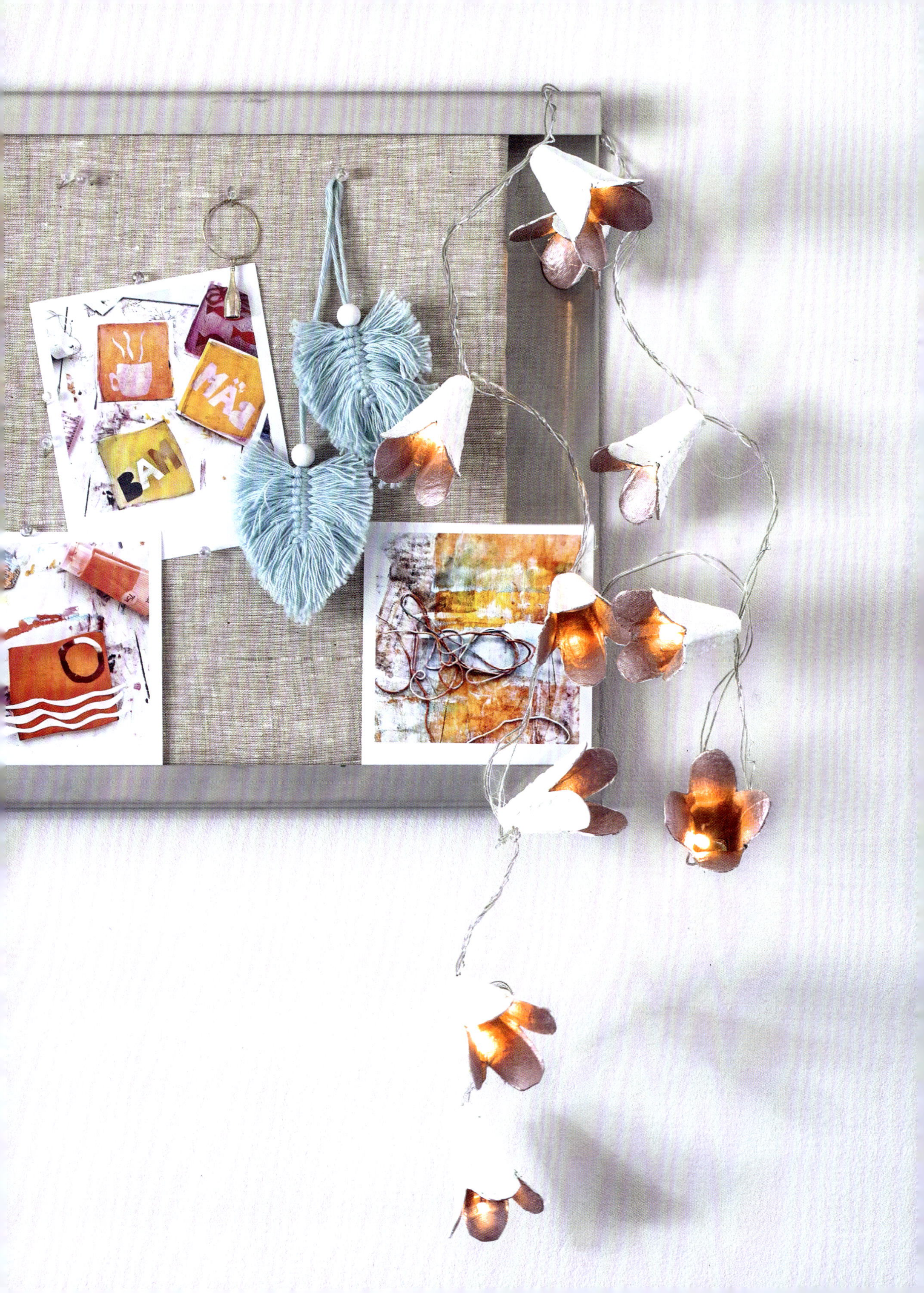
BAM

ÜBERZIEHER

Vasenhussen aus Stoff

NIE HAT MAN DIE PASSENDE VASE FÜR SEINE BLÜMCHEN. VIELLEICHT ABER EINE ALTE GLASFLASCHE UND EINEN REST STOFF? VOILÀ, SCHON IST DIE PERFEKTE VASE ZUR HAND. ÜBRIGENS AUCH EIN SCHÖNES GESCHENK FÜR DIE BESTE FREUNDIN.

MATERIAL ✱fester Baumwollstoff ✱Glasflaschen ✱Papier ✱Schere ✱Bleistift ✱Textilmarker ✱Clips ✱Bügeleisen ✱Näh- oder Overlockmaschine

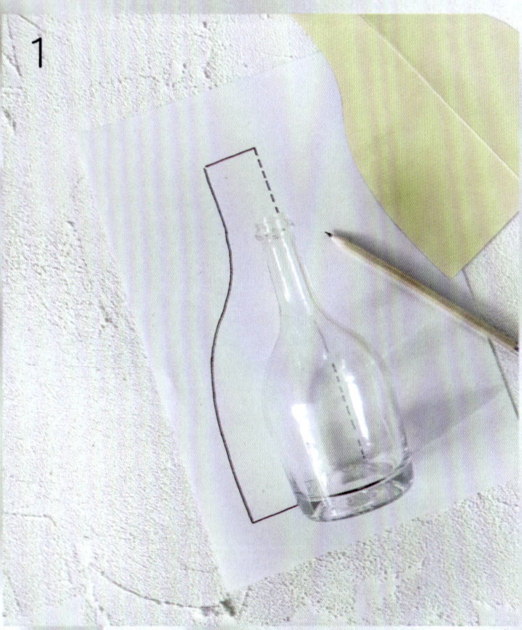

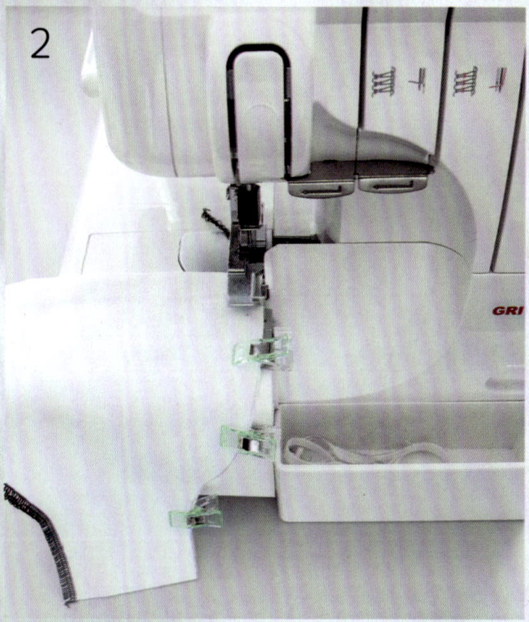

1. Die Flasche auf ein Stück Papier legen und die Kontur an einer Seite großzügig nachzeichnen. Die Vorlage muss breit genug sein, da die Flasche ja dreidimensional ist. Dann das Papier längs falten und die Flaschenform ausschneiden. So erhält man eine gleichmäßige Form, die man als Schablone verwenden kann, falls man mehrere Vasenhussen herstellen möchte.

2. Die Vorlage nun zweimal mit einem Textilmarken auf den Stoff übertragen und ausschneiden. Die Ober- und Unterkante ca. 1 cm nach innen umbügeln. Dann die beiden Stoffteile mit den umgebügelten Kanten aufeinanderlegen und festklipsen. Anschließend mit der Nähmaschine mit einer Zickzacknaht die Seiten schließen. Wer eine Overlockmaschine hat, kann die Nähte auch auf diese Weise bearbeiten.

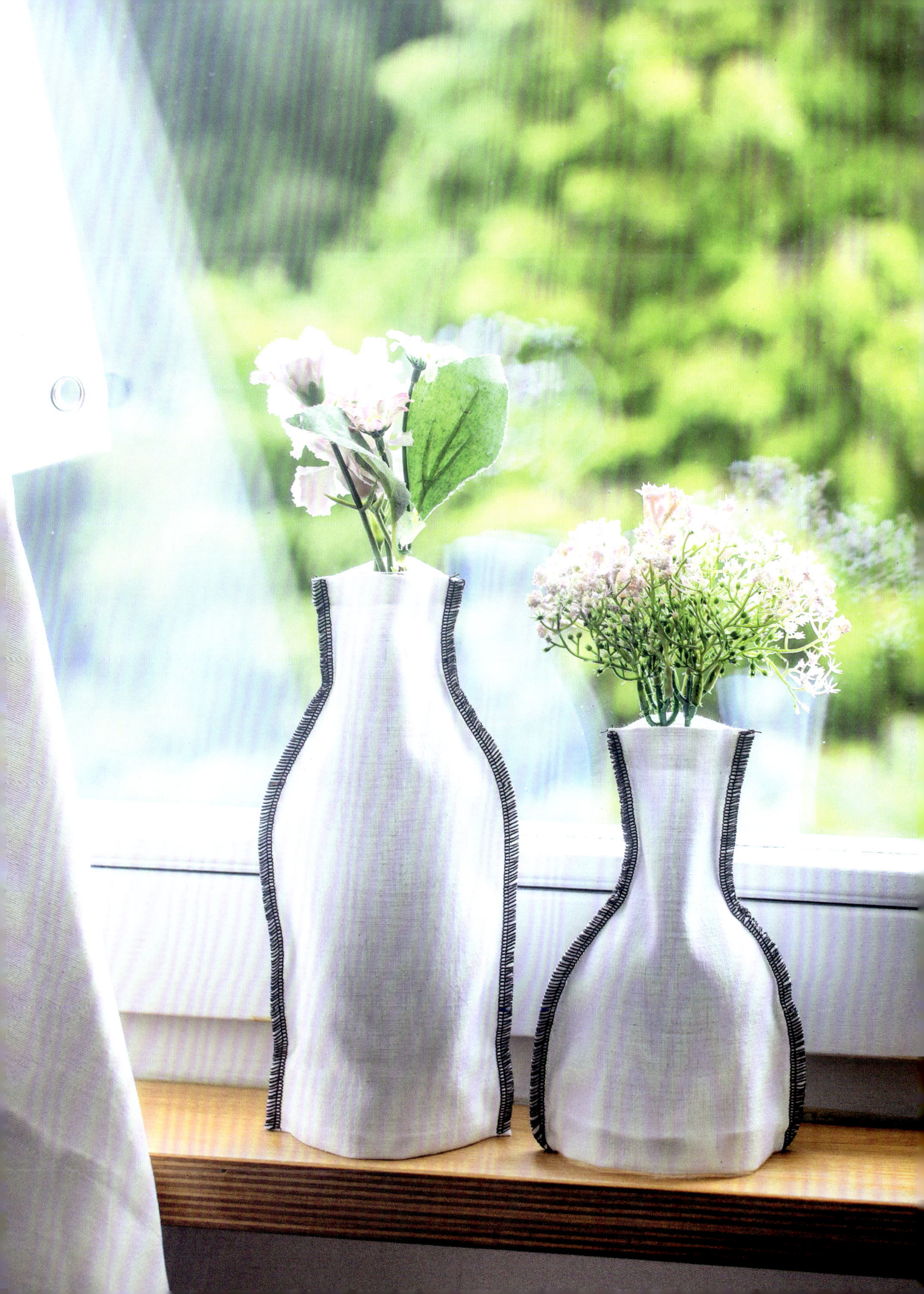

TYPO-POESIE

Upcycling-Vasen

NICHT JEDER VERWENDET FLÜSSIGES WASCHMITTEL. ABER FAST JEDER KENNT JEMANDEN, DER DIE EINE ODER ANDERE FLASCHE GERNE WEITERGIBT, WENN SIE AUFGEBRAUCHT IST. DANN IST UPCYCLING-TIME!

MATERIAL ✱ leere Waschmittelflasche ✱ Plotter und entsprechendes Werkzeug ✱ selbstklebende Vinylfolie für Plotter ✱ Transferfolie ✱ alternativ: wasserfester Filzstift in Schwarz ✱ Juteschnur

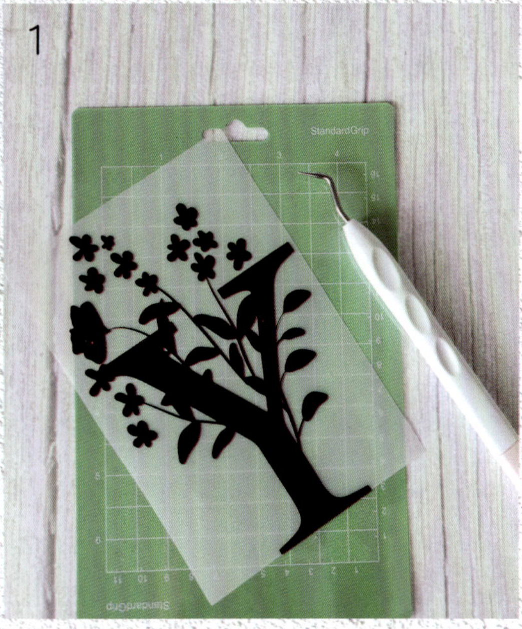

1

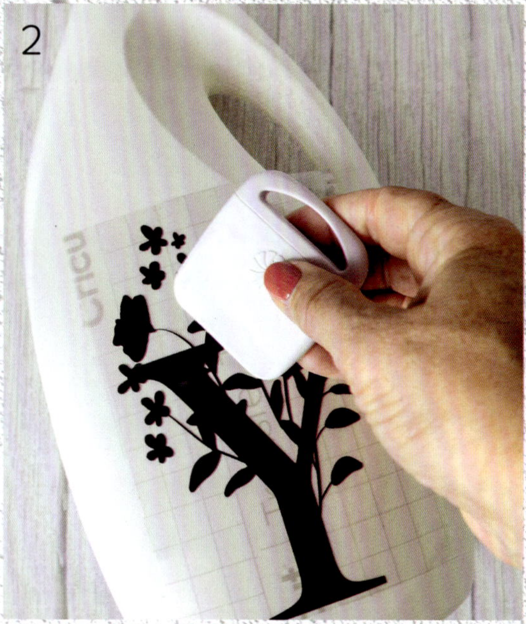

2

1. Wer sich kein eigenes Motiv ausdenken mag, findet auch im Internet genügend Vorlagen, die man zum Plotten verwenden kann. Hier ist es eine Initiale, die mit Blumen verziert ist. Nach dem Plotten zunächst das Motiv entgittern.

2. Anschließend die Transferfolie auf das Motiv reiben. Die Flasche sollte von allen Etiketten befreit und gereinigt sein. Ist die Flasche farbig, kann man sie zuvor mit Sprühlack bearbeiten. Meine Flasche hier ist bereits weiß.

Dann das ganze Motiv mit einer kleinen Rakel auf die Vorderseite der Flasche aufreiben.

Um den Flaschenhals noch eine Juteschnur binden, um die Windungen für den Schraubverschluss zu verdecken.

Wer keinen Plotter besitzt, kann seine Motive auch freihändig mit einem schwarzen, wasserfesten Filzmarker aufmalen. Oder fertige Klebemotive verwenden.

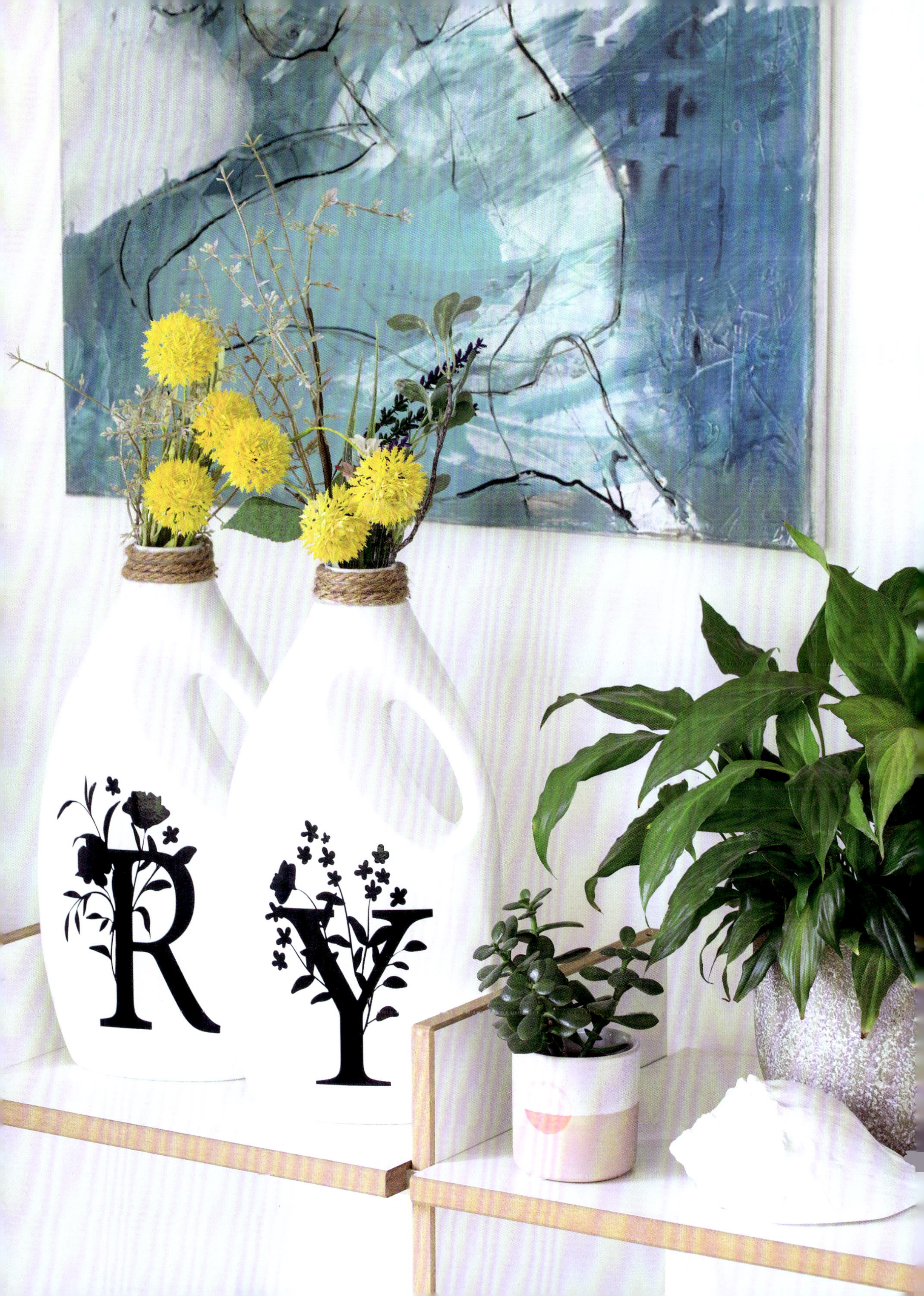
R
Y

KREISFÖRMIG

Wandbild aus Papierscheiben

EIN RELATIV SCHNELLES KUNSTPROJEKT, VORAUSGESETZT, MAN HAT EINEN KREISSTANZER. DANN HEISST ES NUR NOCH FALTEN UND KLEBEN. ALTERNATIV KANN MAN AUCH KLEINE QUADRATE ÜBER ECK FALTEN UND AUFKLEBEN.

MATERIAL * weißer Karton für die Kreise, ca. 250 Gramm stark * Kreisstanzer Ø 3,5 cm * Falzbein * Bleistift * Lineal * weißer Karton als Untergrund, ca. 500 Gramm stark * Klebstoff * optional passender Bilderrahmen oder Holzplatte zum Aufkleben * Bilderaufhänger

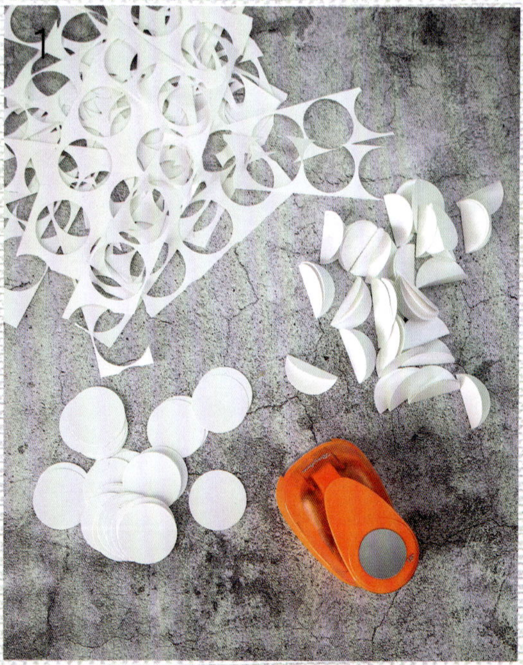

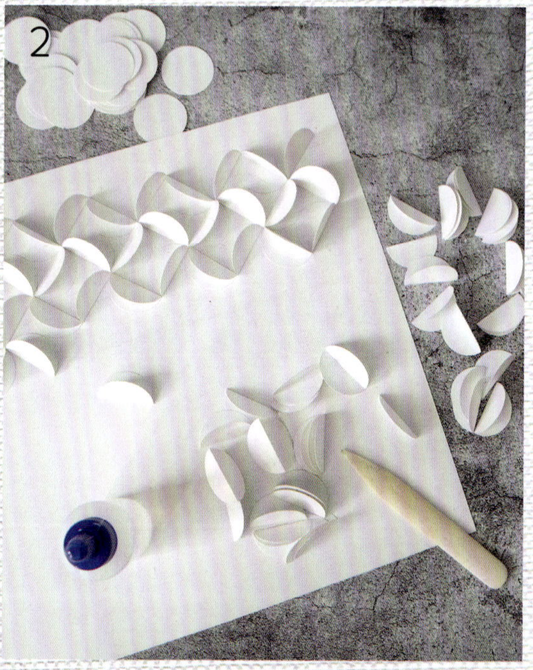

1. Mit einem Kreisstanzer 100 Papierkreise ausstanzen und in der Mitte falten. Mit einem Falzbein die Kanten glatt streichen.

2. Einen passenden Bogen Karton zuschneiden. Nun die Kreise zu einem Muster auf den Bogen kleben. Wer mag, kann sich mit einem Bleistift dünne Hilfslinien ziehen, die später wegradiert werden.

Den beklebten Bogen nun in einen passenden Rahmen stecken oder auf eine Holzplatte aufziehen. Auf der Rückseite einen Bilderaufhänger ankleben.

Alternativ ein großes Passepartout schneiden und den Boden mit den Kreisen von hinten dagegen kleben.

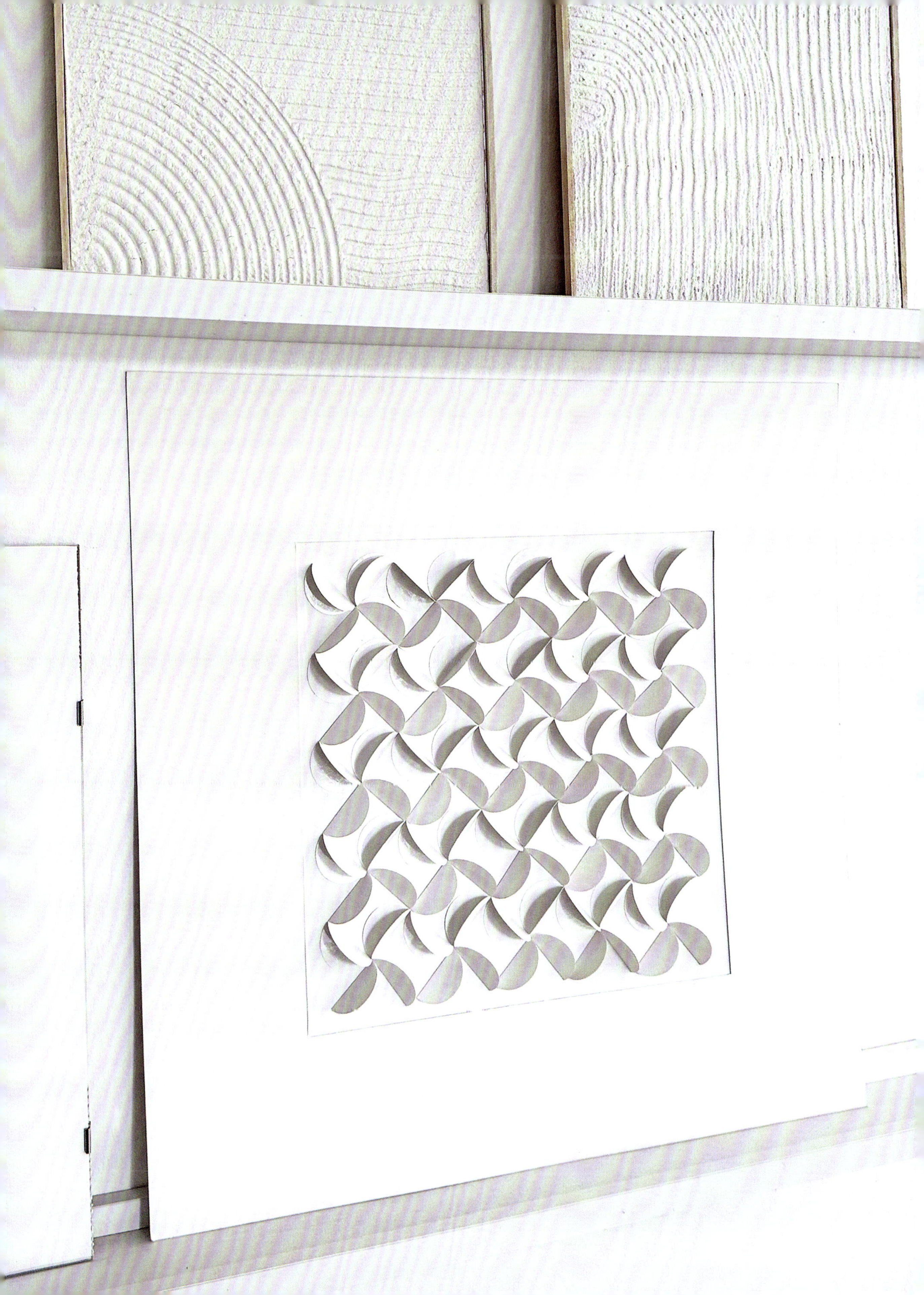

RUNDE SACHE

Schnelle Lampenidee

EIN ECHTER BAUMARKT-HACK! EINFACH EINEN ABLUFTSCHLAUCH ZU EINEM LICHT FÜR DIE TERRASSE UMWANDELN. SCHNELLER KANN MAN NICHT FÜR STIMMUNGSVOLLES AMBIENTE SORGEN.

MATERIAL ✱1 m Abluftschlauch in Weiß ✱Lichterkette ✱Clips ✱passender Teller oder Platte ✱optional Blumen oder andere Deko

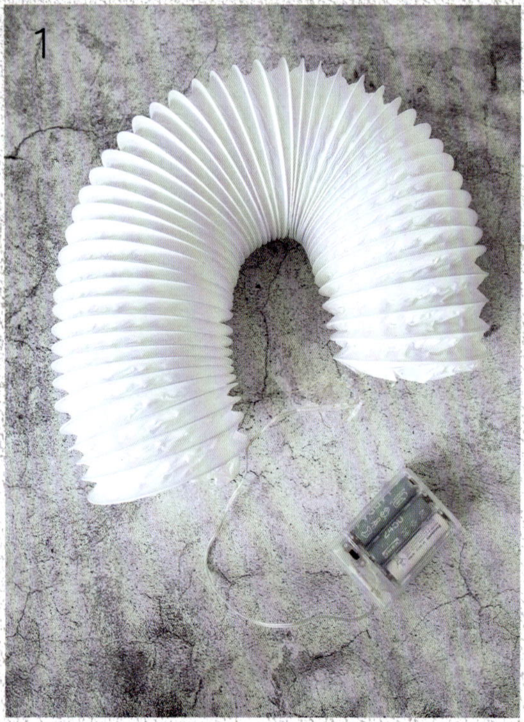

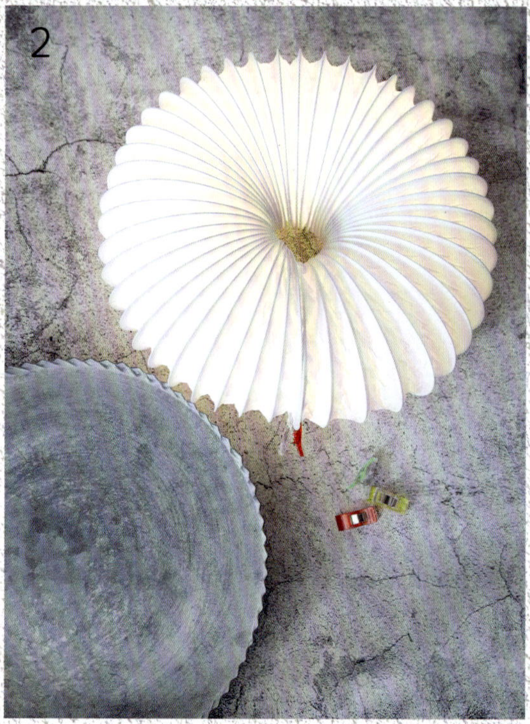

1. Die batteriebetriebene Lichterkette in dem Abluftschlauch gleichmäßig verteilen.

2. Am Schluss die Lichterkette anschalten und auch das Batteriefach mit in den Schlauch stecken. Anschließend mit ein oder zwei Clips möglichst unsichtbar verschließen und das Licht auf einer Platte oder einem Teller arrangieren.

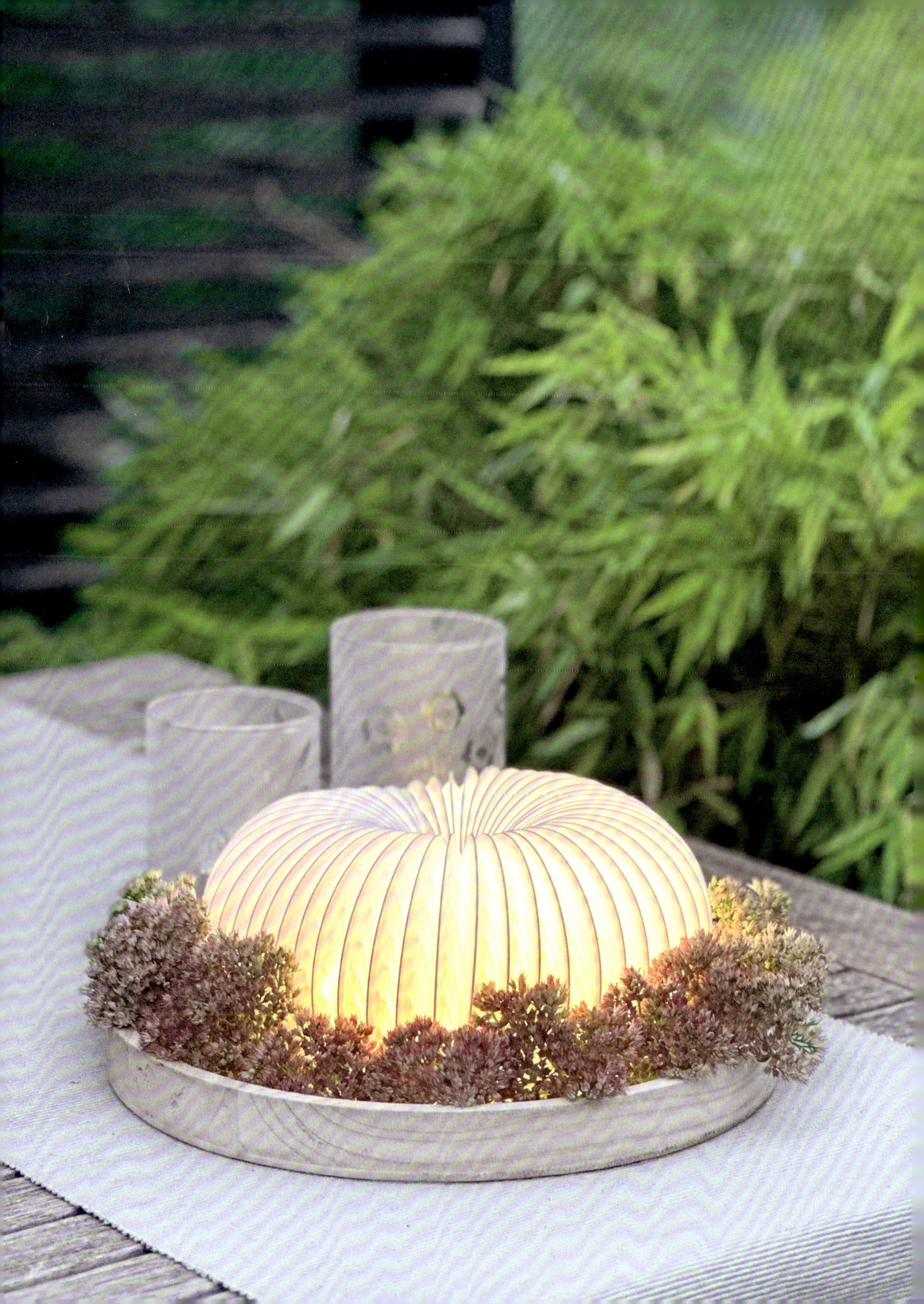

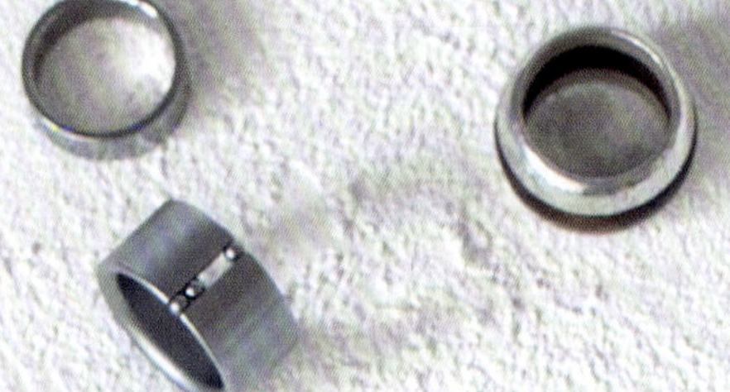

DAS RING-DING

Ringhalter aus Raysin

VORM HÄNDEWASCHEN ODER SCHLAFENGEHEN EINFACH DEN RING AUF EINEN RINGHALTER FALLEN LASSEN UND IHN SPÄTER SCHNELL WIEDERFINDEN UND AUF DEN FINGER SCHIEBEN. SO EIN RINGHALTER AUS RAYSIN IST SCHNELL GEMACHT.

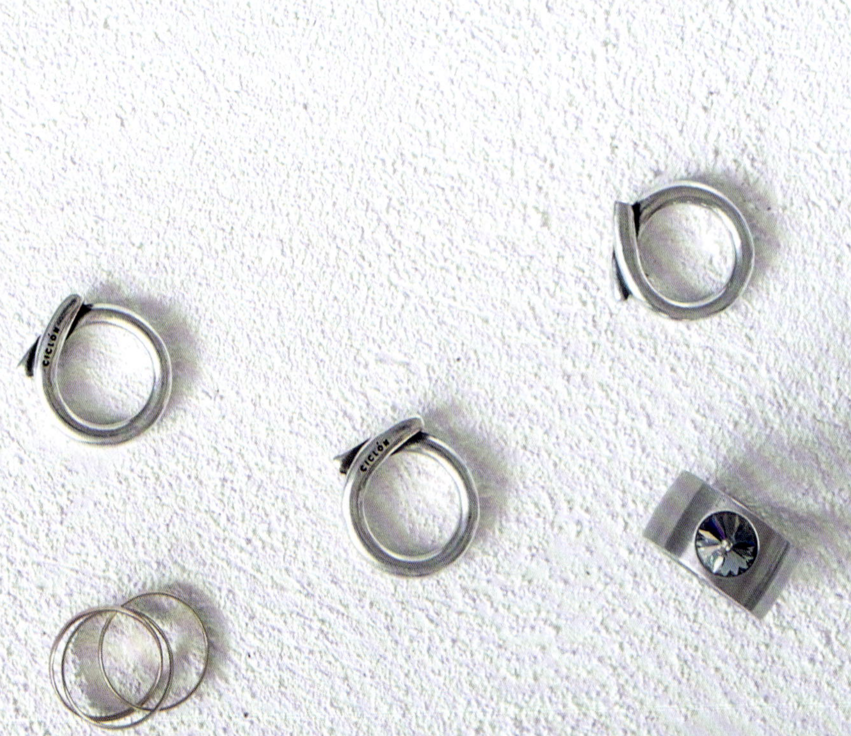

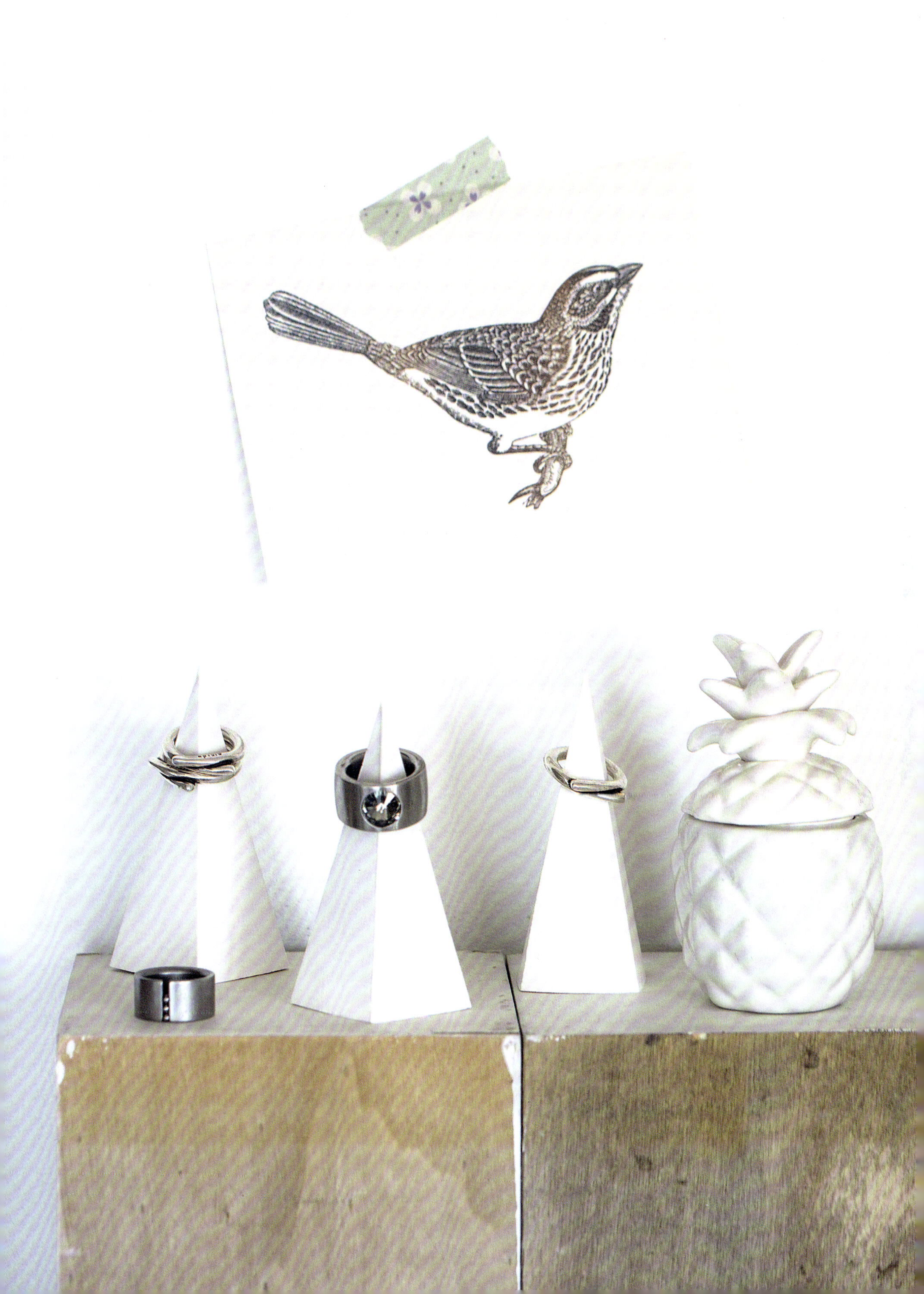

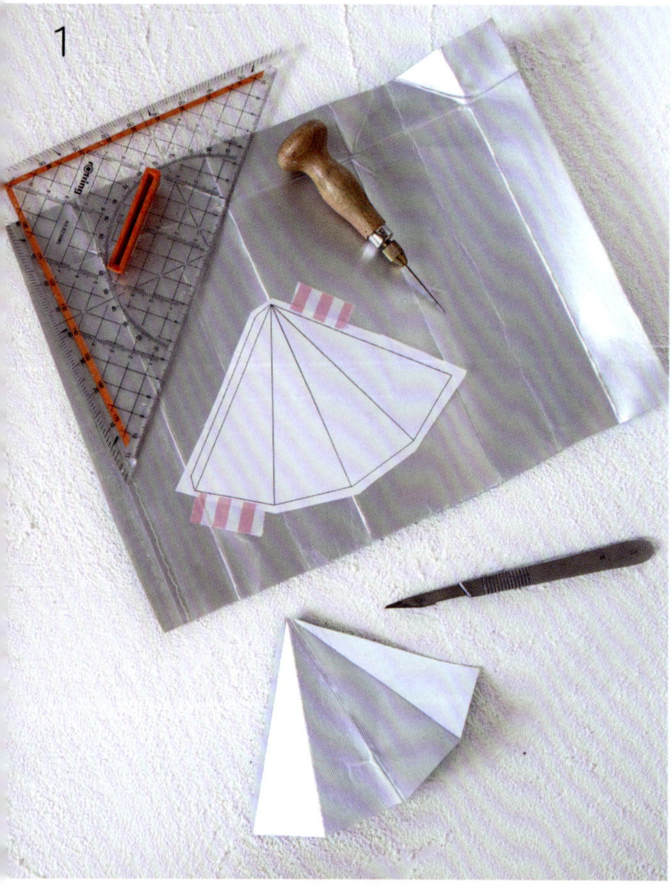
1

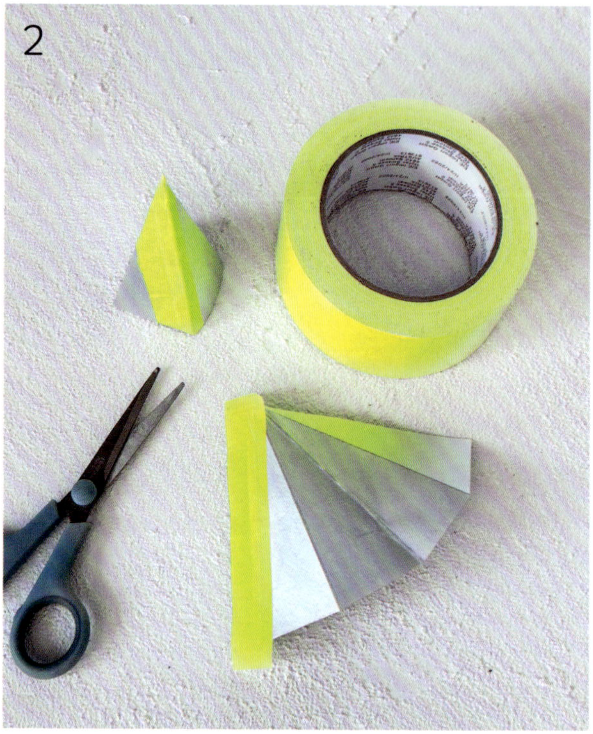
2

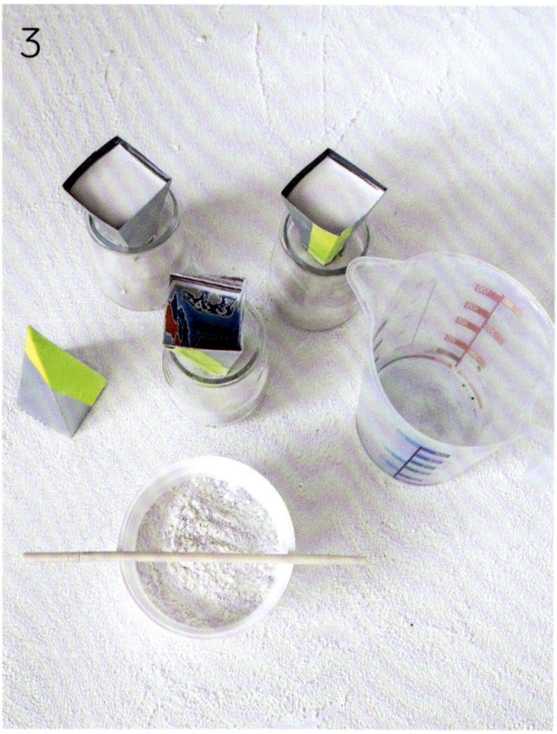
3

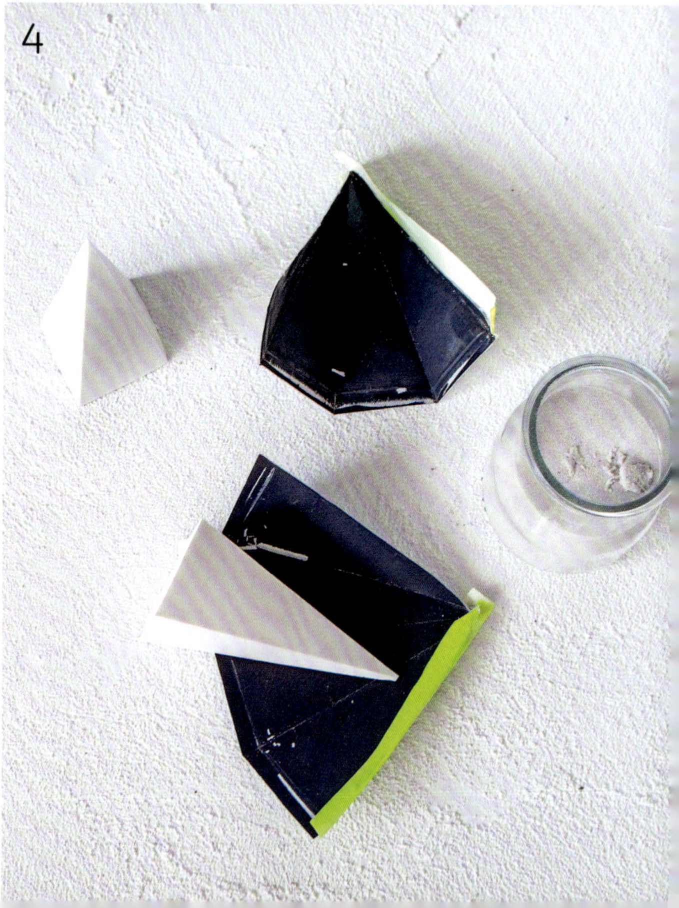
4

Und so geht's

MATERIAL

* Milch- oder Saftkarton
* Schere
* Bleistift
* Ahle oder Nadel
* Lineal und Cutter
* Klebeband
* kleine Gläser
* Vogelsand oder ein feines Granulat
* Becher
* Rührstab
* Raysinpulver
* Wasser
* Schmirgelpapier

1. Die Vorlage von Seite 157 auf ein Blatt Papier übertragen und grob ausschneiden. Dann auf den vorbereiteten Milch- oder Saftkarton (auswaschen und aufschneiden) kleben und die Eckpunkte mit einer Ahle oder einer Nadel durchpiksen. Anschießend alle Punkte nachzeichnen und die Form ausschneiden. Am besten mit dem Lineal und einem Cutter. Die Faltlinien auf der Außenseite vorsichtig mit dem Cutter - ebenfalls am Lineal entlang - anritzen, so lassen sie sich besser falten.

2. Mit festem Klebeband nun die kleine Form zusammenkleben. Dabei darauf achten, dass die Klebelasche außen und die Spitze gut zugeklebt ist.

3. Die Gläschen mit dem Sand füllen und die Formen hineinstellen. Dann das Raysin anmischen und in die Formen gießen. Ein wenig mit den Fingern am Rand klopfen, damit kleine Bläschen nach oben steigen können. Nun das Raysin für ca. eine halbe Stunde trocknen lassen.

4. Ist die Masse fest, entfernt man die Papierform vorsichtig. Dann noch mal für 1 bis 2 Stunden richtig aushärten lassen und den Boden des Ringhalters mit Schmirgelpapier glätten. Auch kleine Unebenheiten lassen sich dann noch korrigieren.

TIPP: WER ES LIEBER RUND MAG, FORMT SICH EINE KLEINE RUNDE „EISTÜTE", VERKLEBT SIE GUT UND BEFÜLLT SIE DANN MIT RAYSIN.

1 TAG – 1 PROJEKT

BEI DIESEN PROJEKTEN KANN ES SCHON MAL EINEN TAG DAUERN, BIS SIE FERTIG SIND. SEI ES, WEIL EINIGE TEILE ETWAS AUFWENDIGER VORBEREITET WERDEN MÜSSEN ODER WEIL EINE FARBE ZUNÄCHST TROCKNEN MUSS.

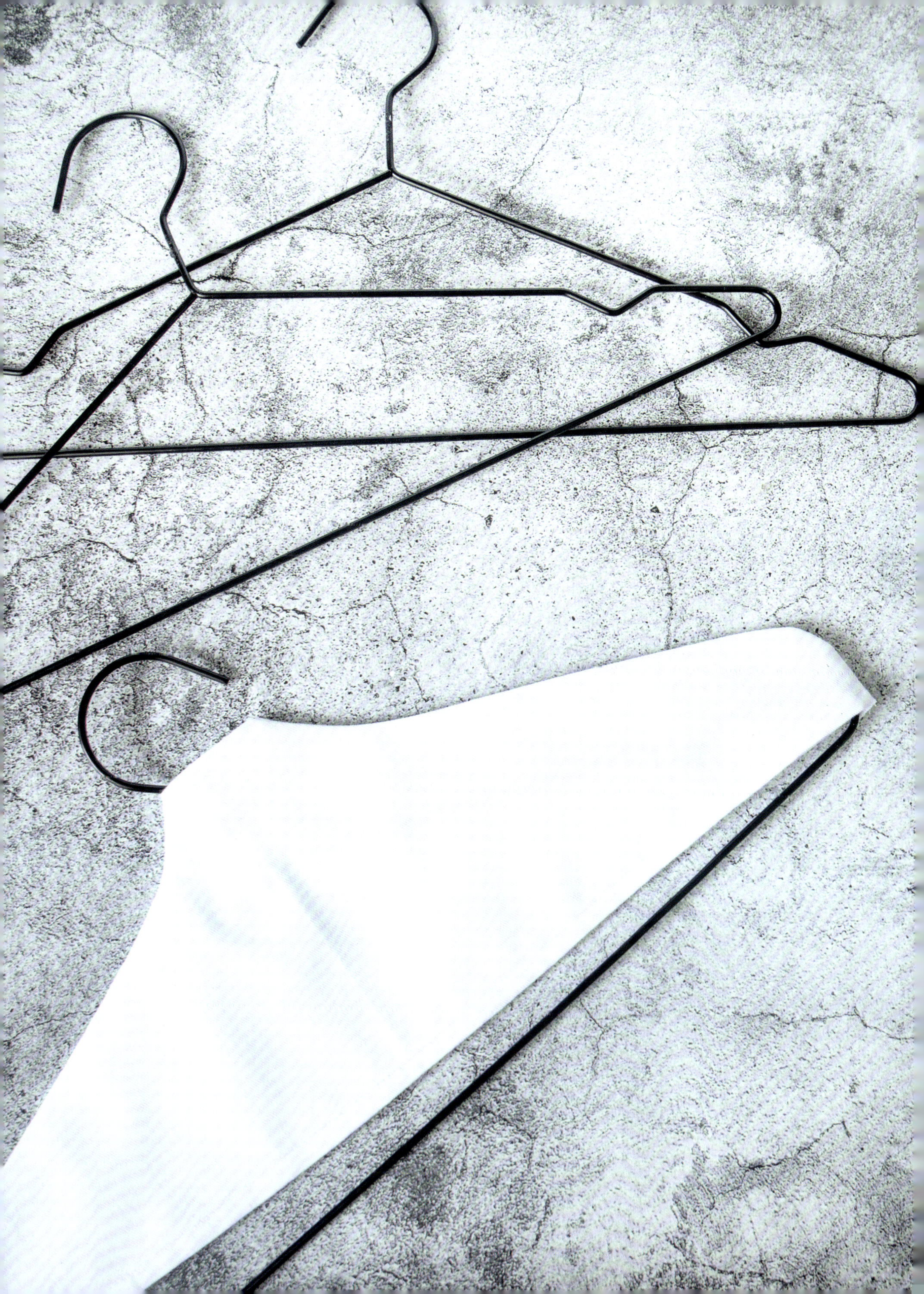

SPIEGLEIN SPIEGLEIN

Spiegel mit Rüschenrand

ES MUSS NICHT IMMER MAKRAMEE SEIN.
WIE WÄRE ES MAL MIT EINEM HÜBSCHEN WEISSEN RÜSCHENRAHMEN? DAZU EINFACH KLEINE STOFFSTREIFEN AN EINEN HOLZRING KNOTEN.

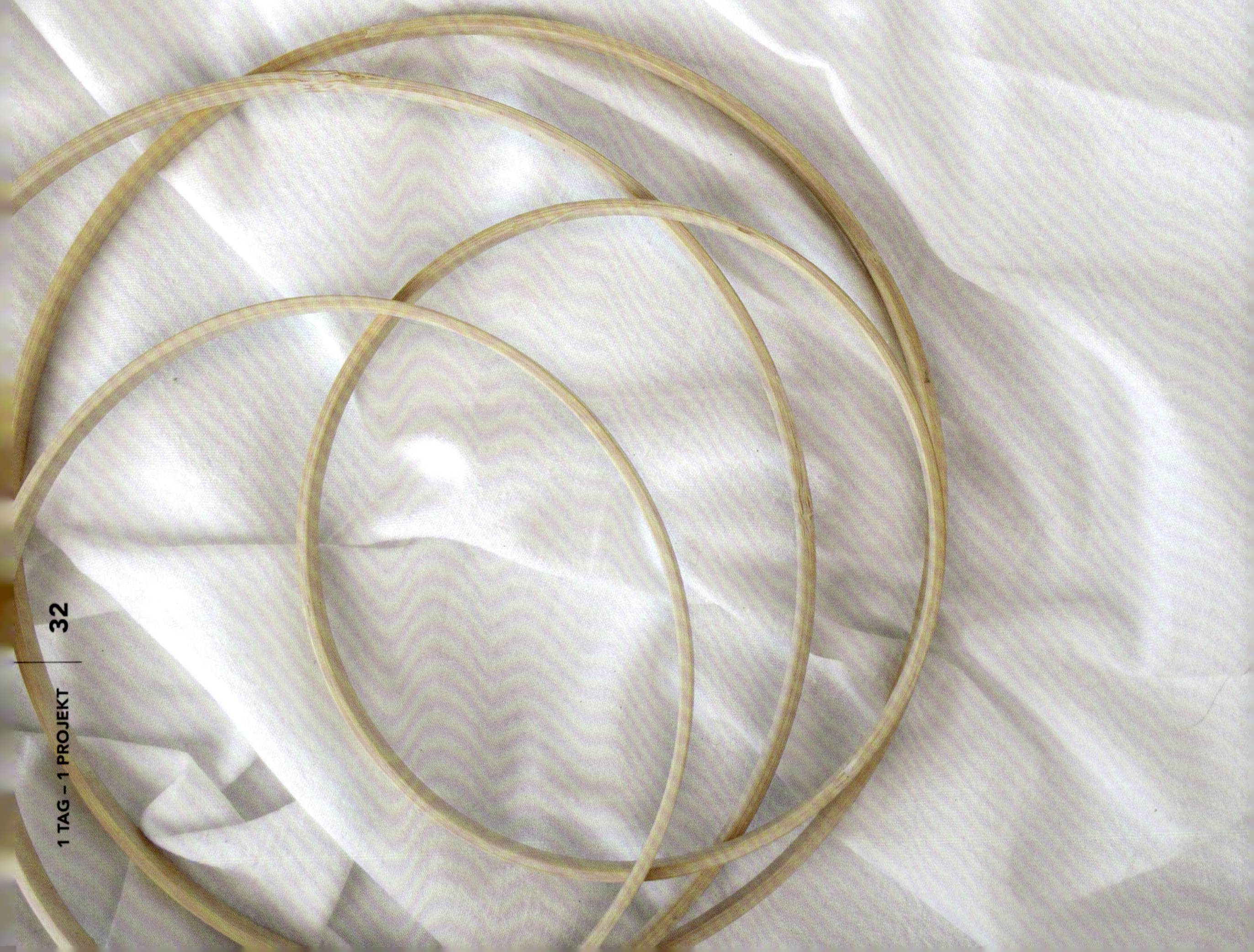

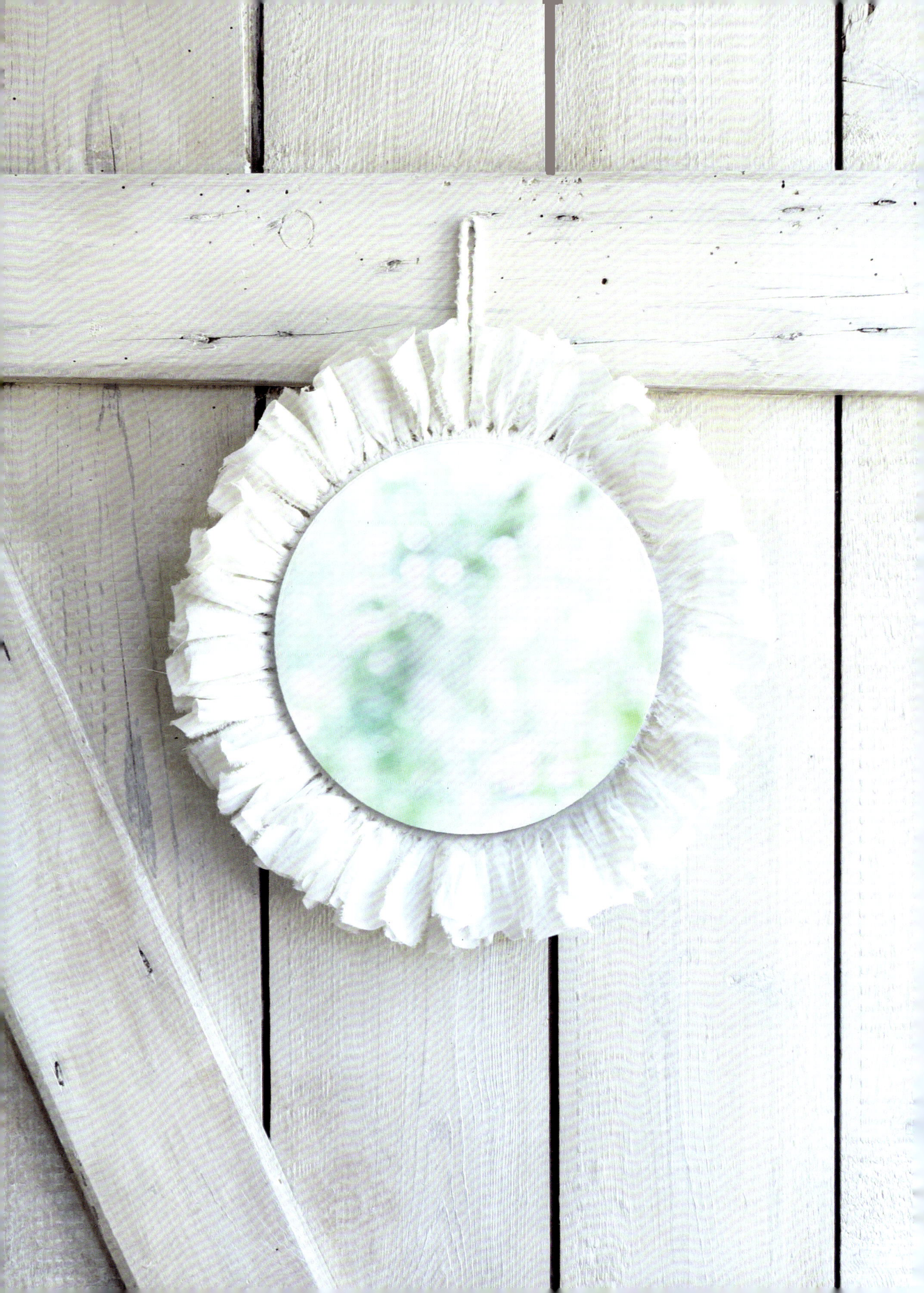

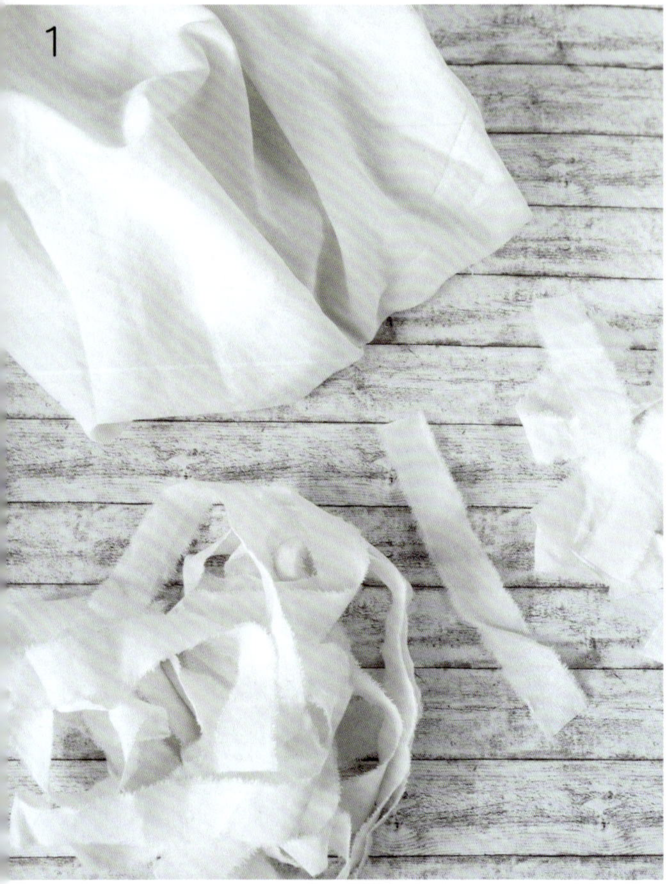
1

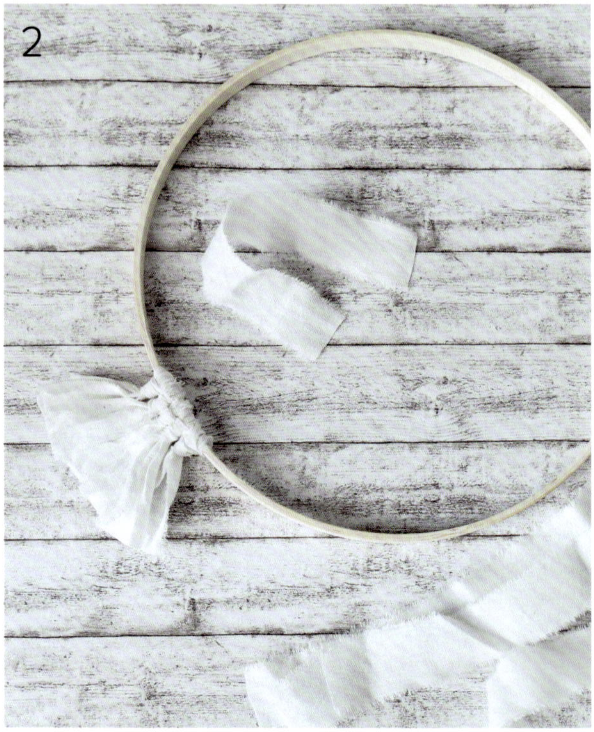
2

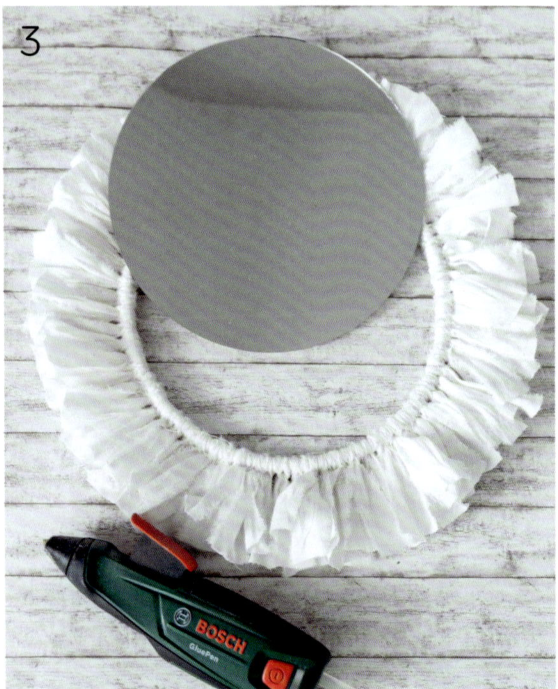
3
BOSCH

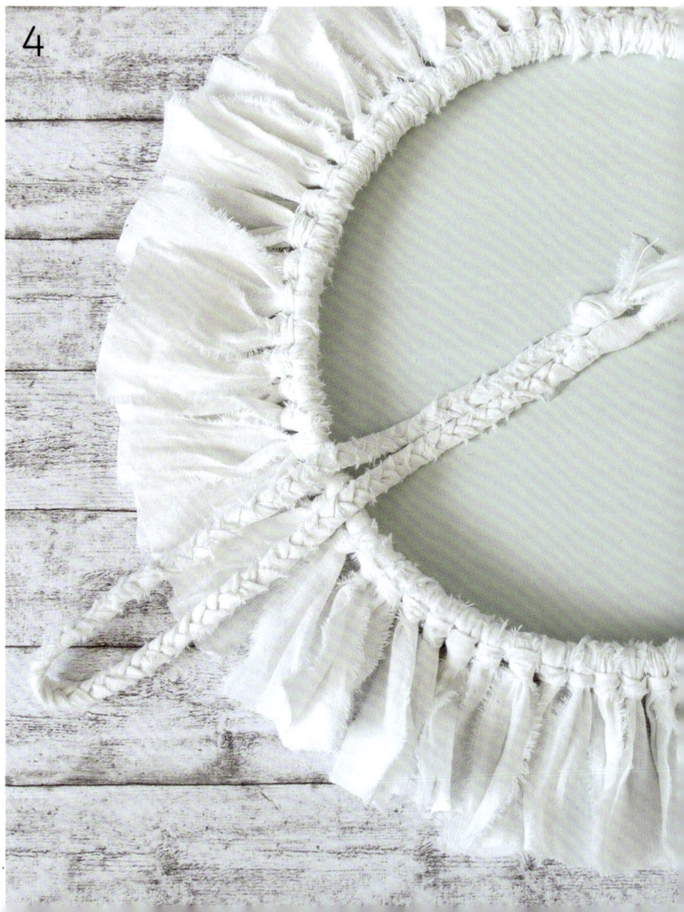
4

Und so geht's

MATERIAL

- Holzring Ø 20 cm
- Spiegelplatte Ø 20 cm
- weißer Baumwollstoff
- Schere
- Maßband
- Heißkleber

1. Der Baumwollstoff wird in ca. 2,5 cm breite Streifen gerissen und anschließend in 18 cm lange Stücke geschnitten. Der Stoff sollte nicht allzu dick sein und beim Reißen schön ausfransen. Hier kann man auch noch mal zusätzlich ein paar Fäden herausziehen, damit es noch franseliger wird.

2. Dann beginnt man die einzelnen Streifen an den Rahmen zu knoten. Man kann sie einfach klassisch anknoten (dann einen Doppelknoten verwenden) oder wie unten gezeigt mit einem Ankerknoten an dem Rahmen befestigen. Darauf achten, immer von der gleichen Seite zu beginnen, denn auf einer Seite sieht man die Knoten, auf der anderen Seite nicht. So viele Streifen anknoten, bis der Ring komplett geschlossen ist.

3. Hier ist die Seite gewählt, auf der man die Knoten nicht sieht. Die Spiegelplatte wird anschließend mit Heißkleber auf den Rahmen geklebt.

4. Für die Aufhängung werden drei lange Bänder gerissen und zu einem Zopf geflochten. Anfang und Ende verknoten. Die Länge kann man selbst bestimmen. Anschließend klebt man das Band mit Heißkleber auf der Rückseite des Spiegels fest.

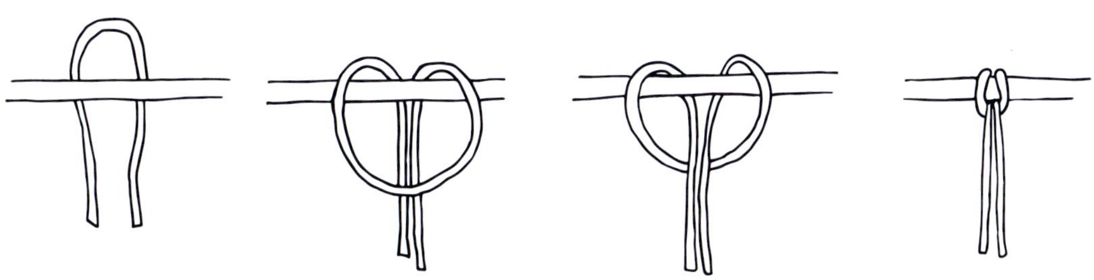

FÜRS NASENFAHRRAD

Brillenhalter

DIE RICHTIGE BRILLE AM RICHTIGEN ORT. OB DIE BRILLE ZUM LESEN ODER DIE SONNENBRILLE, DIE BRILLE FÜR DIE FERNE ODER DIE ERSATZBRILLE. IMMER ORDENTLICH UND SICHER VERSTAUT.

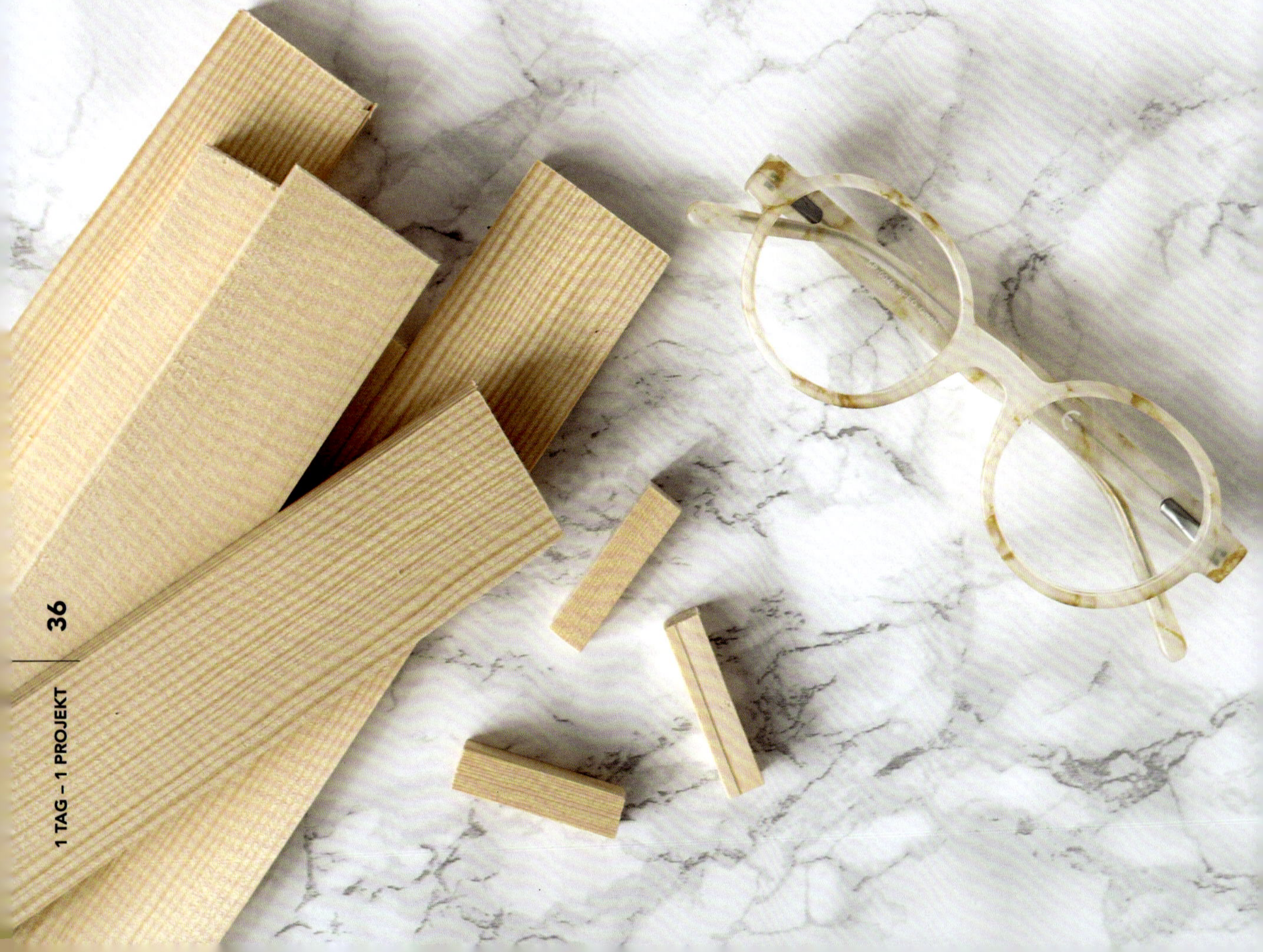

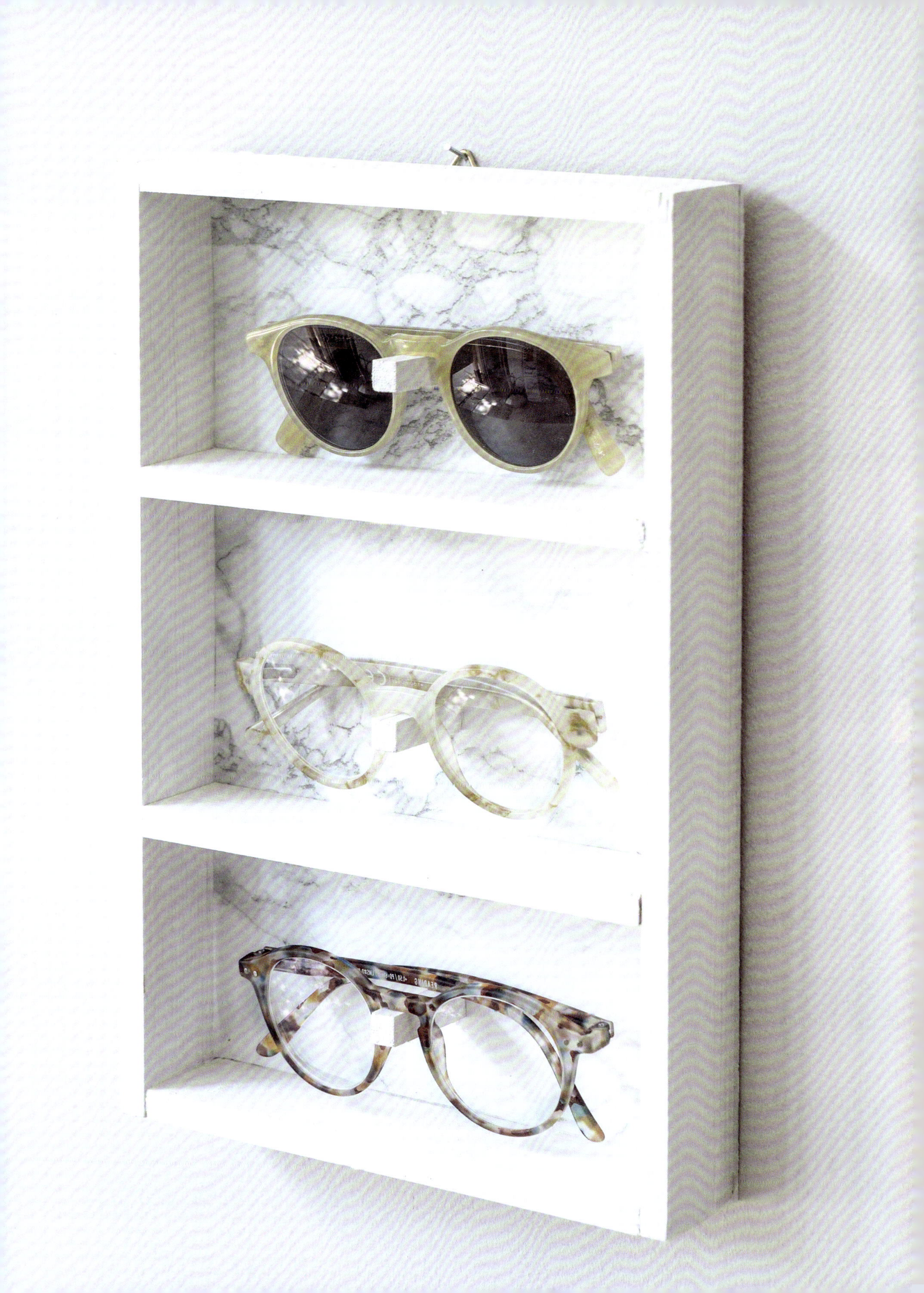

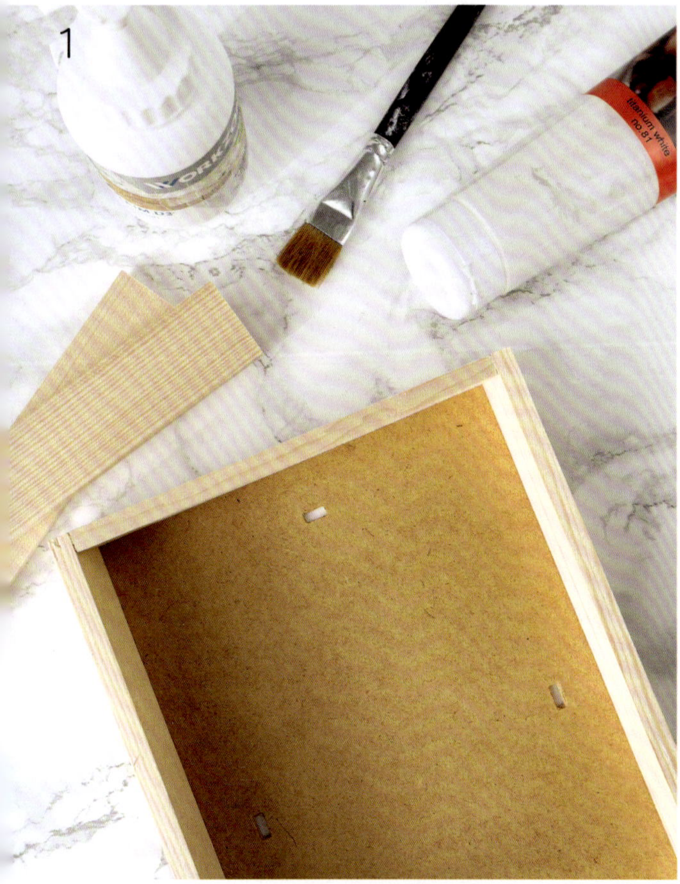
1
titanium white
no 81

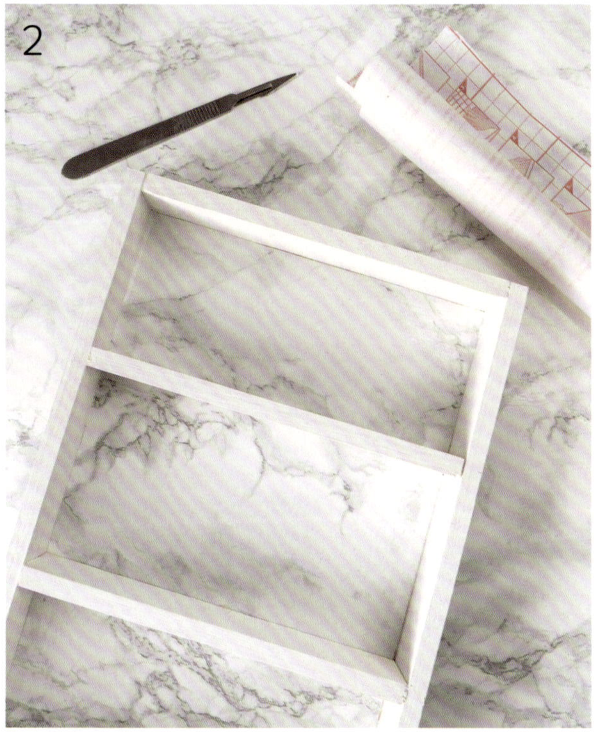
2

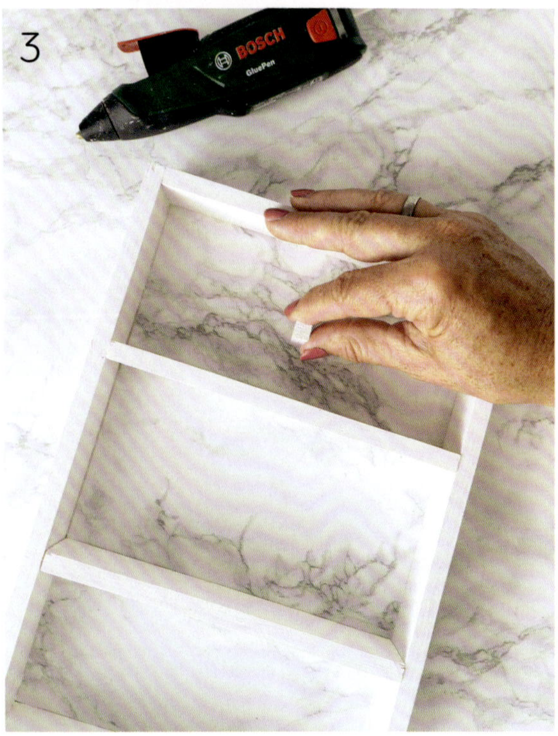
3
BOSCH
GluePen

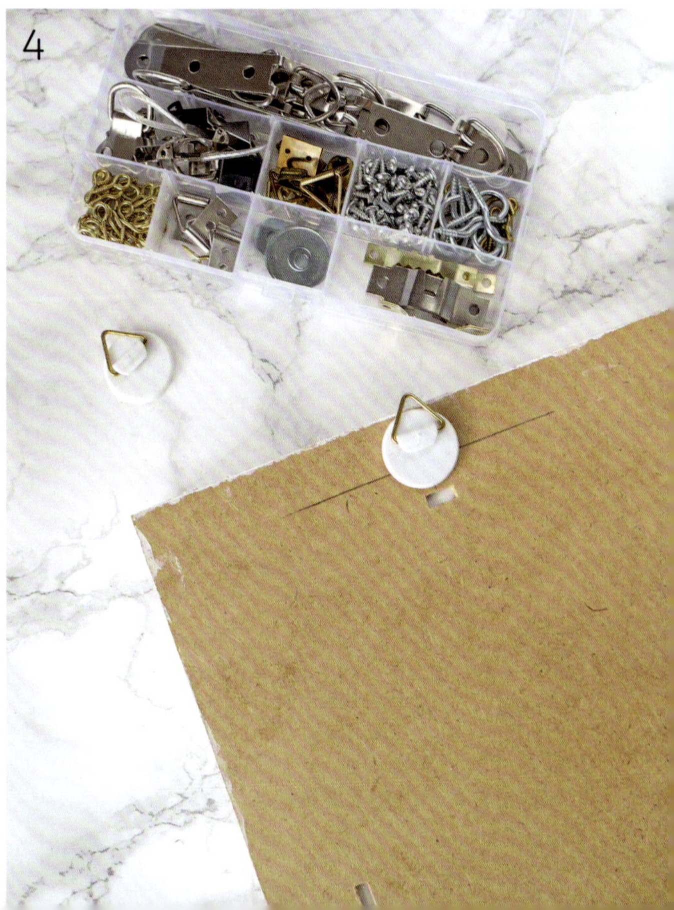
4

Und so geht's

MATERIAL

- dünne Holzplatte A4 (z. B. Rückwand eines Bilderrahmens)
- 2 Holzleisten (10 x 40 x 1000 mm)
- Holzstab (10 x 10 mm) ca. 20 cm lang
- Schmirgelpapier
- Säge
- Holzleim
- selbstklebende Marmorfolie
- Lineal + Cutter
- Acrylfarbe weiß
- Pinsel
- Aufhänger

1. Alle Leisten - auch die Innenleisten - passend zuschneiden und zunächst nur den Rahmen mit Holzleim auf die Platte kleben. Anschließend mit weißer Acrylfarbe streichen und trocknen lassen. Auch die Innenleisten bereits streichen.

2. Nun die Marmorfolie mit Cutter und Lineal zuschneiden und in den Rahmen kleben. Fest andrücken. Anschließend die Innenleisten mit Holzleim innen an den Rahmen kleben.

3. Dann aus dem 10 x 10 mm Holzstab die kleinen »Nasenstücke« zuschneiden. Sie haben die gleiche Höhe wie die Leisten. Mit Heißkleber passend für die Brillen in den Rahmen kleben. Am besten zuvor testen, wie die Brille am besten hält.

4. Zum Schluss auf der Rückseite oben mittig einen kleinen Aufhänger ankleben.

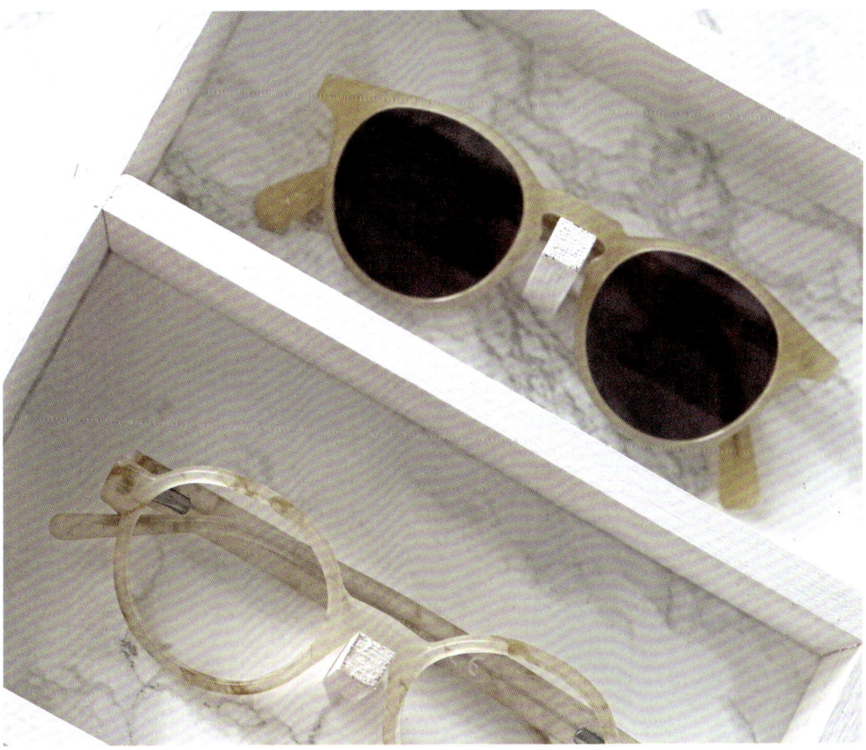

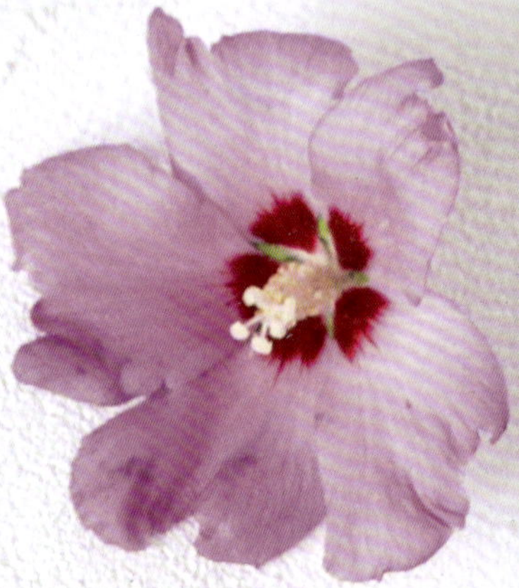

ALOHA

Kerzenhalter und Vase aus Glasflaschen

NOCH NIEMALS AUF HAWAII GEWESEN? KEIN PROBLEM.
DER KERZENHALTER MIT DER NATIONALBLUME HAWAIIS – DEM HIBISKUS – SORGT FÜR EIN BISSCHEN HAWAII-FEELING ZU HAUSE.

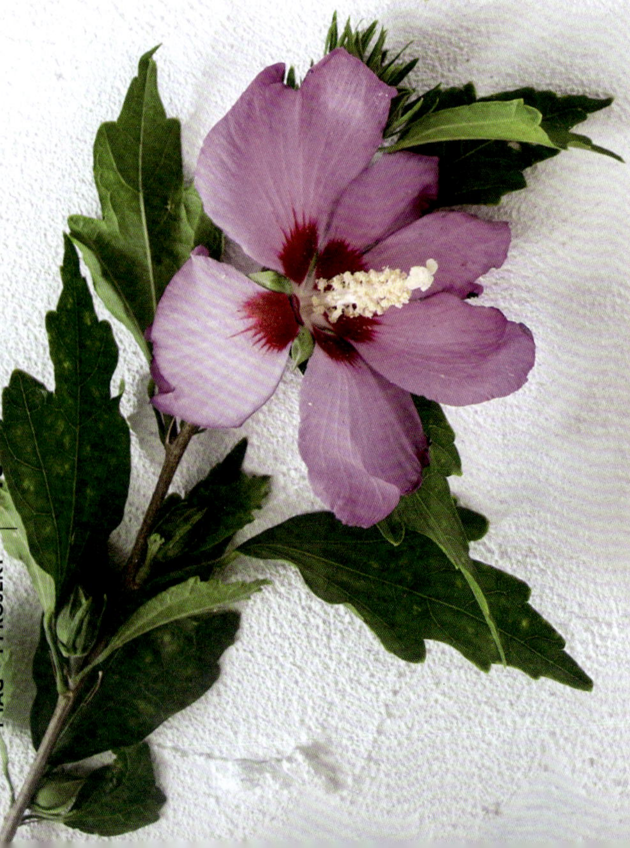

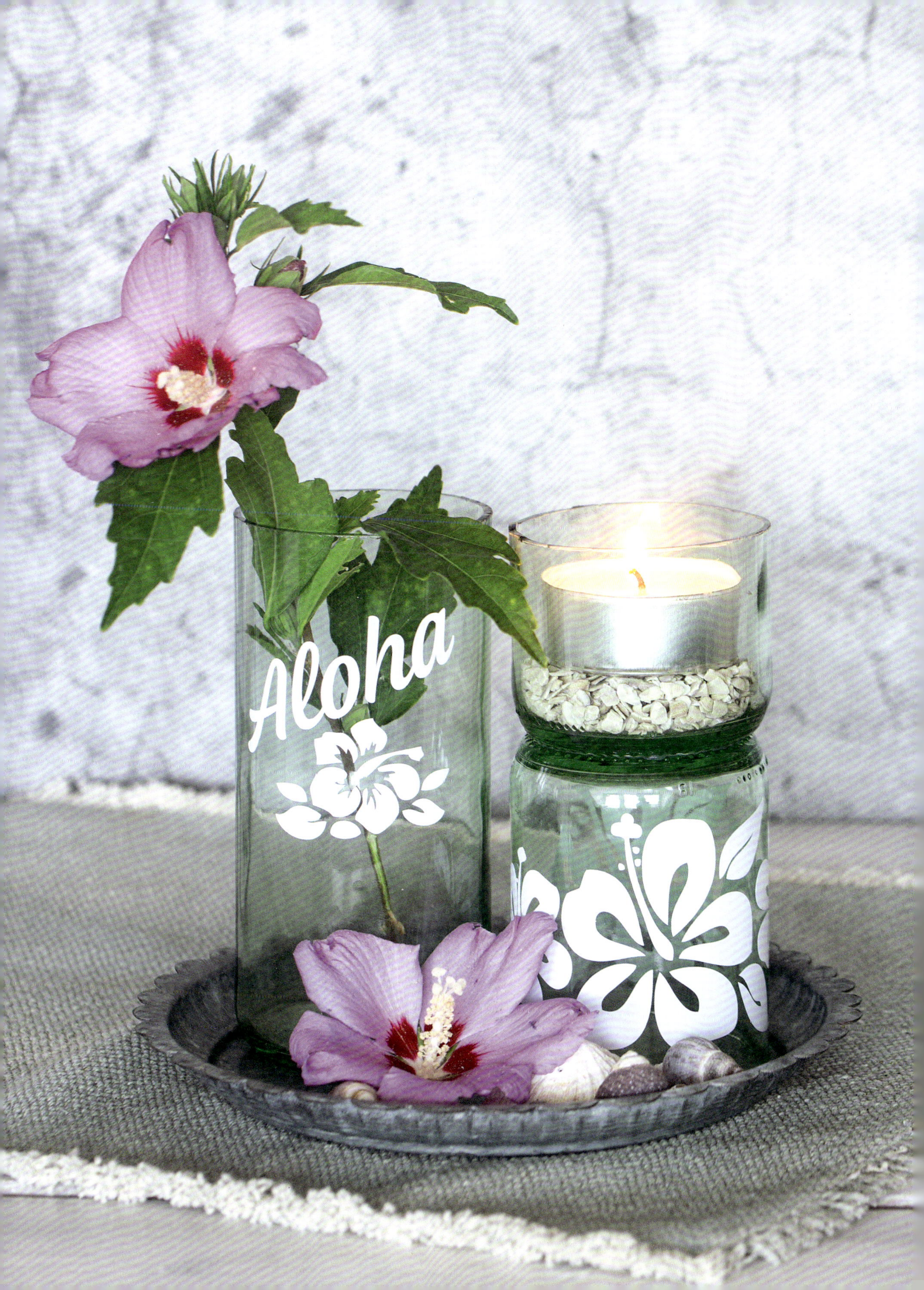
Aloha

1

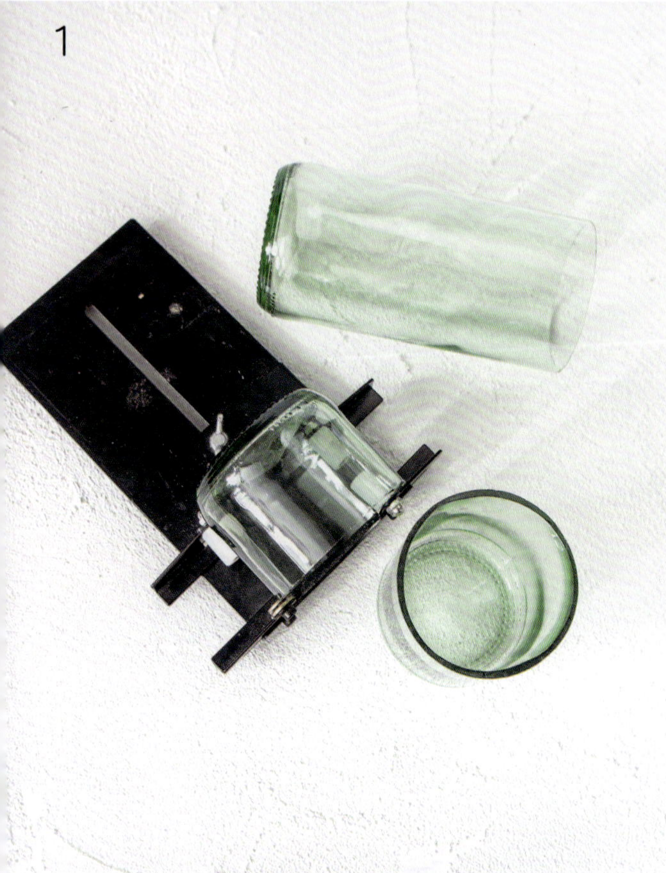

2

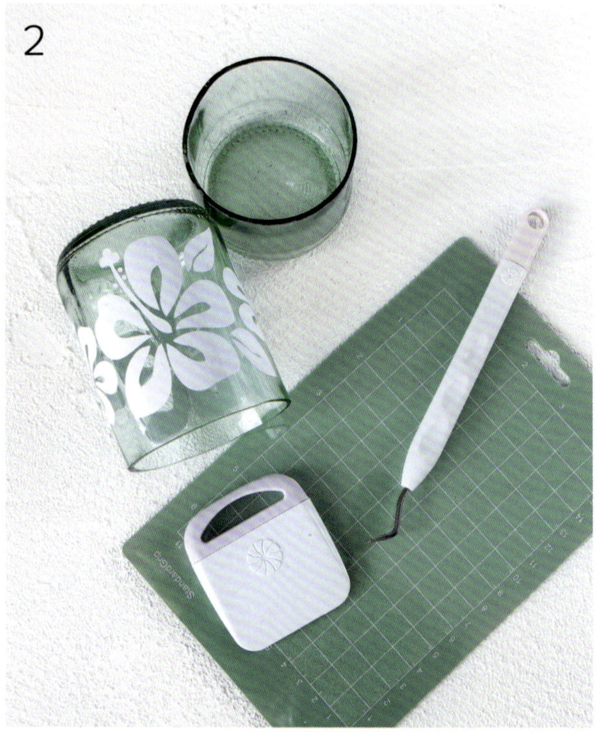

3

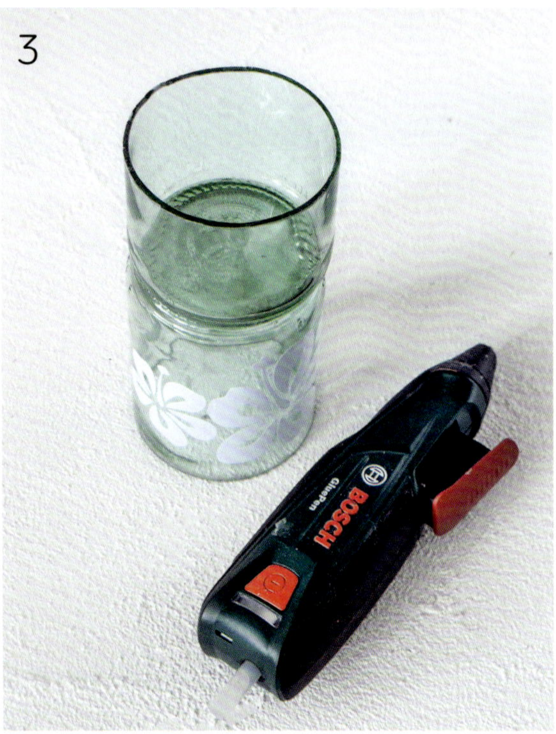

4

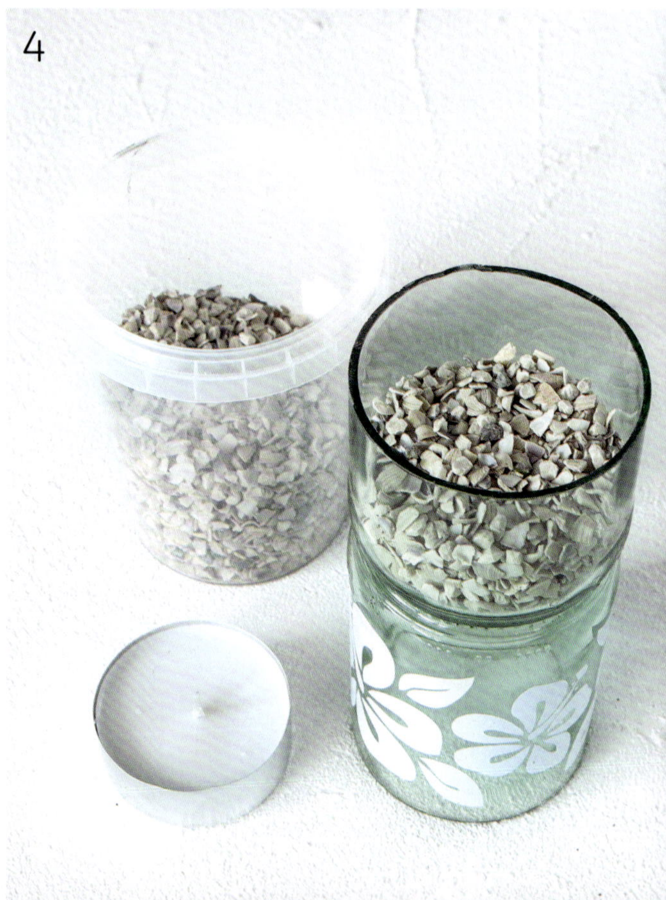

Und so geht's

MATERIAL

- ✱leere Weinflaschen
- ✱Glasflaschen-schneider
- ✱Schmirgelpapier
- ✱Heißkleber
- ✱Plotter (+ Zubehör) (alternativ weiße Lackstifte)
- ✱Vogelsand oder Muschelgranulat
- ✱Teelicht

1. Am leichtesten lässt sich eine Flasche mit einem speziellen Glasschneider für Flaschen bearbeiten. Die Methode wird auf Seite 156 ausführlicher beschrieben. Alternativ verwendet man einen Baumwollfaden und Brennspiritus.
Für den Kerzenhalter benötigt man zwei unterschiedliche Höhen, etwa 9 cm und 5 cm. Die Ränder der Schnitte mit sehr feinem Schmirgelpapier glätten.

2. Für den unteren Teil des Kerzenhalters (Öffnung nach unten) kann man mithilfe eines Plotters Vorlagen erstellen und sie anschließend auf das Glas bringen. Wer keinen Plotter besitzt, kann sich die Vorlage von Seite 157 von innen in das Glas kleben und mit einem Lackstift die Blumen nachzeichnen.

3. Das obere, kleinere Teil wird dann mit Heißkleber auf das untere Teil geklebt.

4. Jetzt nur noch etwas Vogelsand oder Muschelgranulat und ein Teelicht hineingeben.

5. Vielleicht ist noch ein Glas übrig? Dann einfach noch die passende Vase dazu gestalten.

INFO: »ALOHA« IST EIN WORT AUS DER HAWAIISCHEN SPRACHE. ES WIRD Z. B. ALS GRUSSFORMEL BEIM KOMMEN UND GEHEN VERWENDET. DER HIBISKUS IST DIE NATIONALBLUME VON HAWAII.

5

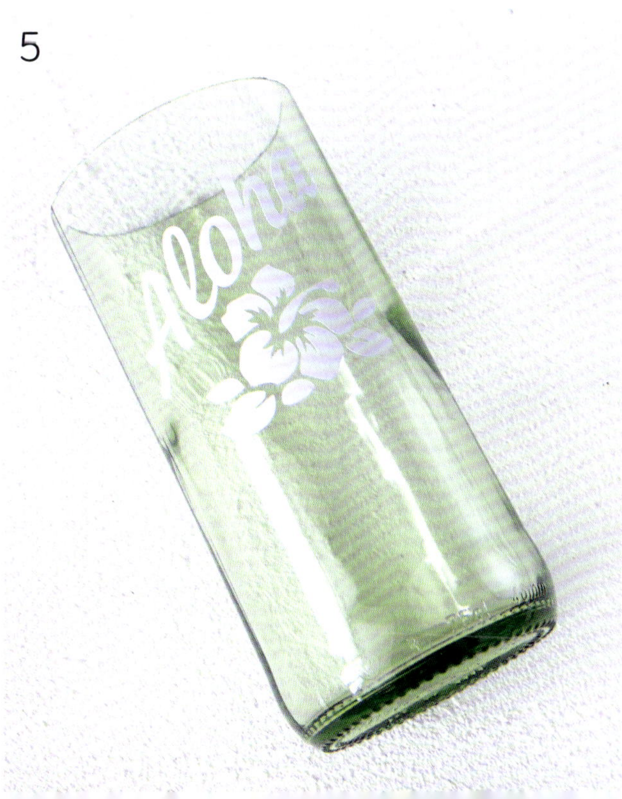

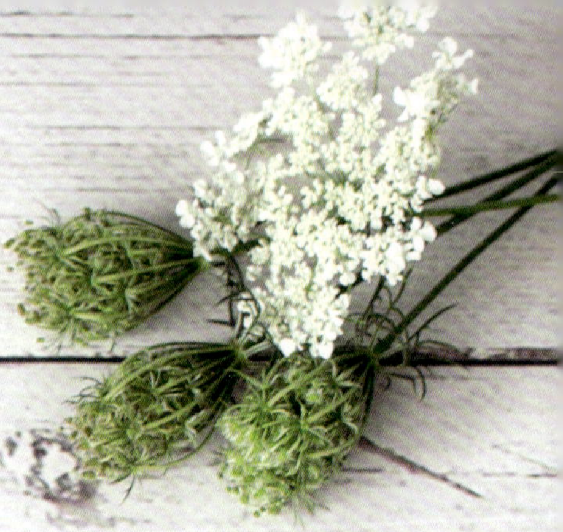

HANDMADE-VASE

Blumenvase aus Raysin

WER WEISSE OBJEKTE LIEBT, KOMMT UM DAS MATERIAL RAYSIN NICHT HERUM. MIT DIESEM GIESSPULVER LASSEN SICH VIELFÄLTIGE DEKOOBJEKTE ERSTELLEN, DIE VON NATUR AUS EINE REINWEISSE FARBE BESITZEN. STREICHEN? NICHT NÖTIG!

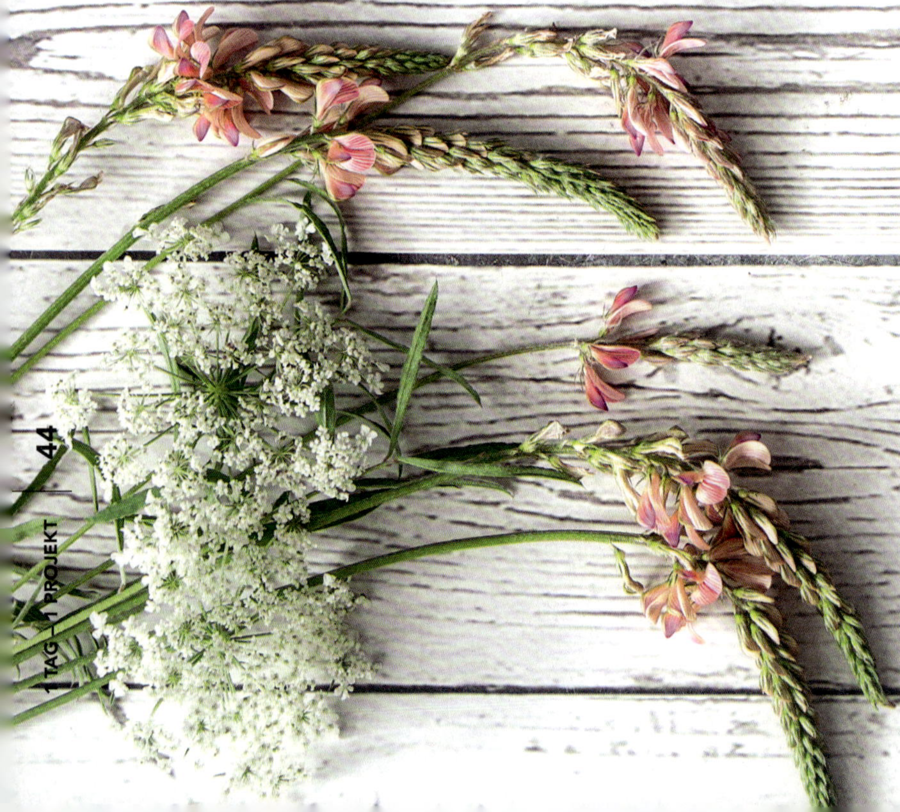

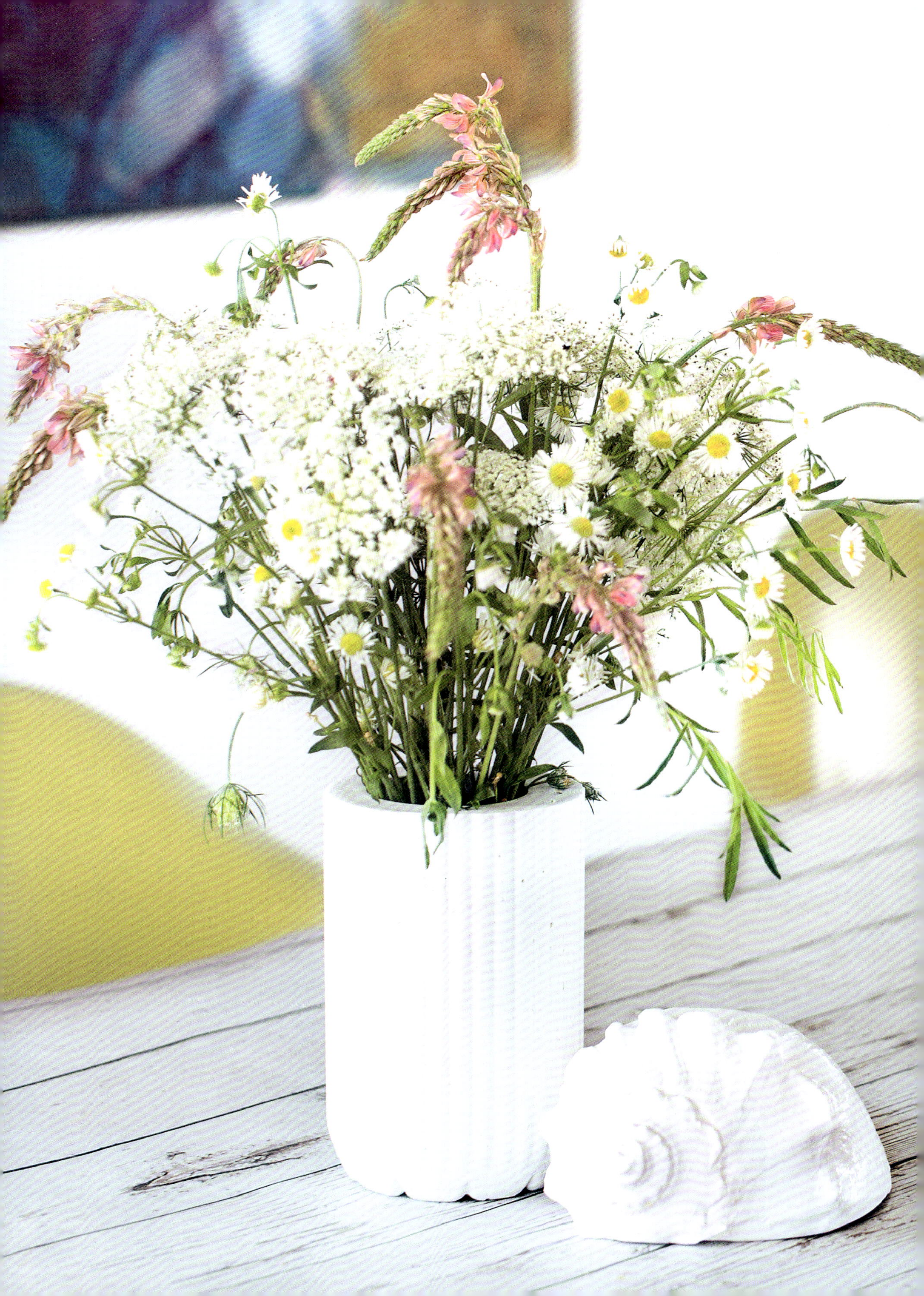

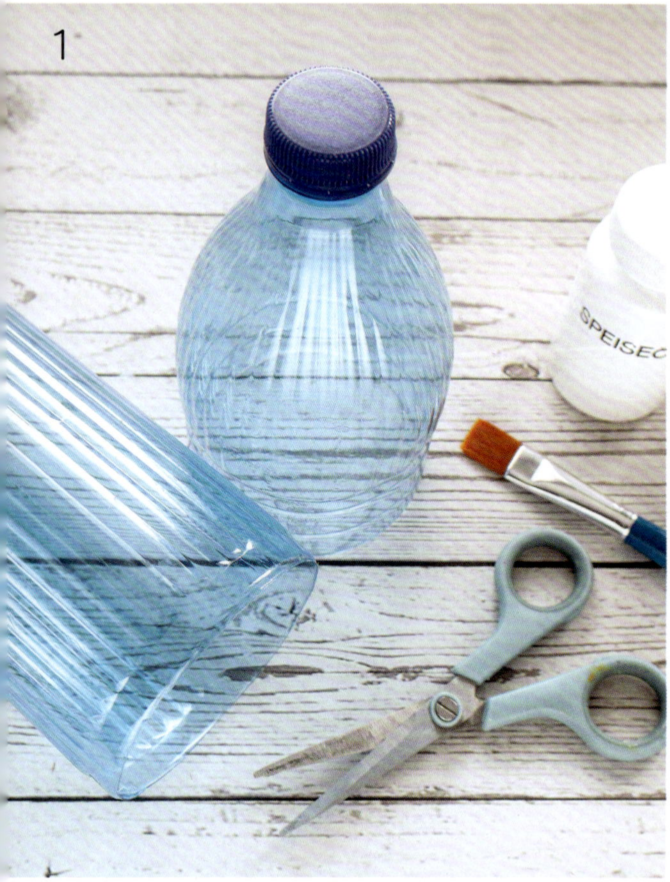
1

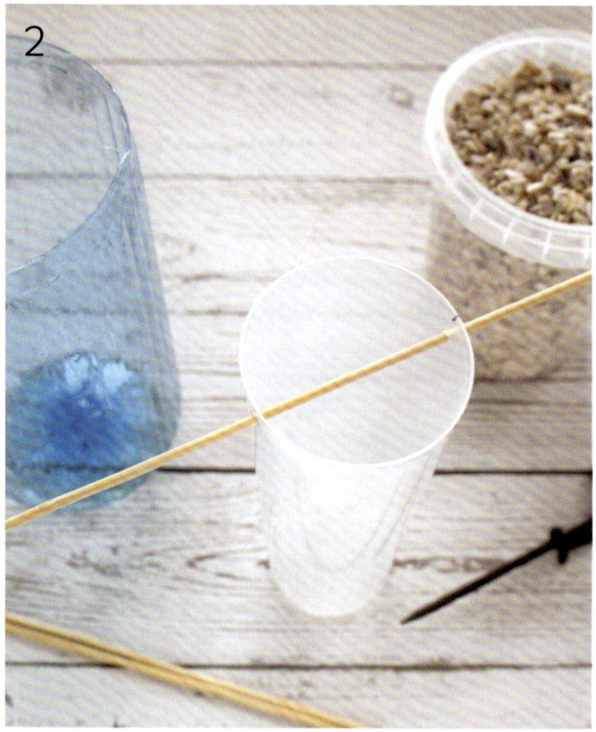
2

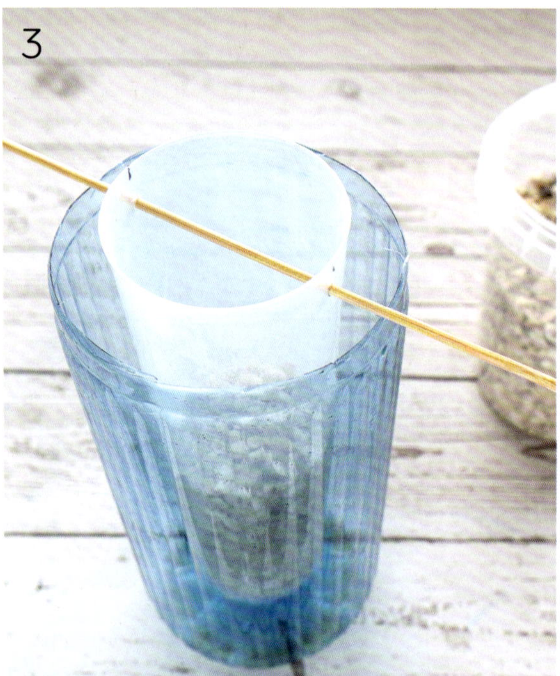
3

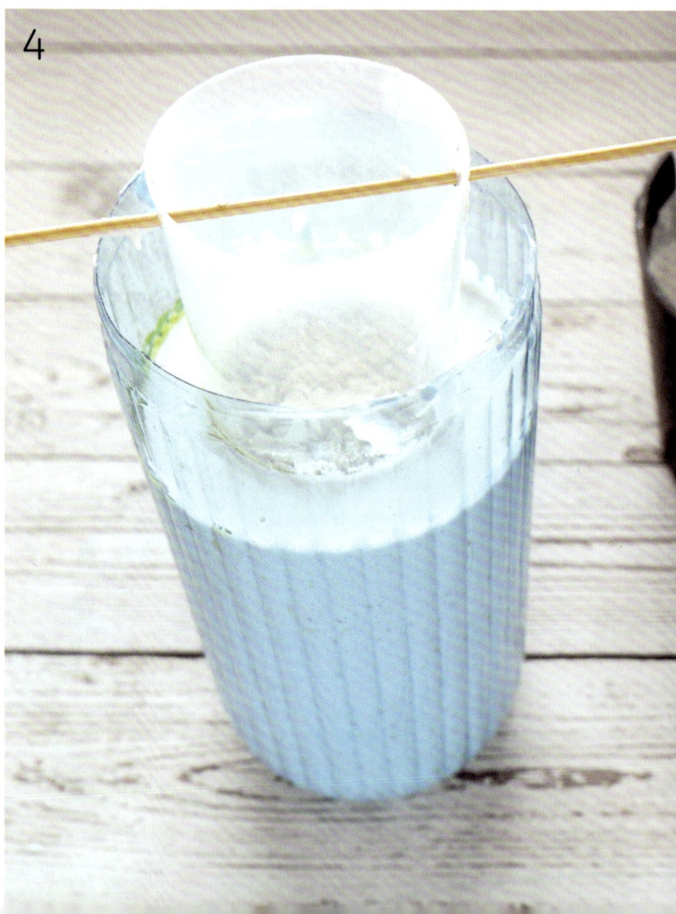
4

Und so geht's

MATERIAL

- PET-Wasserflasche
- Becherform
- Raysin 200
- Becher
- Wasser
- Spatel/Löffel
- Pinsel
- Öl
- Holzspieß
- Handbohrer
- Kiesel/Granulat
- Schere
- Schmirgelpapier
- Klarlack

1. Die Wasserflasche mit einer Schere auf der gewünschten Höhe gerade abschneiden. Die Form dann innen ganz dünn mit Öl auspinseln.

2. Außenform und Innenform müssen von den Größen her vorher abgestimmt werden. Der Innenbecher darf nicht bis zum Boden durchgedrückt werden und sollte oben etwas überstehen. An der Oberkante des Innenbechers bohrt man gegenüberliegend zwei Löcher. Dort steckt man einen Holzspieß hinein.

3. Den von der Außenseite leicht eingeölten Innenbecher nun mit kleinen Kieseln oder einem Granulat füllen und mittig in die Außenform hängen. Das Granulat verhindert, dass sich der Becher in der noch flüssigen Masse nach oben drückt.

4. Dann eine ausreichende Menge Raysin anmischen und vorsichtig in den Zwischenraum der zwei Becher gießen. Anschließend ein wenig von außen klopfen und rütteln, um kleine Bläschen aufsteigen zu lassen.

5. Nach 30-40 Minuten kann man die Vase herauslösen. Die PET-Außenform löst sich nur sehr schwer und muss unter Umständen aufgeschnitten werden. Der geölte Innenbecher lässt sich in der Regel etwas einfacher entfernen. Die Vase dann einen Tag aushärten lassen. Dann mit Schmirgelpapier die obere Kante glätten, den letzten Schliff mit sehr feinem (ab Körnung 240) Schmirgelpapier. Da die Vase mit Wasser in Berührung kommt, muss sie mit einem Lack von außen und von innen versiegelt werden.

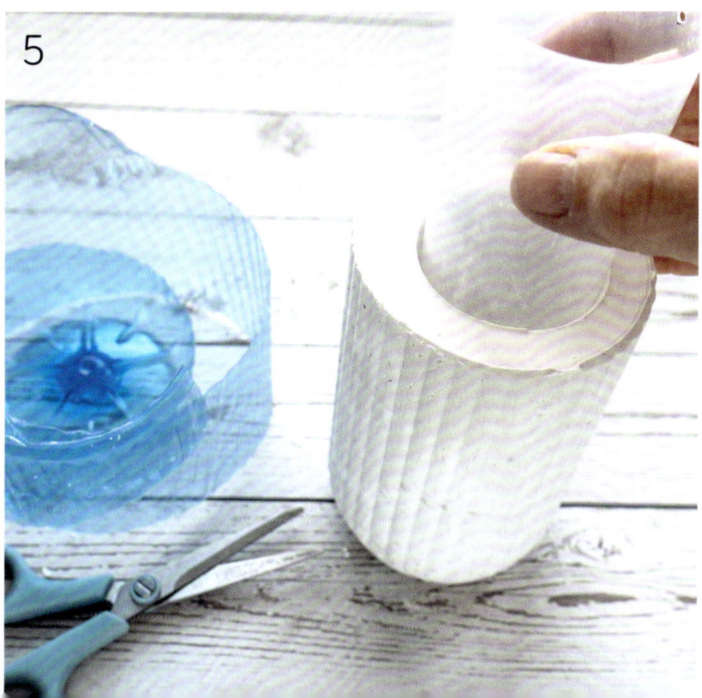

AUSGESPERRT!

Insektenschutzhaube

UNERWÜNSCHTE FLIEGENDE BESUCHER AM TISCH MÖGEN WIR ALLE NICHT. EGAL OB BIENEN, WESPEN ODER EINFACH NUR NERVIGE FLIEGEN. EINE HAUBE HÄLT SIE VON DEN LEBENSMITTELN FERN. UND JA, ES GIBT AUCH WEISSEN LAVENDEL …

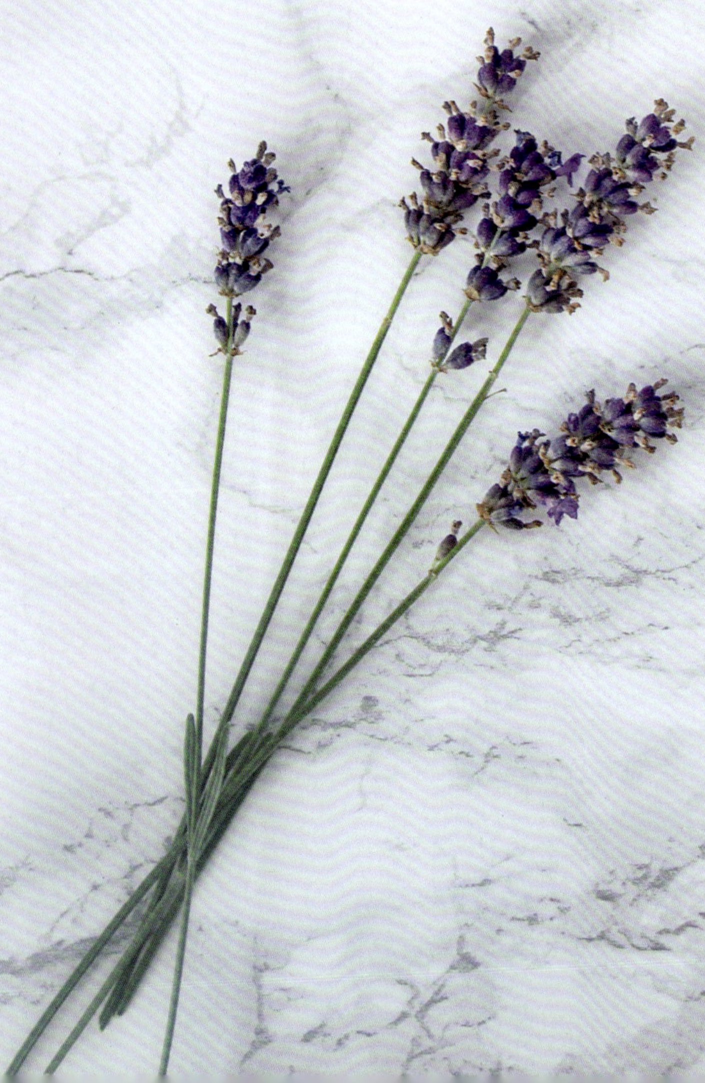

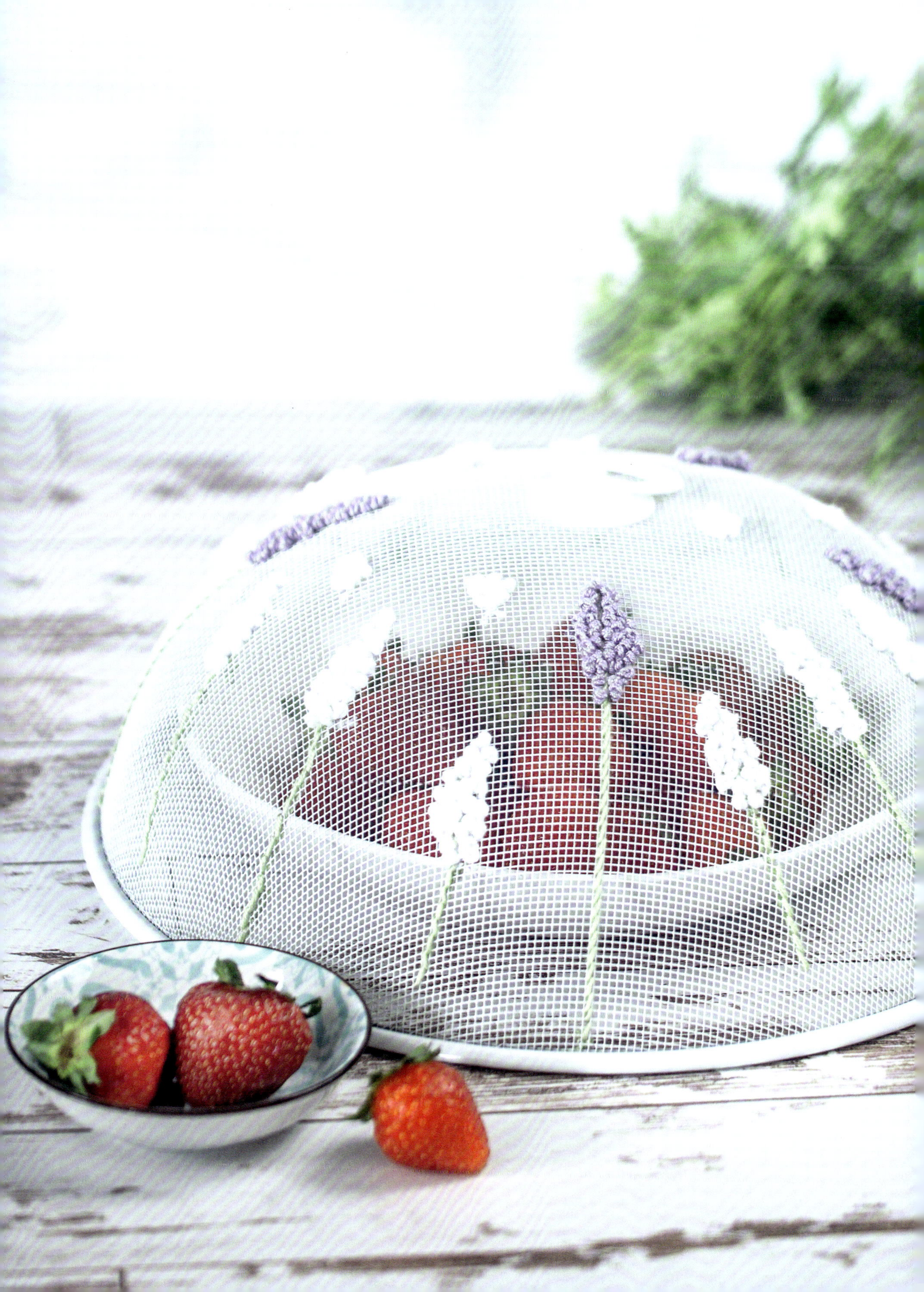

Und so geht's

MATERIAL:

- ✱Insektenschutzhaube
- ✱Stopfnadel
- ✱Schere
- ✱Stickgarn oder dünne Wollreste

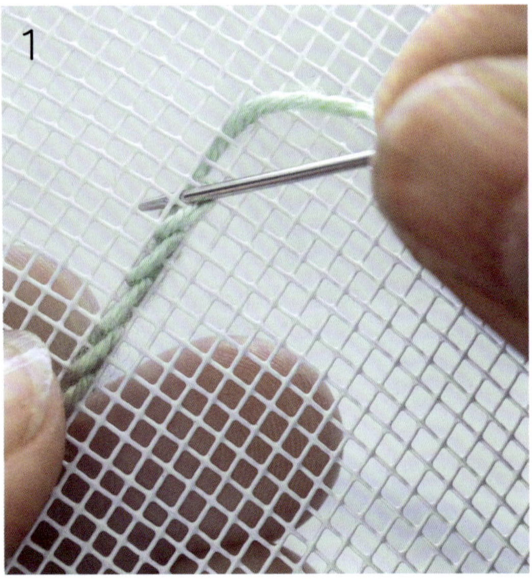

1. Einen genügend langen Faden auffädeln und das Ende mit einem Knoten sichern, damit der Faden nicht durch die Gitterkästchen rutscht.

Durch das starre Material funktionieren die Stickstiche hier ein bisschen anders. Zum Beispiel der Rückstich. Für die Stängel der Blumen wird hier einfach nach ca. 3 Gitterkästchen von unten nach oben gestochen und dann wieder zurück in das Ausgangskästchen direkt neben den Faden.

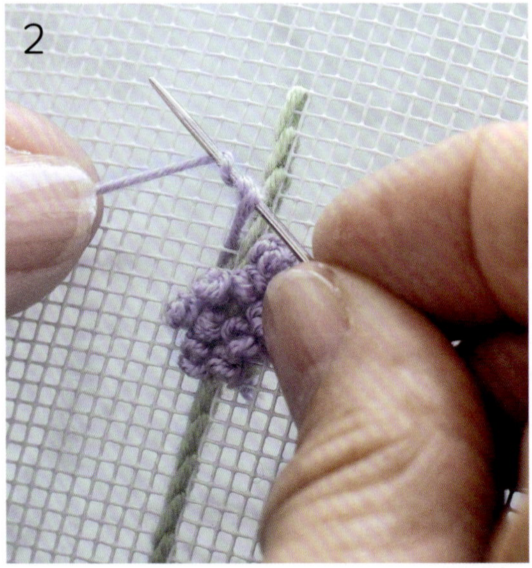

2. Beim Knötchenstich von unten nach oben durch ein Gitterkästchen stechen, das Garn 2- bis 3- mal um die Nadel wickeln und anschließend in ein Gitterkästchen nebenan stechen.

Da sich die Fäden auf der Rückseite durch die Rundung der Haube nur sehr schwer vernähen lassen, ist es am einfachsten, die Fäden der einzelnen Farben ca. 10 cm abzuschneiden und dann miteinander zu verknoten. Überstehende Reste dann einkürzen.

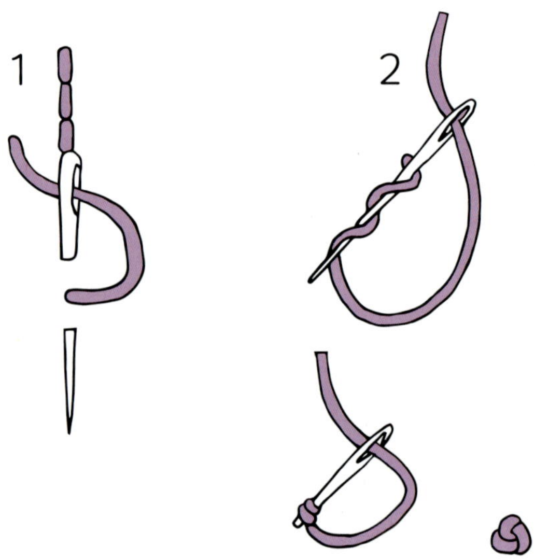

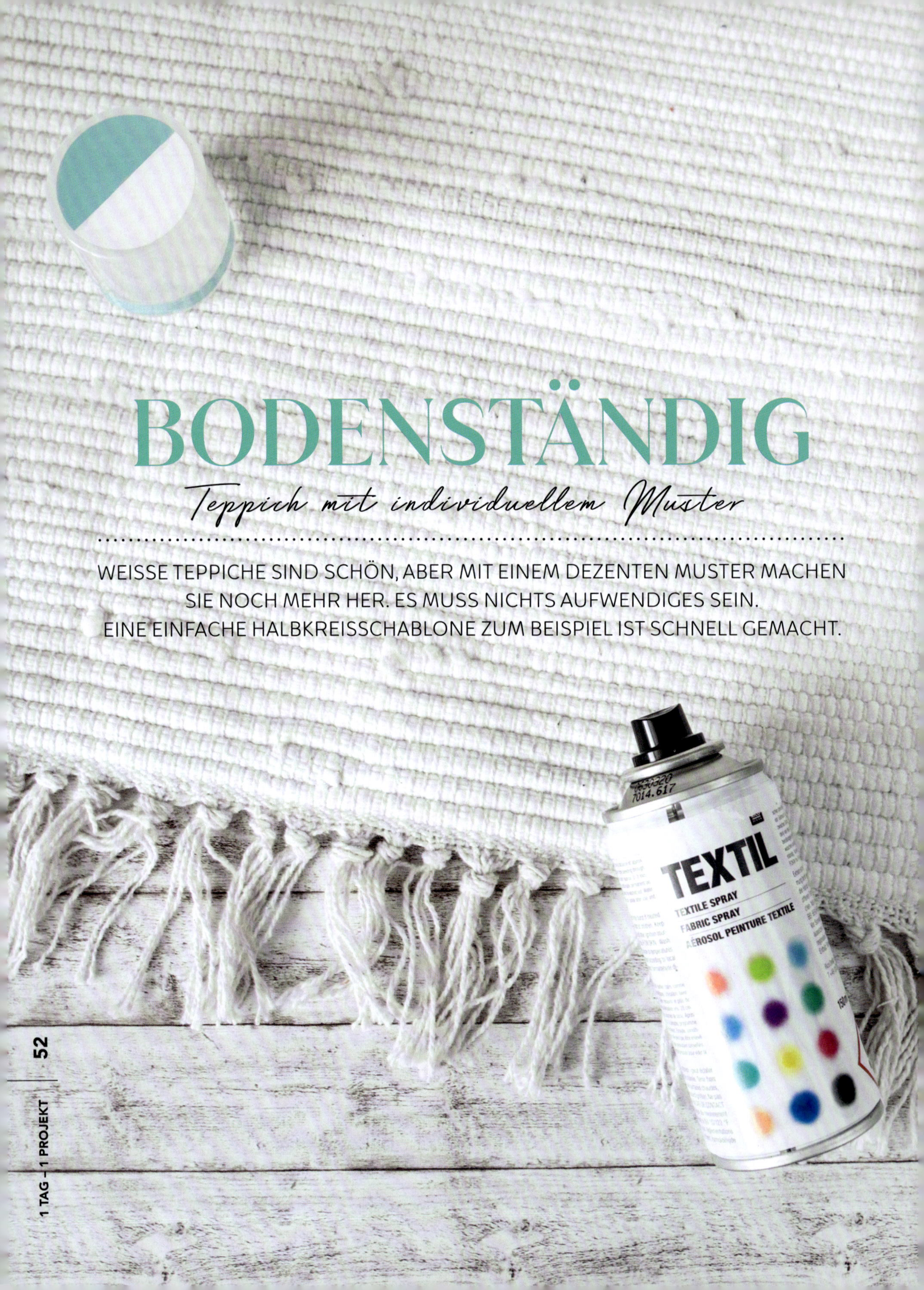

BODENSTÄNDIG

Teppich mit individuellem Muster

WEISSE TEPPICHE SIND SCHÖN, ABER MIT EINEM DEZENTEN MUSTER MACHEN SIE NOCH MEHR HER. ES MUSS NICHTS AUFWENDIGES SEIN. EINE EINFACHE HALBKREISSCHABLONE ZUM BEISPIEL IST SCHNELL GEMACHT.

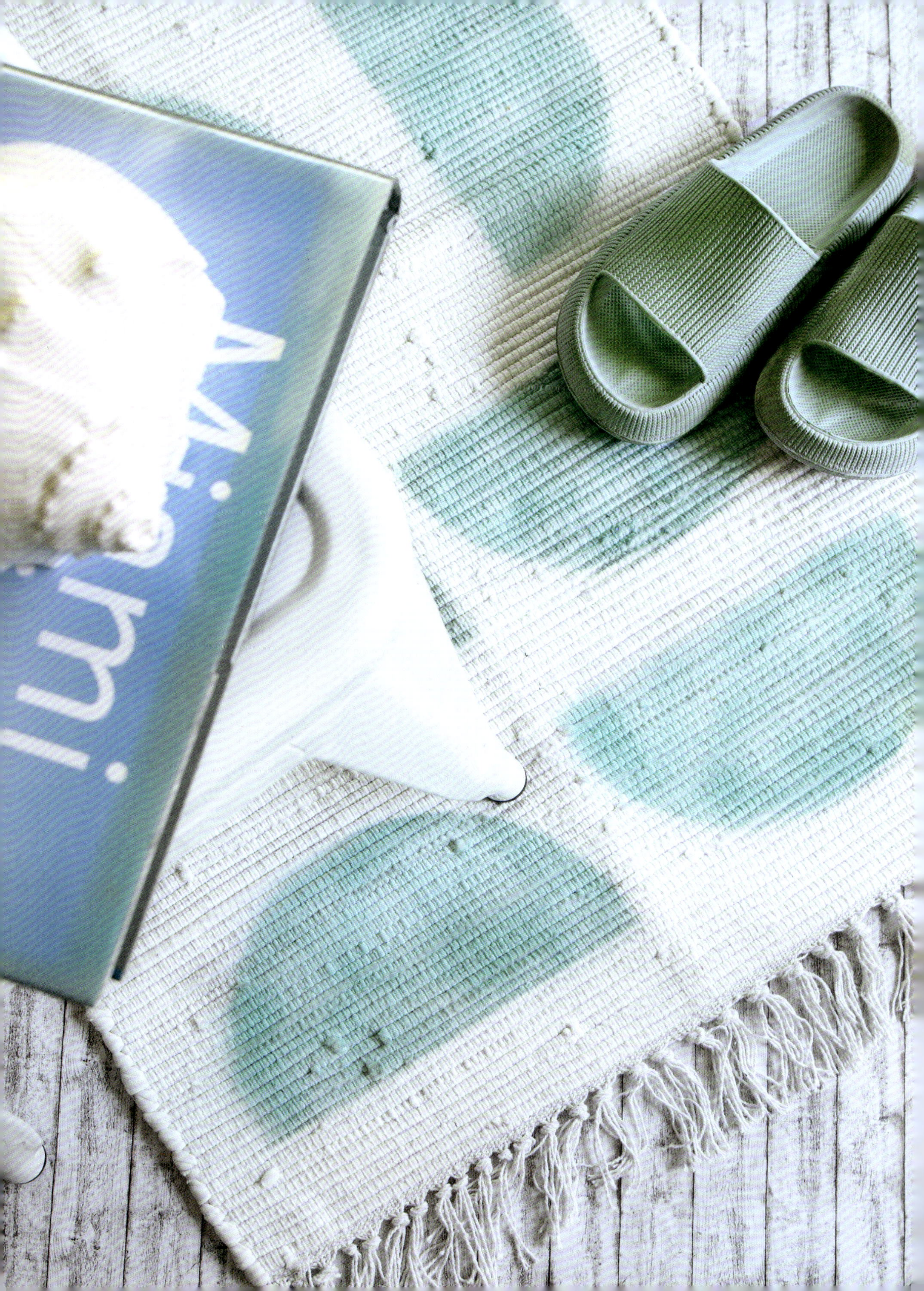

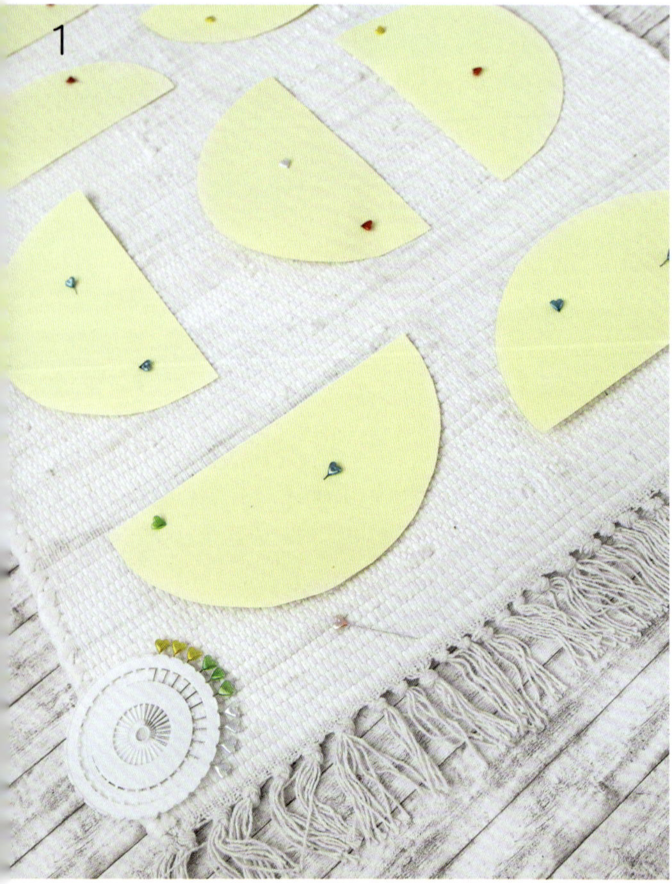
1

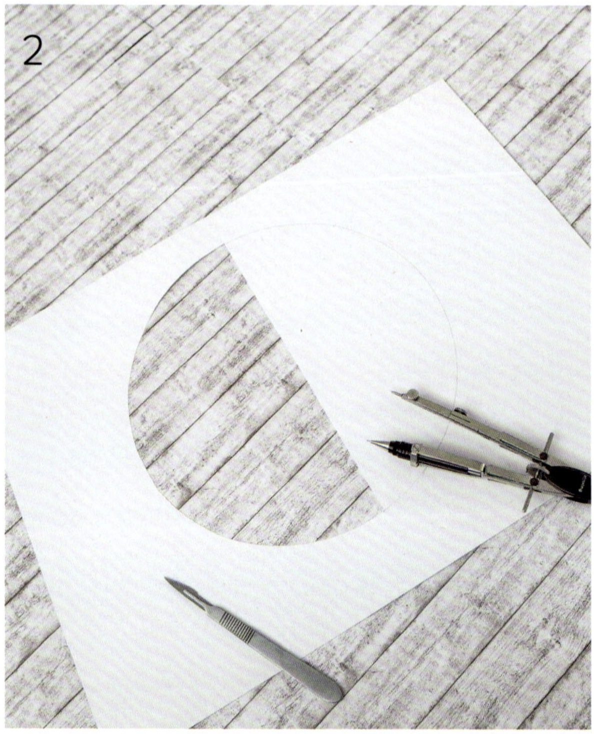
2

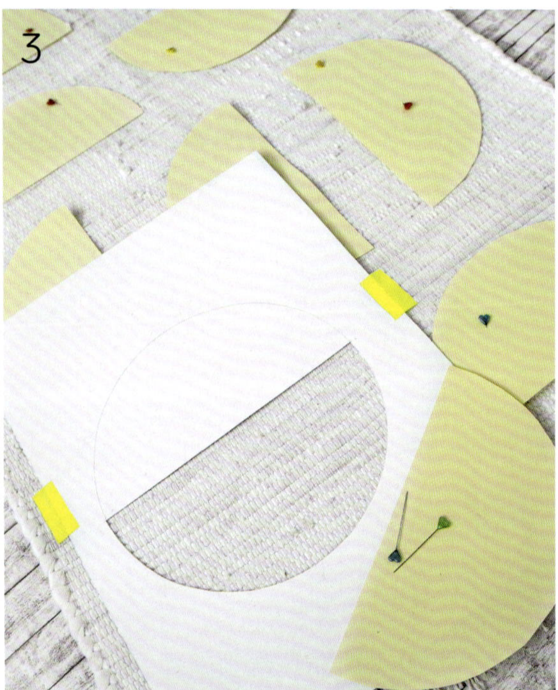
3

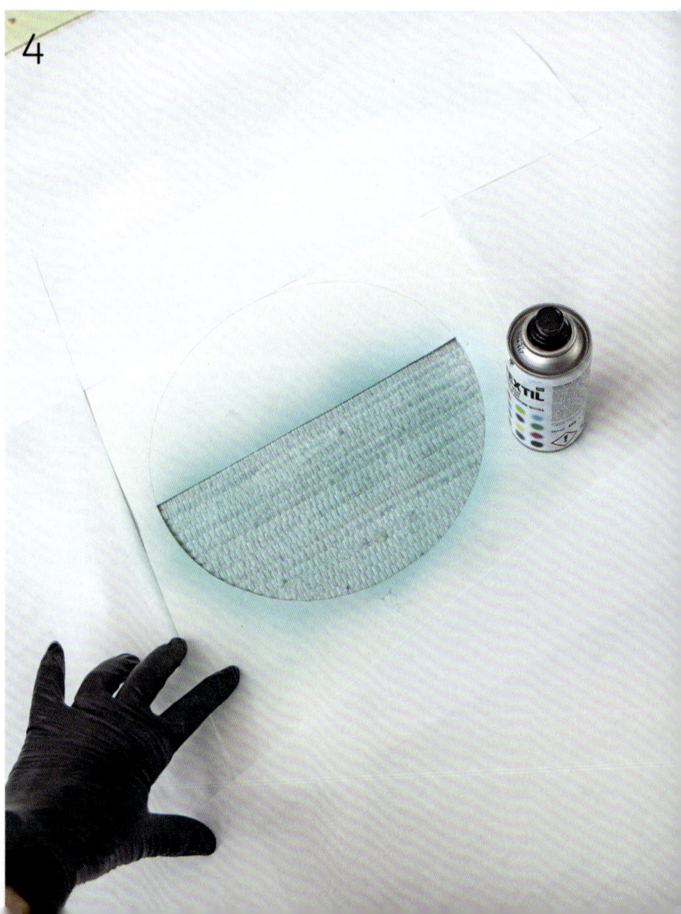
4

Und so geht's

MATERIAL

- weißer Baumwollteppich
- Textilfarbe zum Sprühen
- feste Pappe für die Schablone
- Papier zum Abdecken, z. B. Zeitungspapier
- Zirkel
- Cutter
- große Stecknadeln
- Klebeband
- Gummihandschuhe

1. Für das Muster schneidet man sich am besten erst einmal genügend Halbkreise aus, die man anschließend entsprechend anordnen kann. Zum Fixieren verwendet man große Stecknadeln, mit denen man die positiven Papierschablonen auf dem Teppich festheftet.
Auf diese Weise kann man das Muster gut mit gleichen Abständen auf dem Teppich verteilen.

2. Für die eigentliche Schablone verwendet man dann ein etwas stärkeres Papier und schneidet den Halbkreis mit einem Cutter aus.

3. Nun kann man die negative Papierschablone über die Vorlage positionieren und mit Klebeband fixieren. Die Nadeln und die positive Schablone dann entfernen.

4. Vor dem Sprühen am besten mit großen Bögen Papier den Teppich rundherum abdecken. Gummihandschuhe anziehen und die Farbe aufsprühen. Dabei den Rand der Schablone immer ein wenig andrücken.
Die Farbe etwas antrocknen lassen und auf diese Weise fortfahren.

Wer keine Textilfarbe zum Sprühen verwenden möchte, kann natürlich auch normale flüssige Textilfarbe mit kleinen Schaumstoffstempeln auftragen. Auf diese Weise wird der Farbauftrag viel intensiver und dichter.

JEDES TÖPFCHEN ...

Beistelltisch aus Blumentöpfen

... HAT SEIN DECKELCHEN. SO AUCH DIE BLUMENTÖPFE, DIE SICH HIER IN EINEN BEISTELLTISCH VERWANDELT HABEN. DA ES DIE BLUMENTÖPFE HÄUFIG IN VERSCHIEDENEN GRÖSSEN GIBT, KANN MAN NOCH PASSEND EIN KLEINES TOPFTÜRMCHEN FÜR EINE MINIPFLANZE HERSTELLEN.

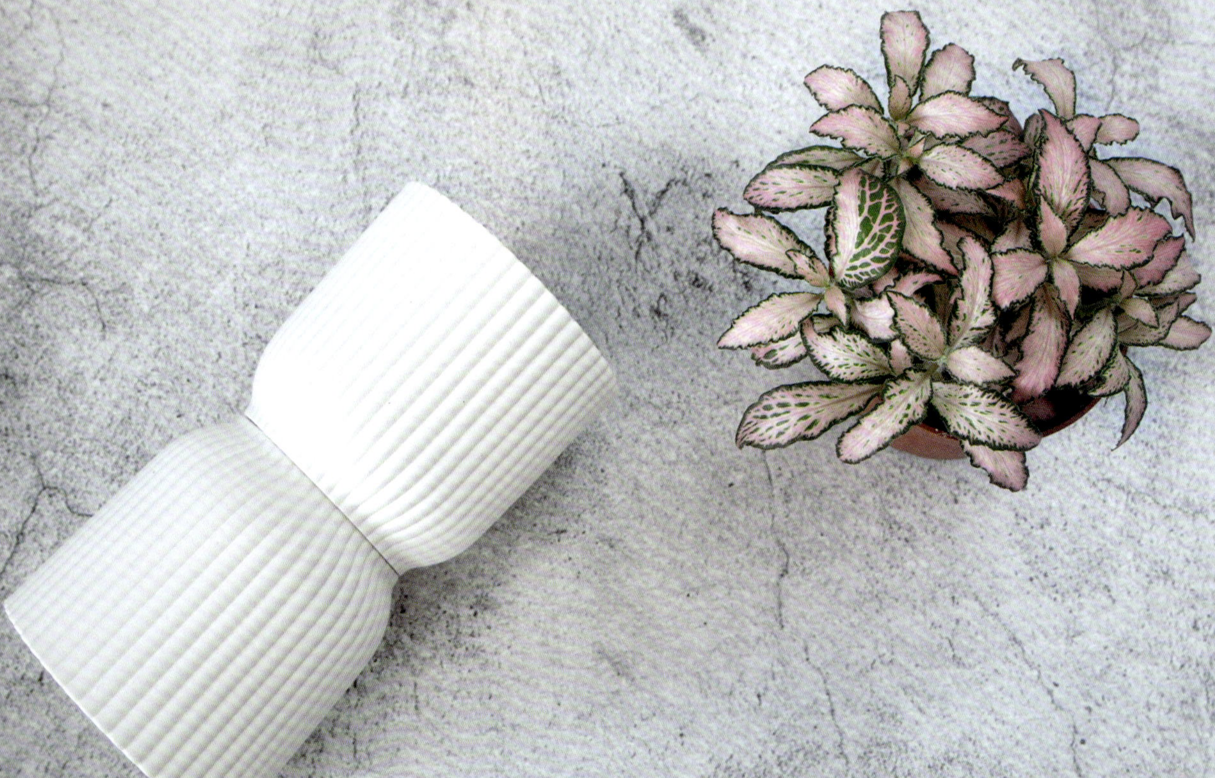

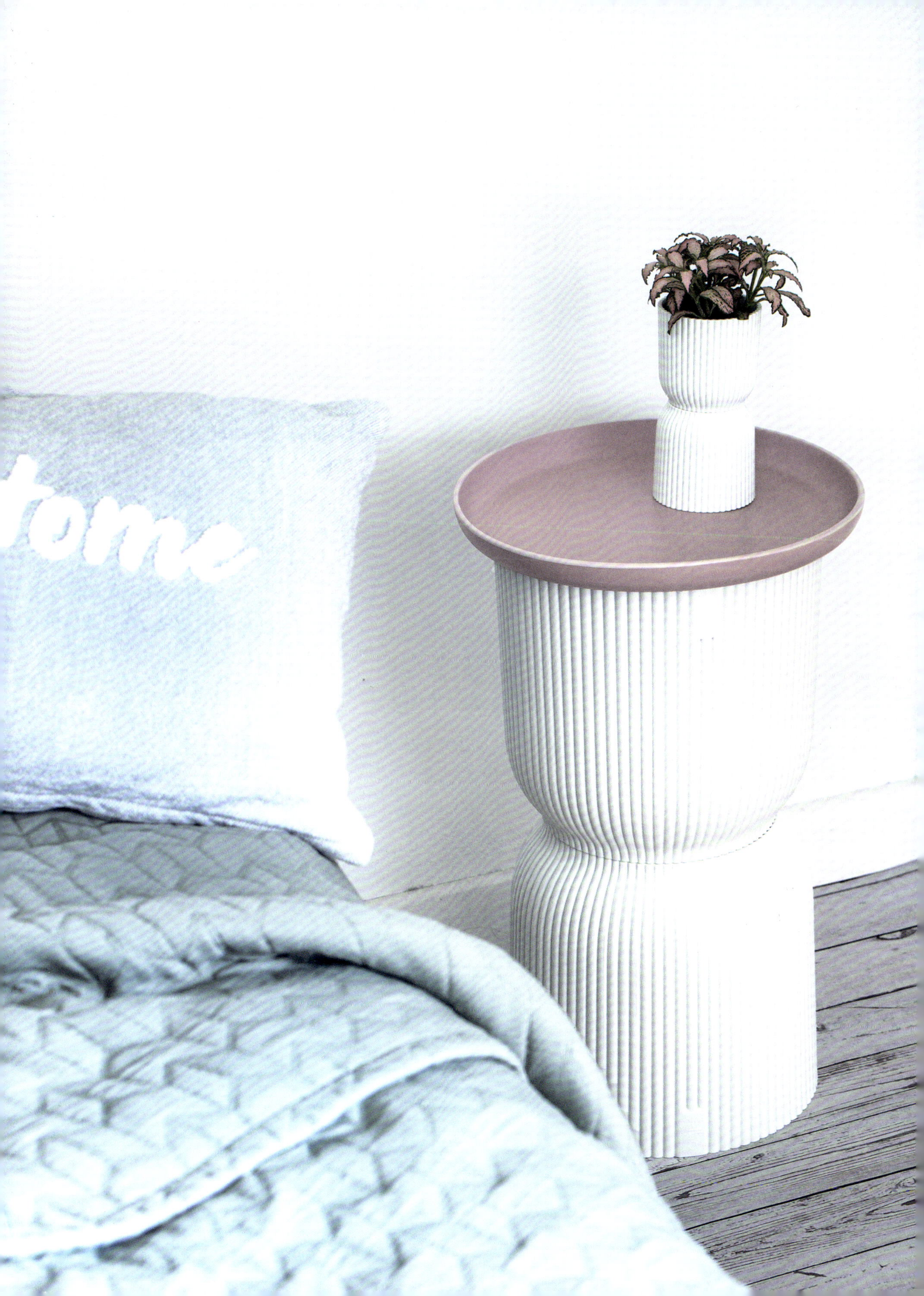

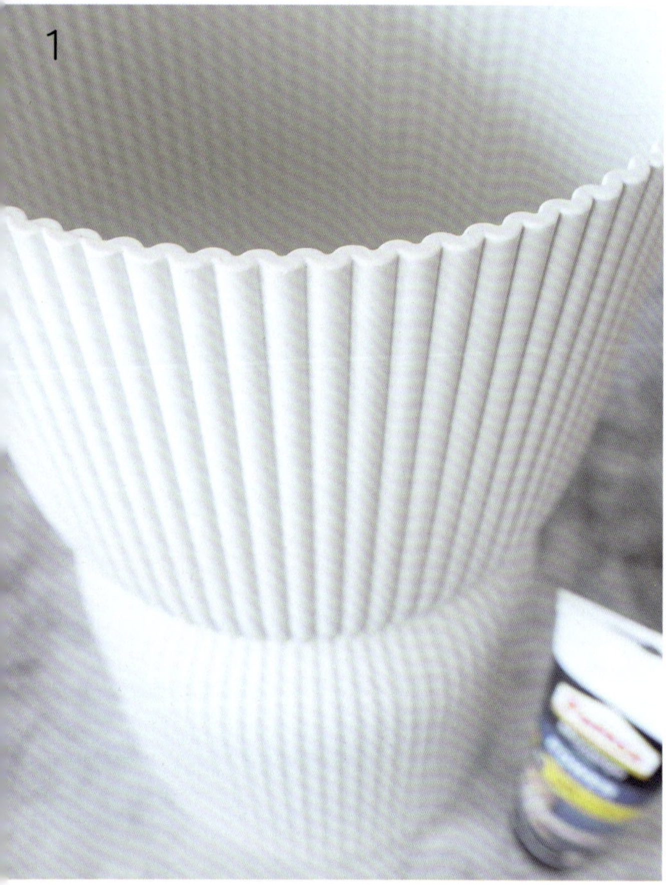
1

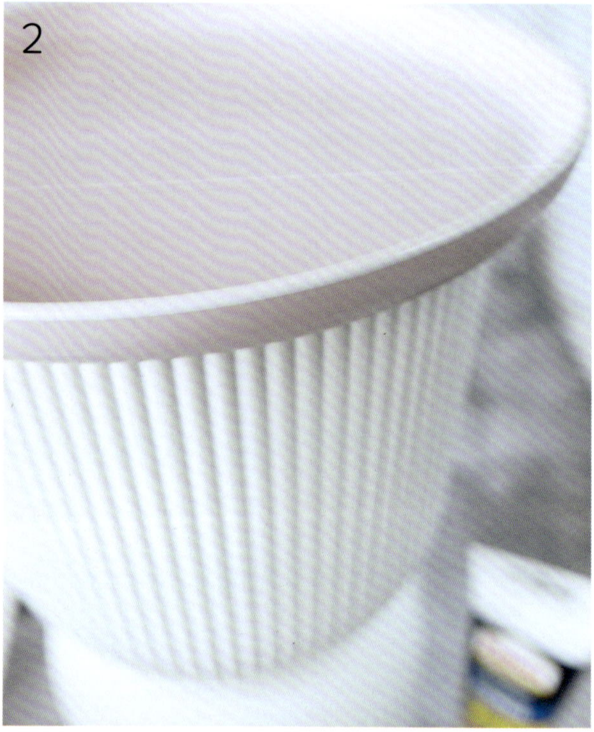
2

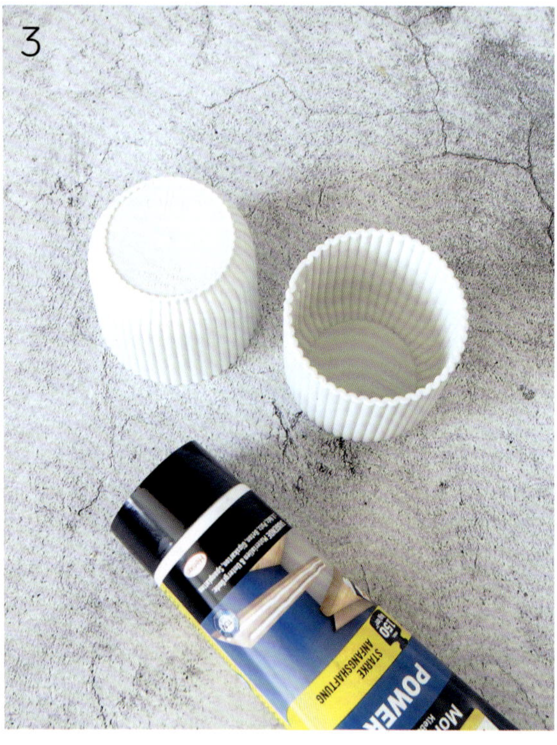
3
STARKE
ANFANGSHAFTUNG
POWER

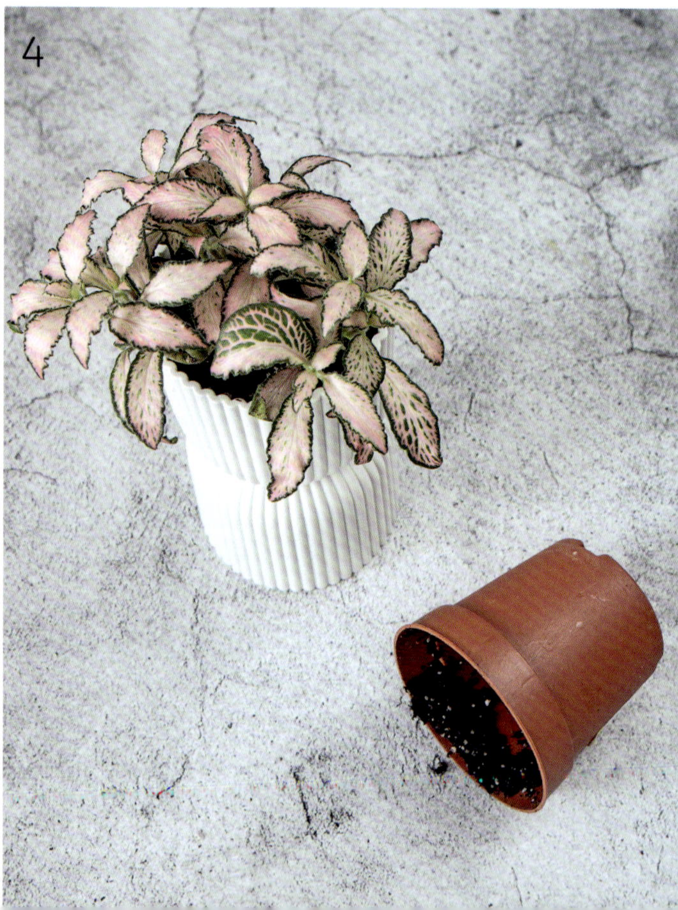
4

Und so geht's

MATERIAL

- 2 große Kunststoff-Blumentöpfe mit Muster
- 2 kleine Blumentöpfe
- Porzellanteller
- Montagekleber, alternativ Silikon
- Pflanze
- optional Sprühlack

1. Für diesen Tisch benötigt man zwei große Blumentöpfe. Es muss nicht unbedingt Kunststoff sein, aber so ist der Tisch später leichter und lässt sich gut verrücken. Die beiden Töpfe werden mit den Böden aneinandergeklebt. Hierfür den passenden Montagekleber verwenden, alternativ geht auch Silikon. Klebereste gleich entfernen und den Kleber aushärten lassen. In diesem Fall sind die Töpfe bereits weiß. Ansonsten kann man sie dann nach dem Antrocknen des Klebers lackieren. Am besten draußen an der frischen Luft.

2. Dann kommt die Ablage. In diesem Fall ein rosafarbener Porzellanteller. Es kann aber auch eine Korkplatte sein oder ein Tablett aus Metall. Die Ablage ebenfalls mit dem Kleber auf dem oberen Rand des Topfes befestigen.

3. Für das kleine Topftürmchen gilt das Gleiche. Beide Töpfe aufeinanderkleben und den Kleber aushärten lassen. Optional lackieren.

4. Später dann das kleine Pflänzchen in den Topf setzen.

TIPP: DIE BEIDEN TÖPFE MÜSSEN NICHT DIE GLEICHE GRÖSSE HABEN. SPANNEND SIEHT ES AUCH AUS, WENN DER UNTERE TOPF EINE NUMMER KLEINER IST. AUCH DIE MUSTER KÖNNEN UNTERSCHIEDLICH SEIN.

UNDERCOVER

Leichte Kleiderbügelhussen

KAUM EINER, DER NICHT DIESE UNATTRAKTIVEN DRAHTBÜGEL BESITZT. WER SIE NICHT SCHON LÄNGST ZUM BASTELN VERWENDET HAT, KANN SIE AUCH MIT EINER STOFFHUSSE ÜBERZIEHEN UND SOMIT WIEDER EINSATZFÄHIG MACHEN. ALS KLEINES EXTRA BEKOMMT JEDER BÜGEL EINEN NAMEN ODER EIN BILD.

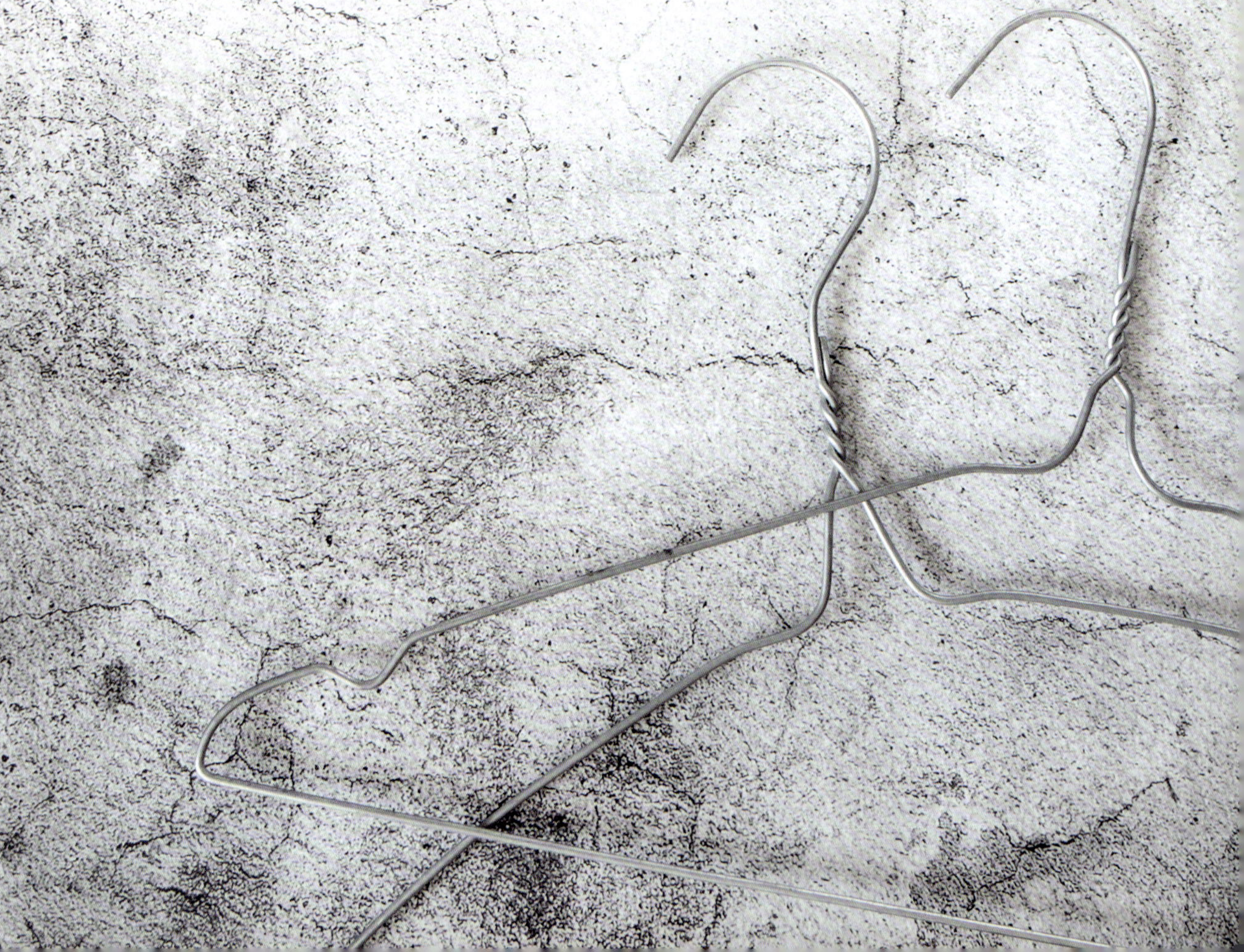

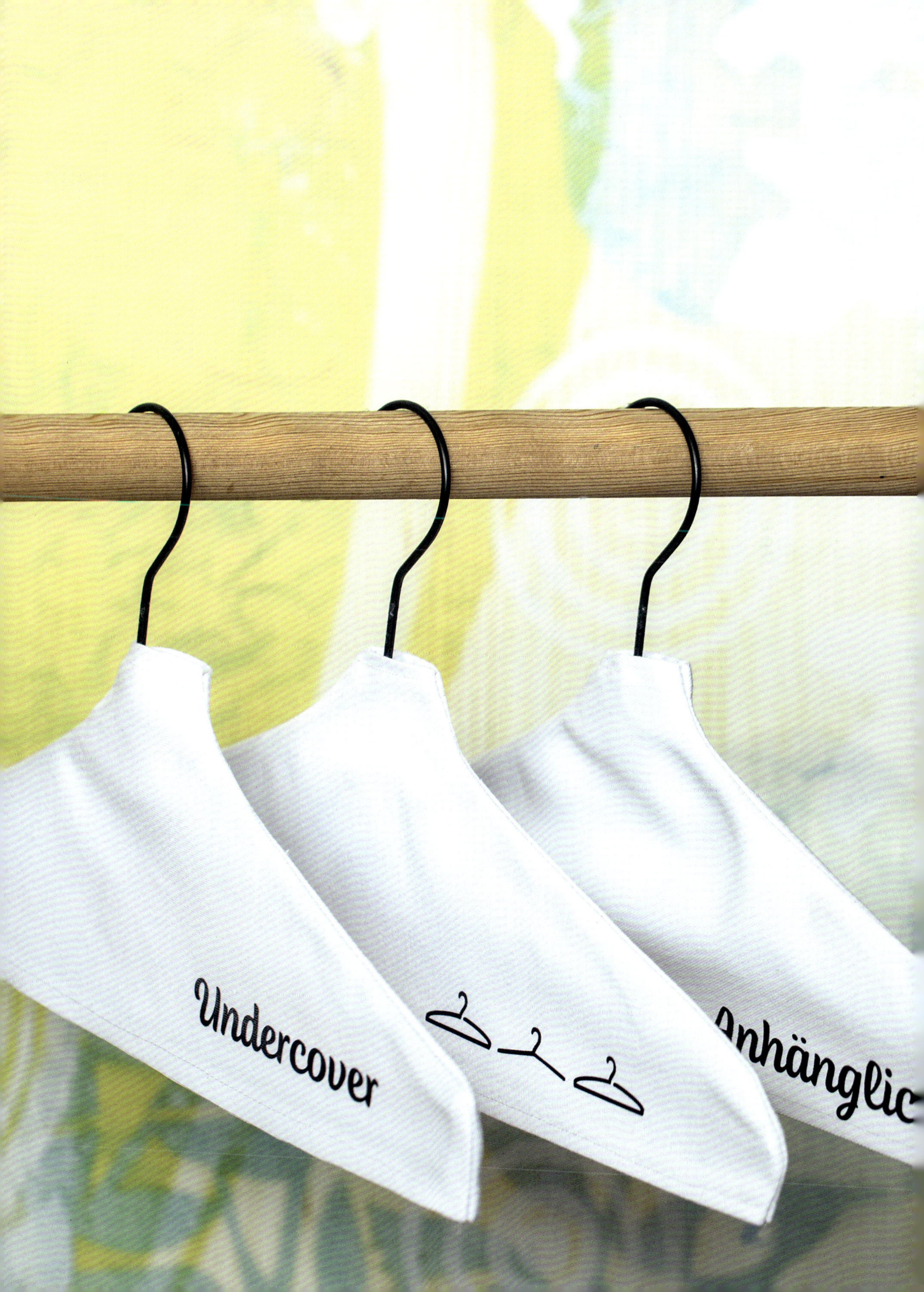
Undercover
Anhänglic

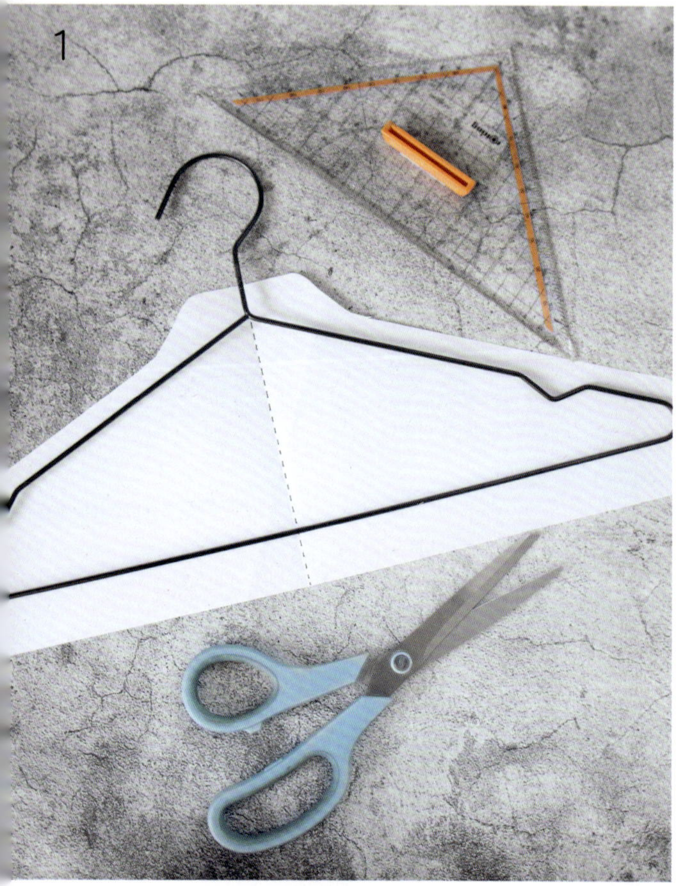

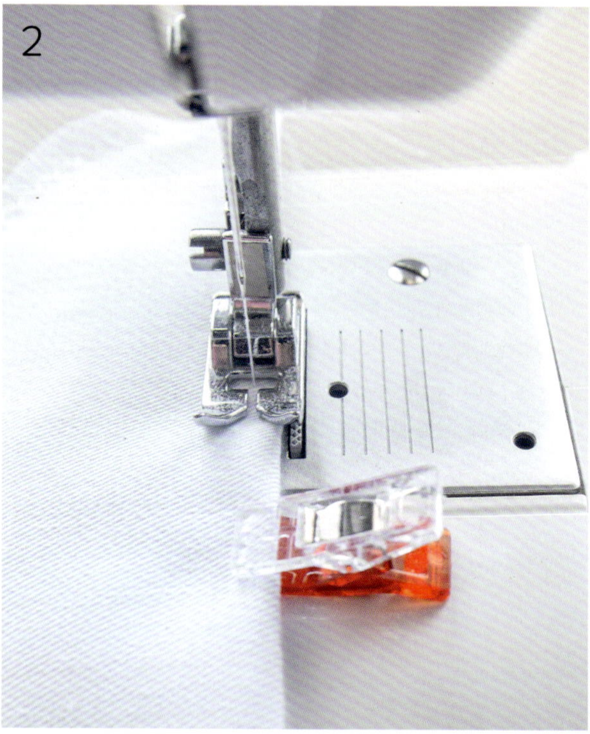

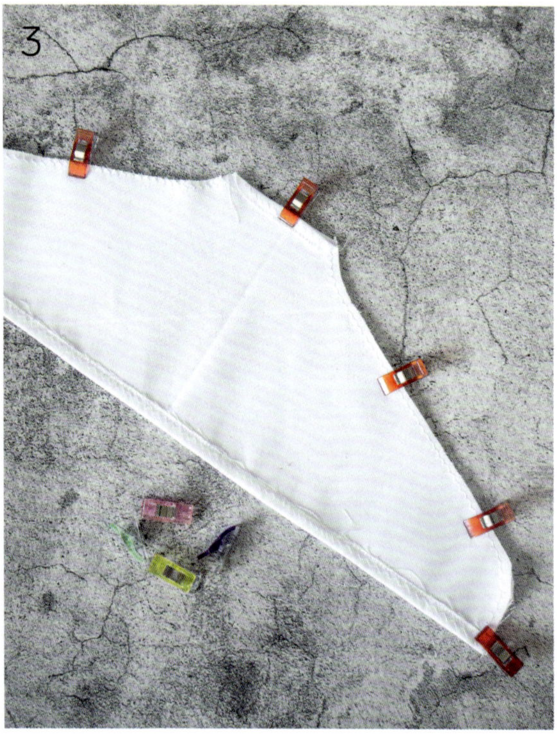

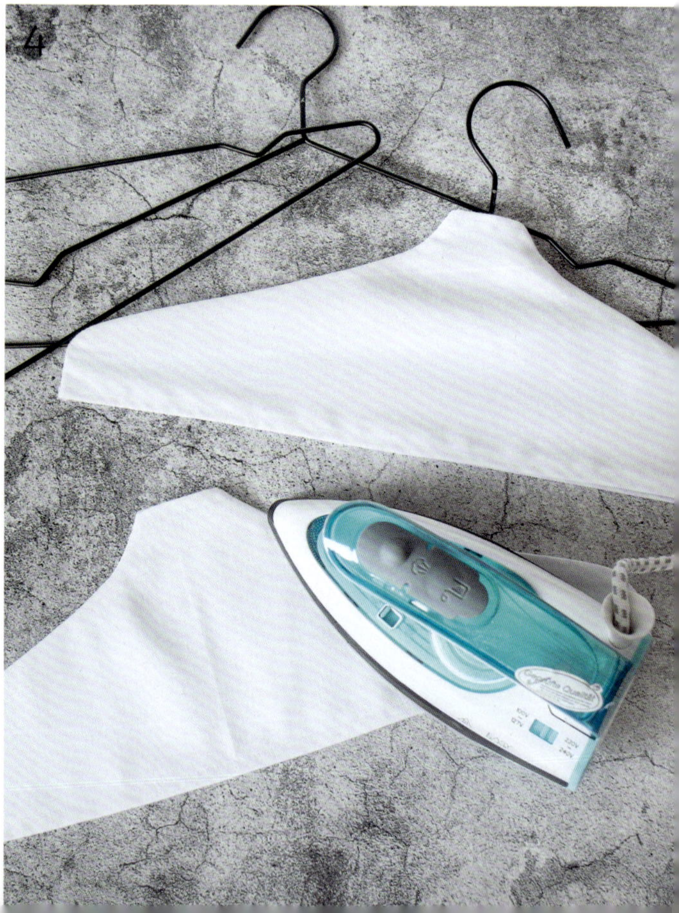

Und so geht's

MATERIAL

- Drahtbügel
- fester weißer Stoff
- Bogen Papier
- Stift, Lineal
- Schere
- Nähmaschine
- Clips
- Bügeleisen
- Plotter, optional Bügelfolie für den Drucker

1. Den Drahtbügel als Zeichenvorlage verwenden. Für eine optimale Vorlage nur eine Hälfte zeichnen und dann die Vorlage in der Mitte falten und ausschneiden. Die Nahtzugaben (1 cm) schon mit einbeziehen.

2. Die Vorlage 2-mal auf den Stoff übertragen, ausschneiden und mit einem Zickzackstich umketteln. Dann die untere und obere Kante ca. 1 cm umschlagen und mit einem Gradstich abnähen.

3. Nun die beiden vorbereiteten Teile rechts auf rechts zusammenlegen und mit der Nähmaschine an den Seiten schließen.

4. Danach die Kleiderbügelhusse wenden und mit dem Bügeleisen aufbügeln.

5. Nun kann man die Hussen noch ein wenig verzieren. Zum Beispiel mit Typografie. Dafür entweder einen Plotter und aufbügelbare Folie verwenden oder die Texte mit dem Drucker auf T-Shirt-Folie ausdrucken und dann ebenfalls aufbügeln.

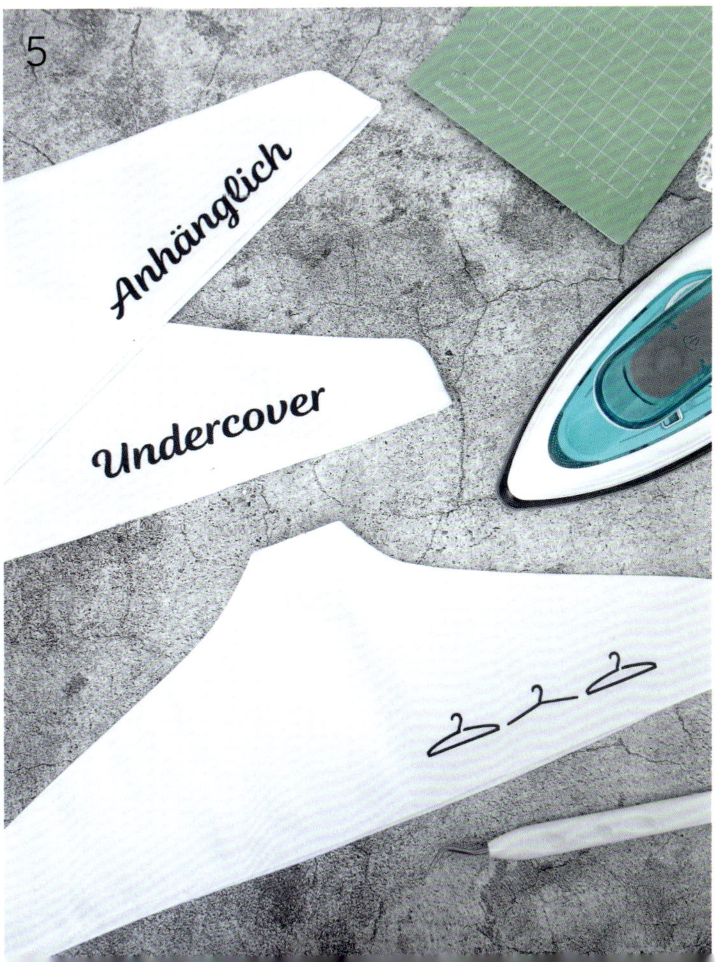

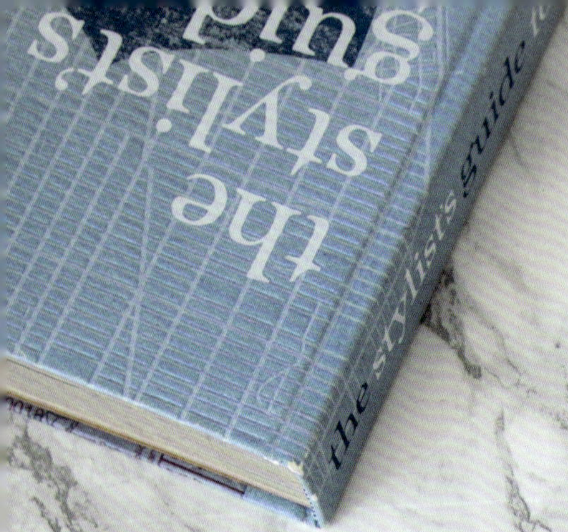

HOCHSTAPLER

Beistelltisch aus alten Büchern

WENN MAN SICH VON ALTEN BÜCHERN NICHT TRENNEN KANN, SCHENKT MAN IHNEN MIT DIESEM PROJEKT EIN ZWEITES LEBEN. EIN STABILER UND PRAKTISCHER BÜCHERTURM ALS ABLAGE FÜR DEKO ODER DEN AKTUELLSTEN SCHMÖKER.

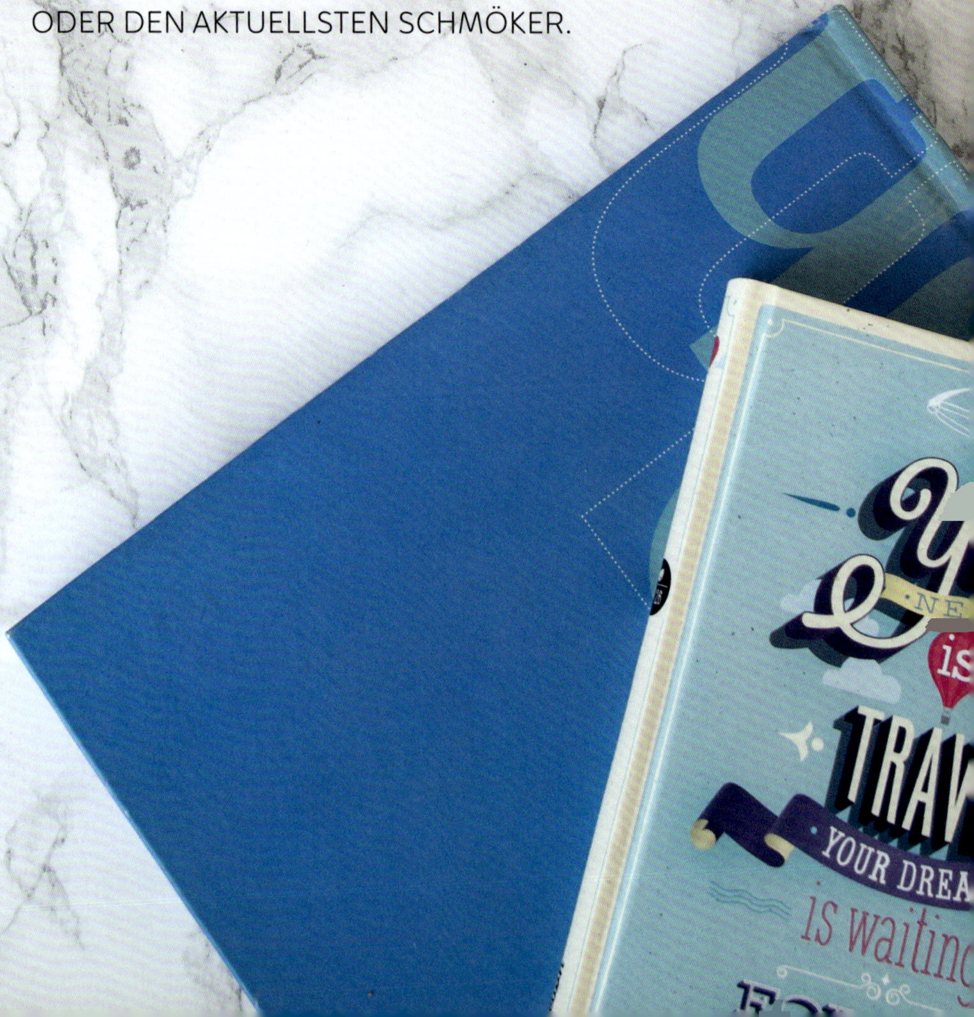

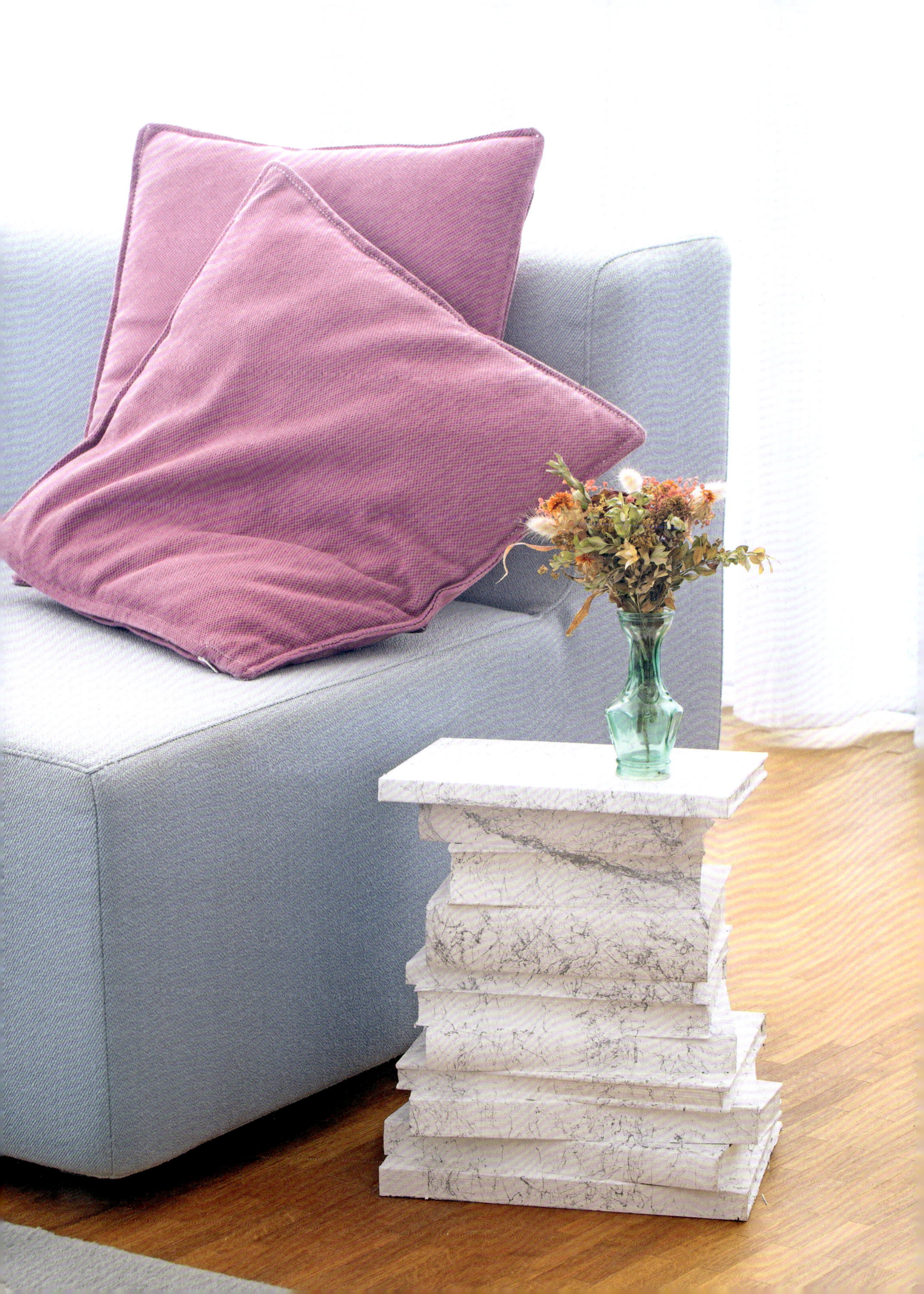

1

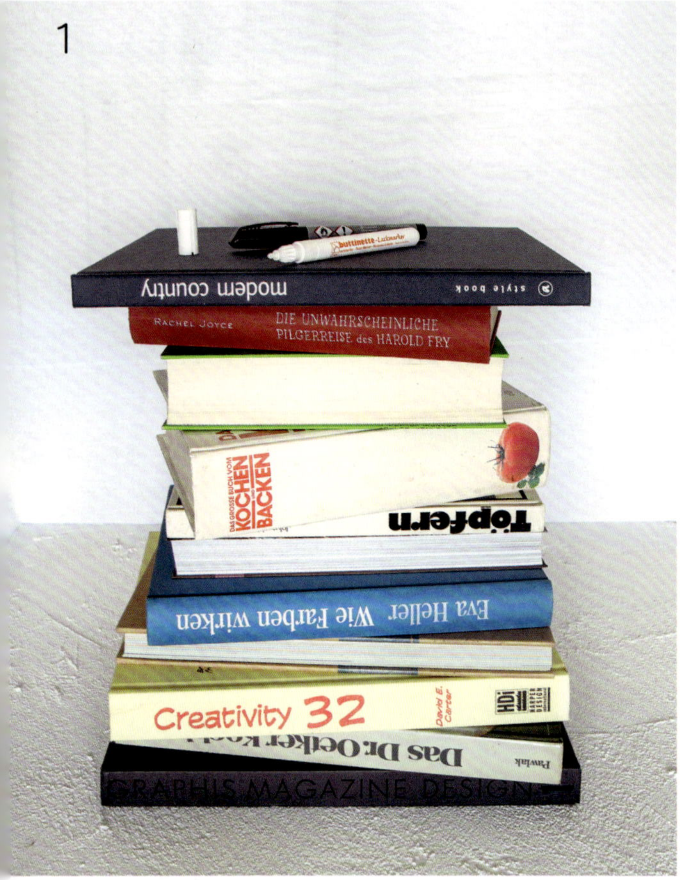
modern country
style book
RACHEL JOYCE
DIE UNWAHRSCHEINLICHE PILGERREISE des HAROLD FRY
KOCHEN BACKEN
Töpfern
Eva Heller Wie Farben wirken
Creativity 32
GRAPHIS MAGAZINE DESIGN

2

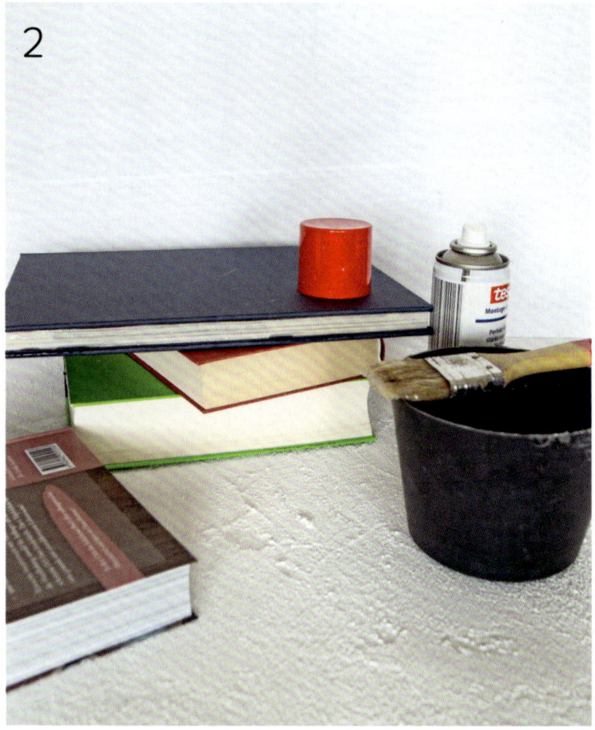

3

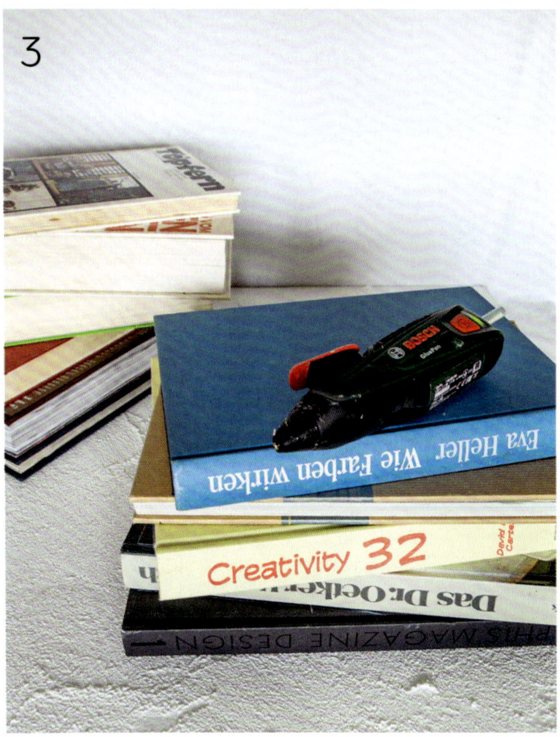
Eva Heller Wie Farben wirken
BOSCH
Creativity 32

4

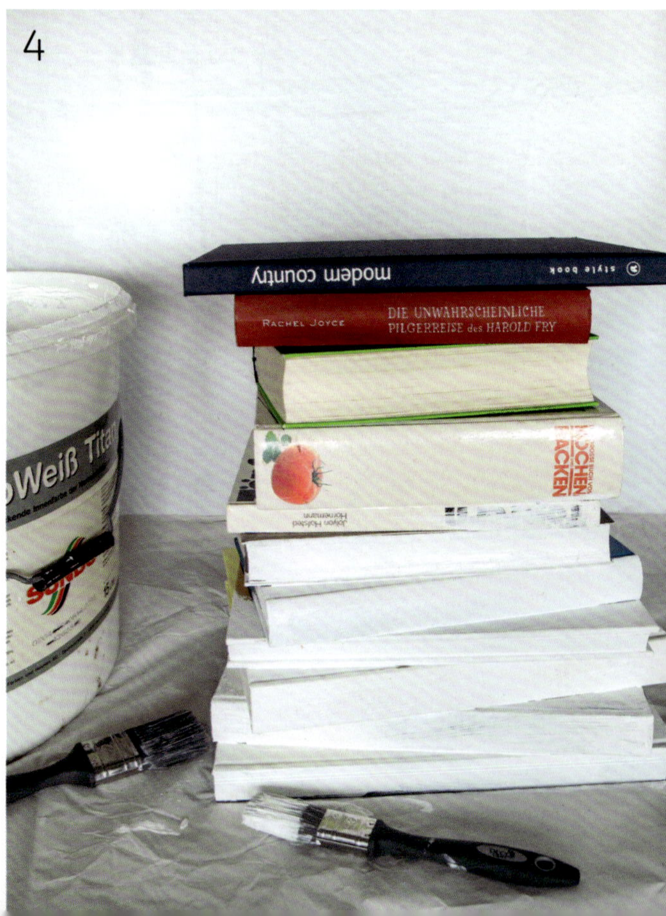
modern country
style book
RACHEL JOYCE
DIE UNWAHRSCHEINLICHE PILGERREISE des HAROLD FRY
KOCHEN BACKEN

Und so geht's

MATERIAL

- aussortierte Bücher
- Sprühkleber
- Heißkleber
- Kleister
- Becher
- Pinsel
- Marker, alternativ: Handy für ein Foto
- Wandfarbe oder Sprühlack
- Marmorierlack

1. Die aussortierten und ausgewählten Bücher so aufeinanderstapeln, wie sie später liegen sollen. Dabei unten und oben jeweils ein etwas größeres Buch wählen. Unten für die Standfestigkeit und oben als große Ablagefläche.
Mit einem Marker kann man sich nun die Positionen der einzelnen Bücher anzeichnen. Oder man hält den Entwurf einfach auf einem Handyfoto fest, das später als Vorlage für den Neuaufbau dient.

2. Dann die Buchseiten verkleben. Dazu jedes Buch auffächern und einfach mit Sprühkleber hineinsprühen. Die Buchdeckel noch mal extra ankleben.
Dann die Buchkanten mit dem angerührten Kleister verkleben und antrocknen lassen.

3. Nach dem Trocknen die Bücher mit Heißkleber in der richtigen Position aufeinanderkleben .

4. Den ganzen Bücherstapel mit Wandfarbe anmalen. Damit die Farbe gut deckt, muss man mindestens zweimal streichen. Wandfarbe ist eine günstige Variante und trocknet auch schnell. Mit Sprühfarbe geht es ebenfalls, dann aber sollte man es entweder an der frischen Luft machen oder in einer Sprühbox bei ausreichender Belüftung.

5. Ist die Farbe gut angetrocknet, kann man mit dem Marmorierspray vorsichtig den Effekt aufsprühen. Auch hier für ausreichend Belüftung sorgen.

TIPP: FÜR MEHR STABILITÄT KANN MAN DIE BÜCHER AUCH VORHER MITTIG DURCHBOHREN UND MIT EINER GEWINDESTANGE SICHERN.

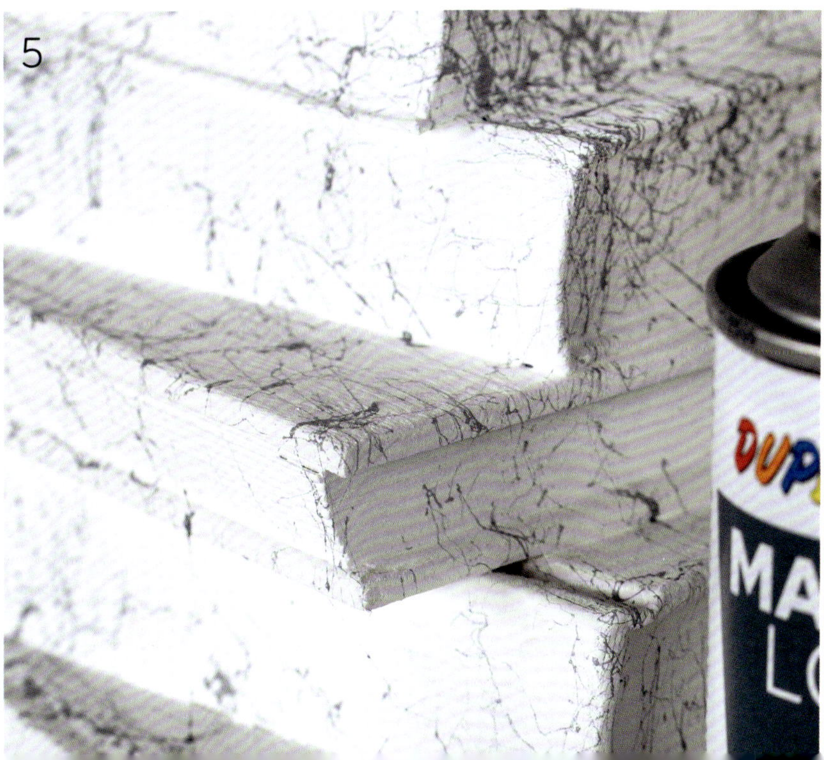

BRAUCHT MEHR ZEIT

HIER SOLLTE MAN EIN BISSCHEN MEHR ZEIT EINPLANEN. HOLZ MUSS ZUGESCHNITTEN UND MEHRERE MALE GESTRICHEN WERDEN. DIE TROCKNUNGSZEITEN VARIIEREN JE NACH PROJEKT UND ES KANN SCHON MAL ZWEI BIS DREI TAGE DAUERN, BIS EIN OBJEKT FERTIGGESTELLT IST.

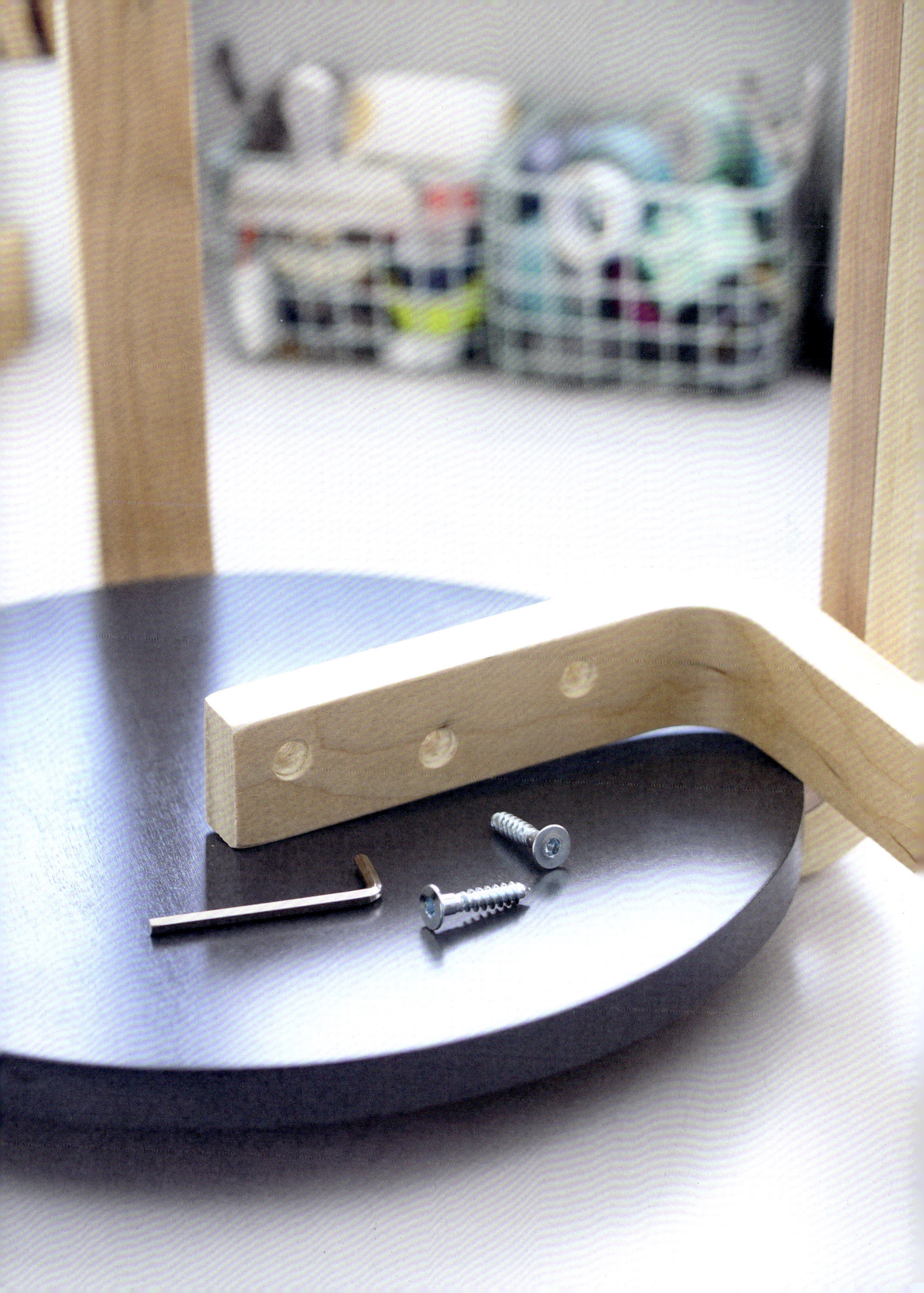

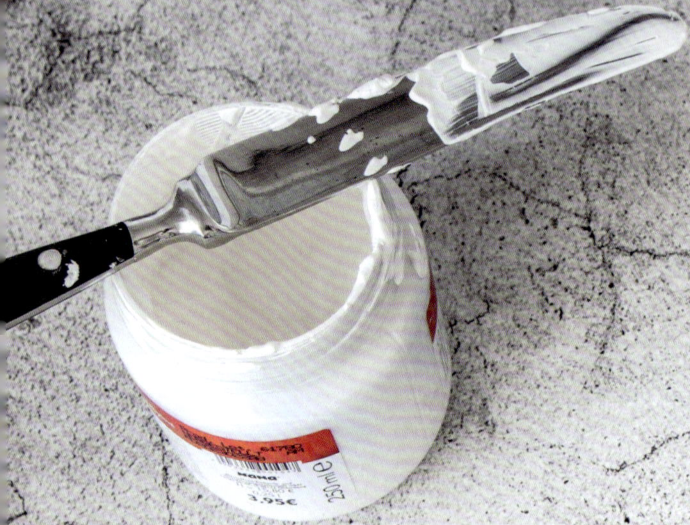

HÖHEN & TIEFEN

Bilder aus Reliefpaste

EIN BILD GANZ IN WEISS UND TROTZDEM MIT EINEM MOTIV VERSEHEN – DAS LÄSST SICH AM BESTEN MIT STRUKTURPASTE HERSTELLEN. MINIMALISTISCHE MUSTER UND SPANNENDE STRUKTUREN, DIE DURCH LICHT UND SCHATTEN ERST RICHTIG ZUR GELTUNG KOMMEN.

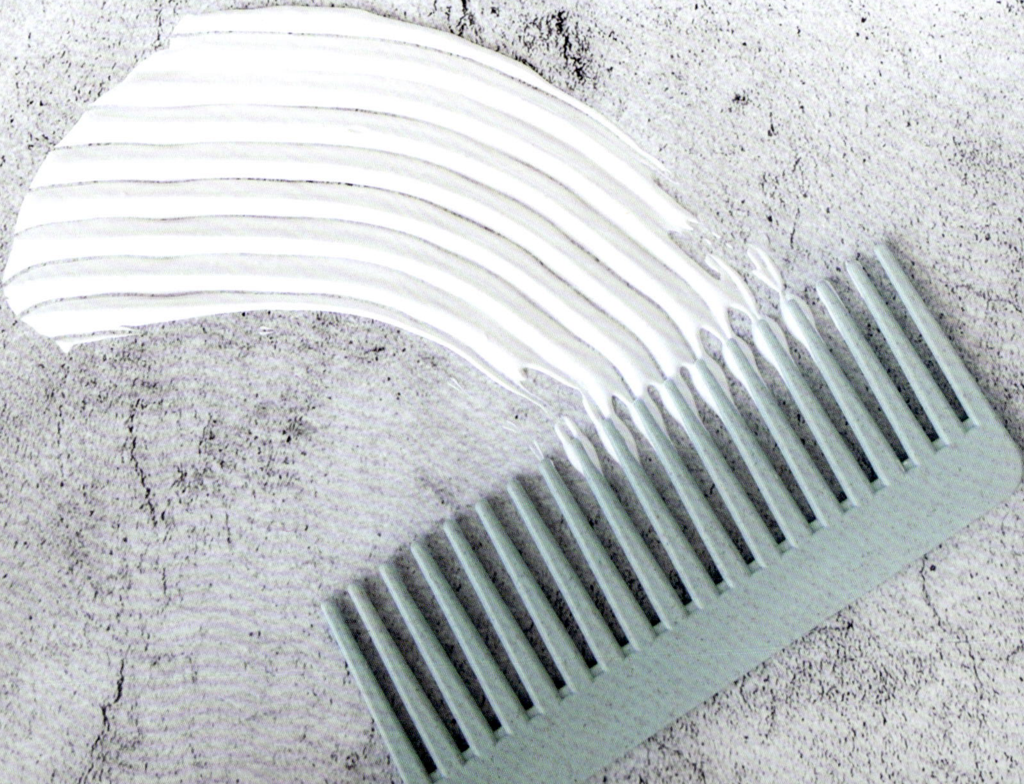

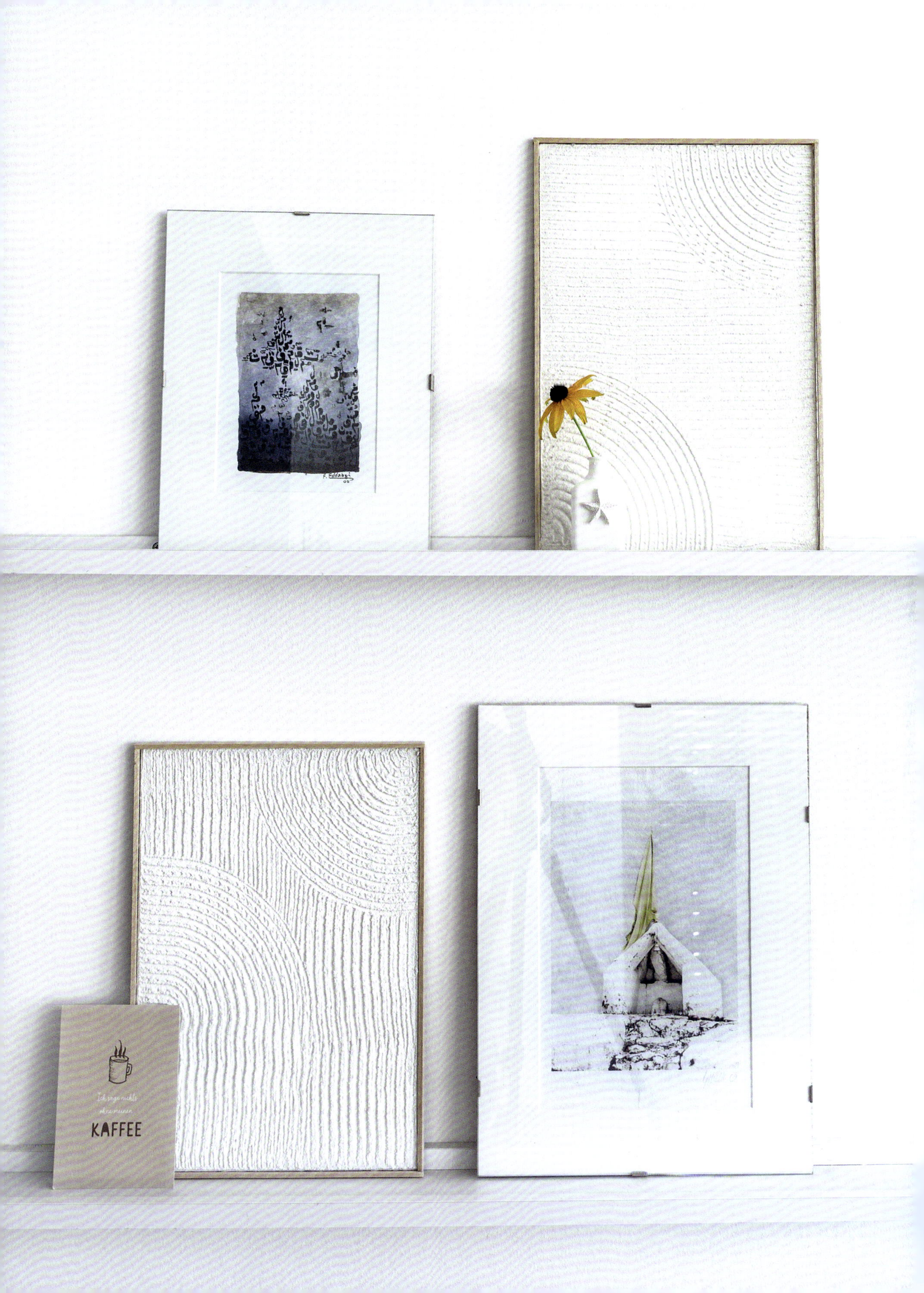
KAFFEE

1

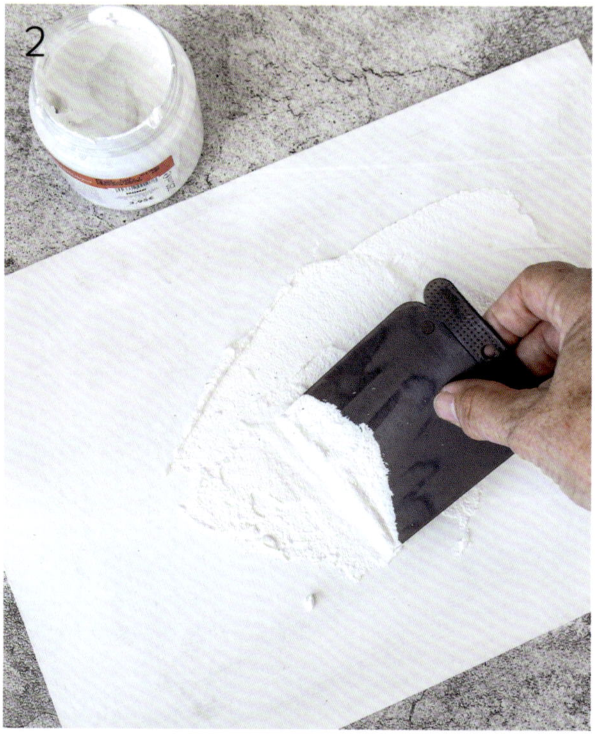
2

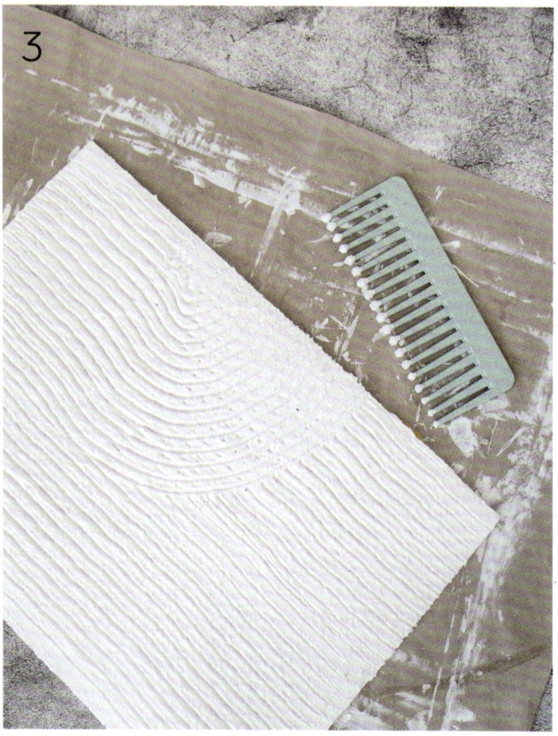
3

4

Und so geht's

MATERIAL

- 2 dünne Holzplatten 25 cm x 36 cm
- Balsaholzplatte 3 mm stark (Länge der Platte mindestens so lang wie die längste Seite der Bildplatte)
- grobe Strukturpaste ca. 500 gr
- Acrylfarbe weiß
- Pinsel
- Unterlage
- breiter Spachtel
- Schmirgelpapier
- grobzinkiger Kamm
- Cutter
- Lineal
- Holzleim
- 2 Aufhänger zum Aufkleben

1. Die Holzplatten zunächst mit weißer Acrylfarbe vorstreichen, damit später beim Strukturieren die Farbe des Holzes nicht durchscheint. Die Farbe antrocknen lassen.

2. Mit einem breiten Spachtel die Strukturpaste gleichmäßig auf der Platte verteilen und glatt streichen. Damit keine Paste auf die Arbeitsfläche gelangt, am besten eine Unterlage verwenden. Zum Beispiel einen großen Bogen Papier.

3. Nun mit einem grobzinkigen Kamm das gewünschte Muster in die Paste ziehen. Sollte es beim ersten Mal nicht gleich gelingen, kann man mit dem Spachtel die Fläche glätten und noch einmal von vorne beginnen. Anschließend die Ränder der Holzplatte säubern und die Paste nun 24 Stunden trocknen lassen. Nach dem Trocknen die Kanten mit Schmirgelpapier glätten.

4. Aus der 3 mm starken Balsaholzplatte mit dem Lineal und einem Cutter schmale Leisten für den Rahmen abschneiden, auf die richtige Länge bringen und mit Holzleim am Bilderrand befestigen.

5. Zum Schluss kann man auf der Rückseite oben mittig einen kleinen Aufhänger ankleben.

TIPP: WER MAG, KANN AUCH EINEN ALTEN BILDERRAHMEN ALS FLÄCHE NUTZEN. DANN EINFACH DIE GLASSCHEIBE ENTFERNEN UND DIREKT AUF DIE RÜCKWAND DES RAHMENS ARBEITEN.

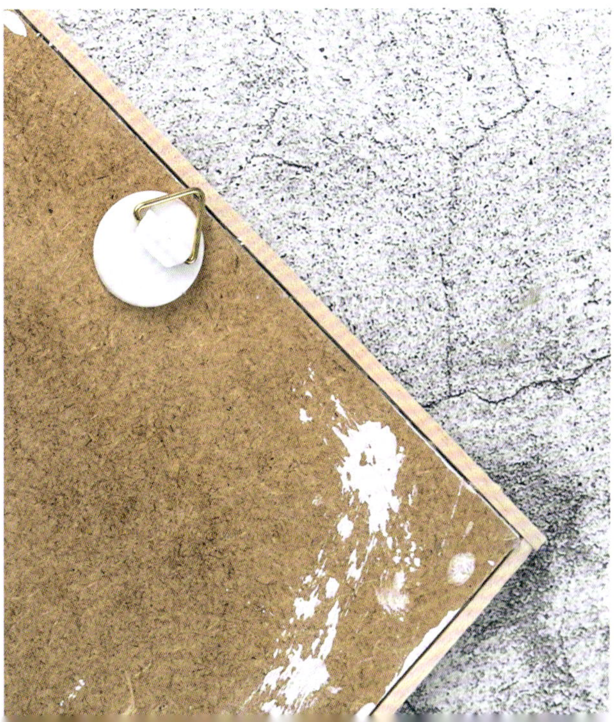

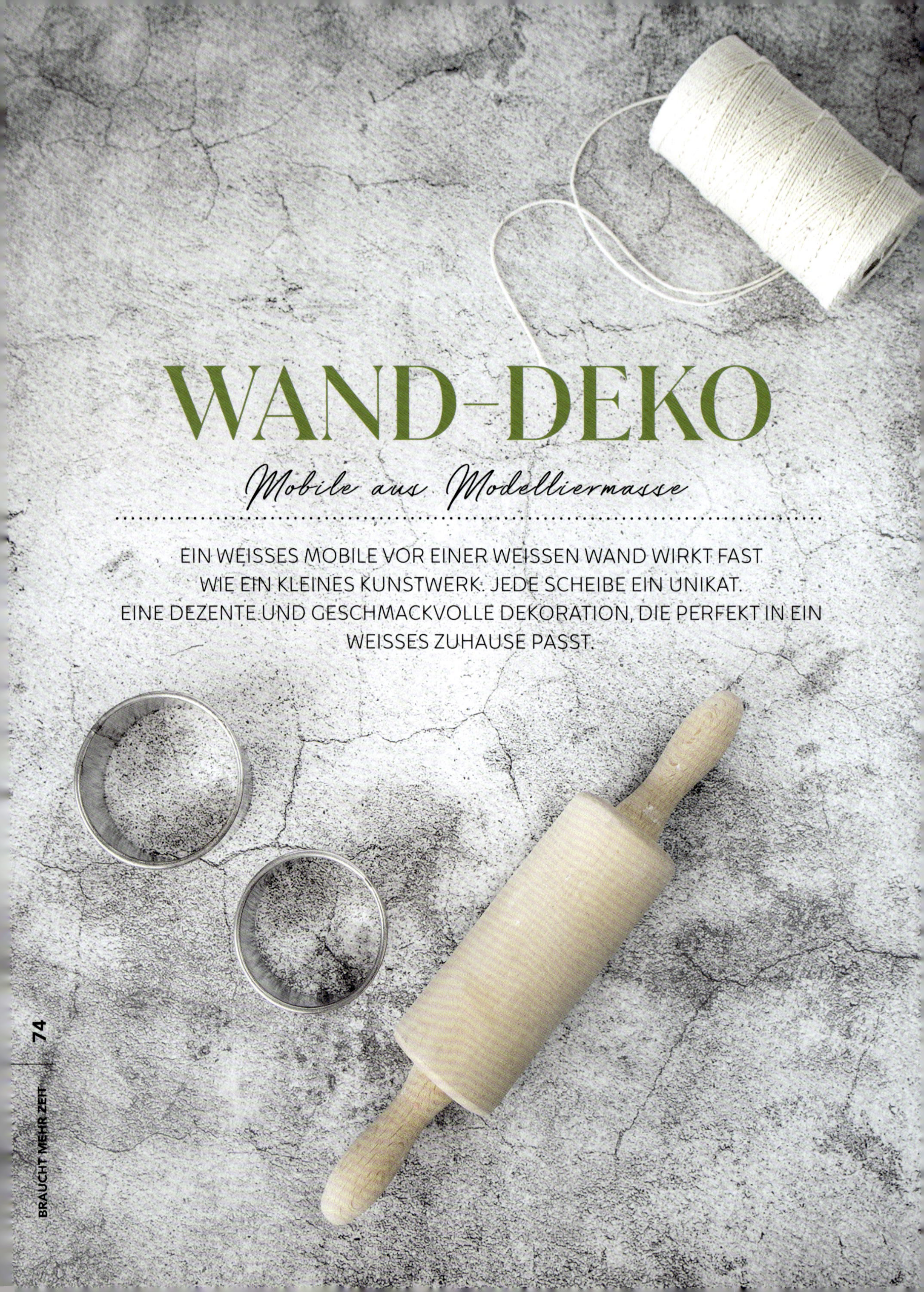

WAND-DEKO

Mobile aus Modelliermasse

EIN WEISSES MOBILE VOR EINER WEISSEN WAND WIRKT FAST WIE EIN KLEINES KUNSTWERK. JEDE SCHEIBE EIN UNIKAT. EINE DEZENTE UND GESCHMACKVOLLE DEKORATION, DIE PERFEKT IN EIN WEISSES ZUHAUSE PASST.

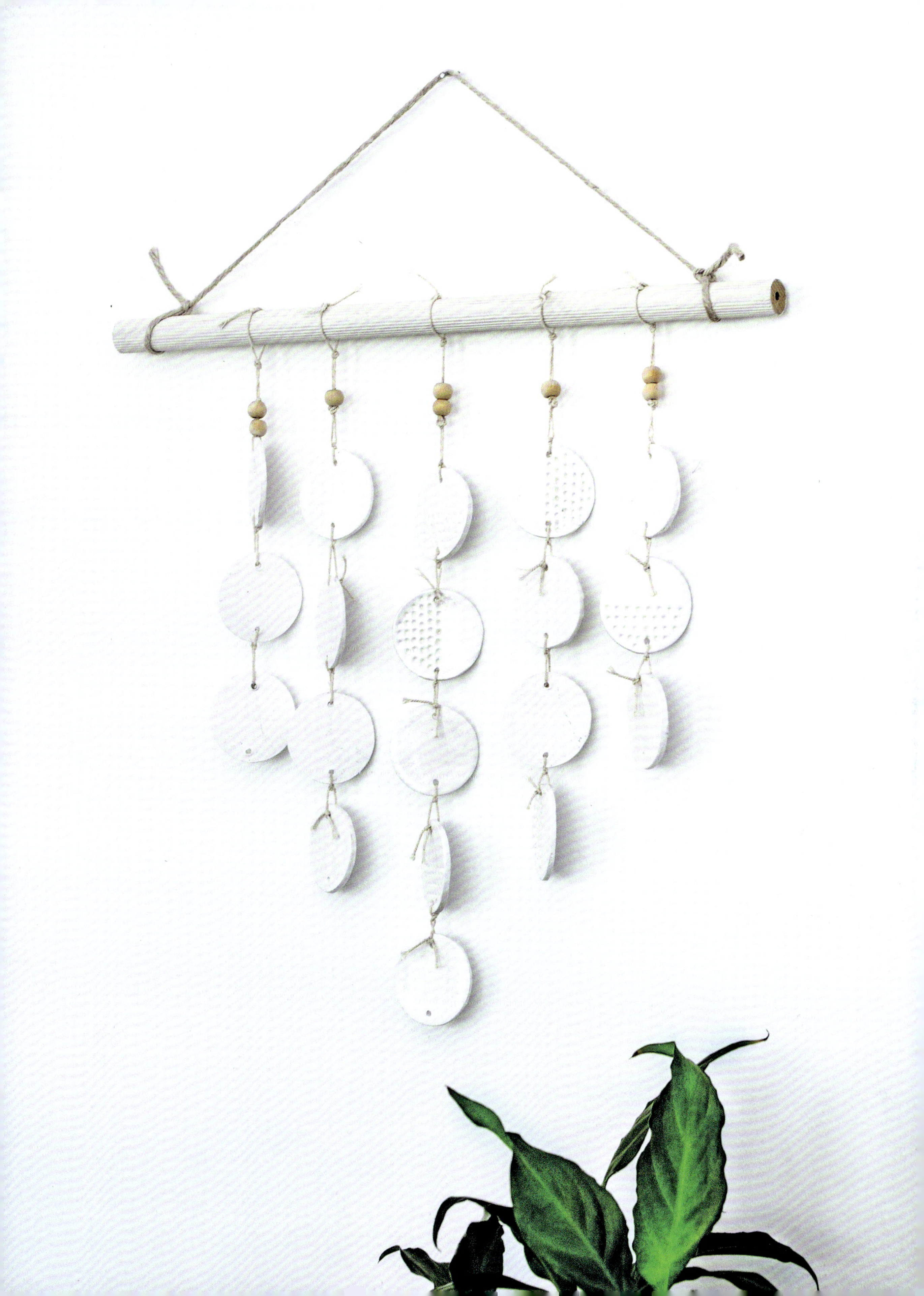

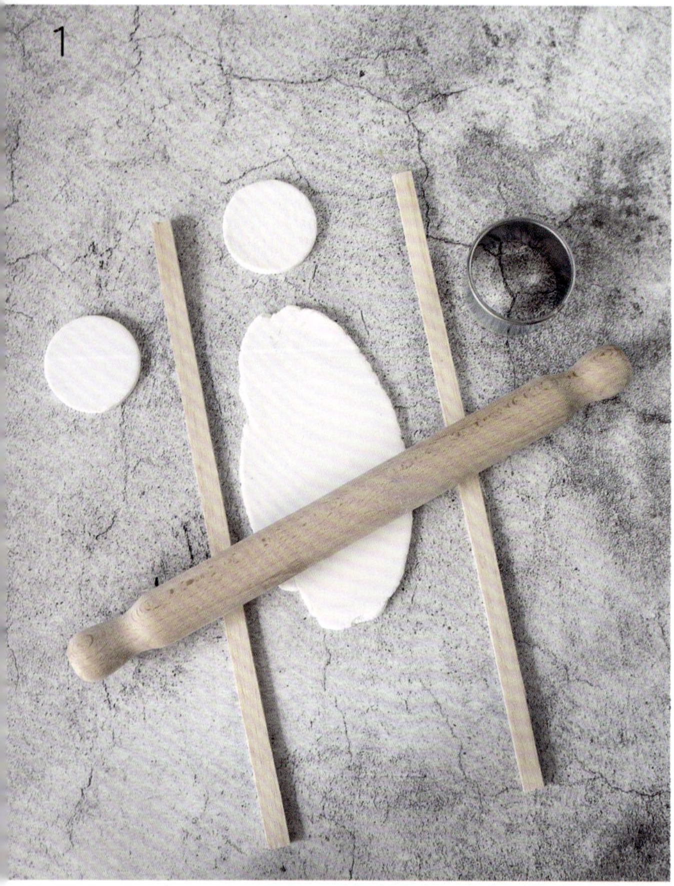
1

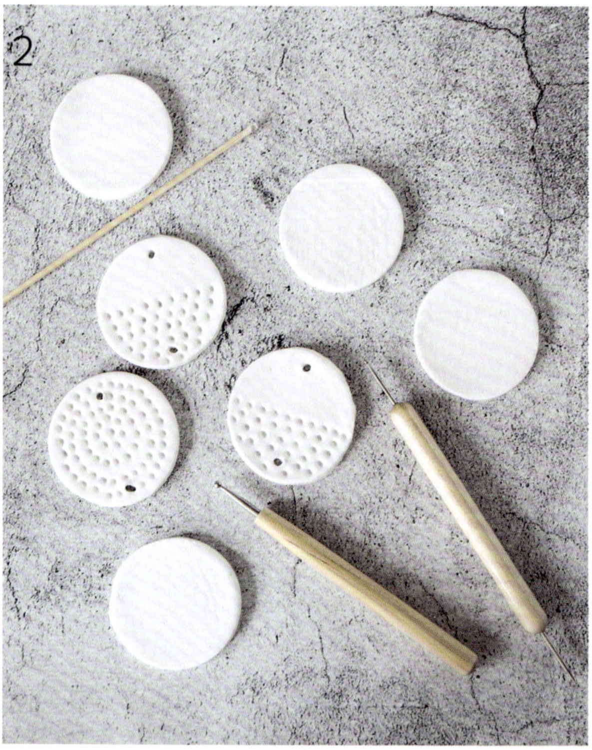
2

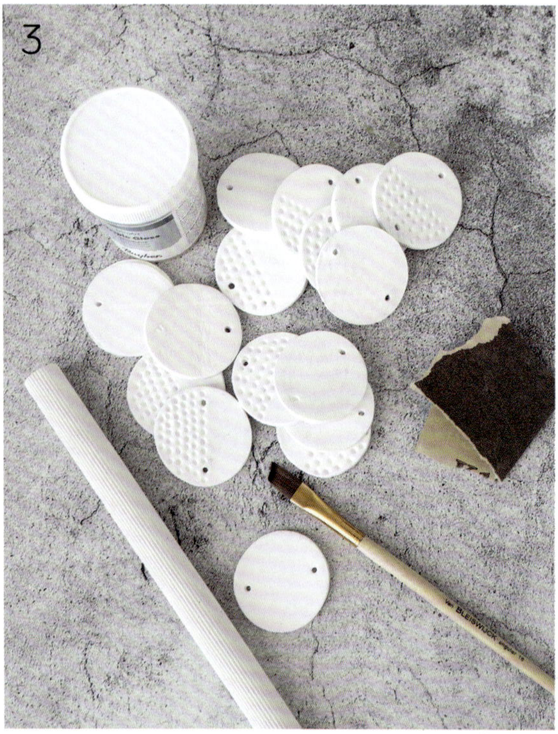
3

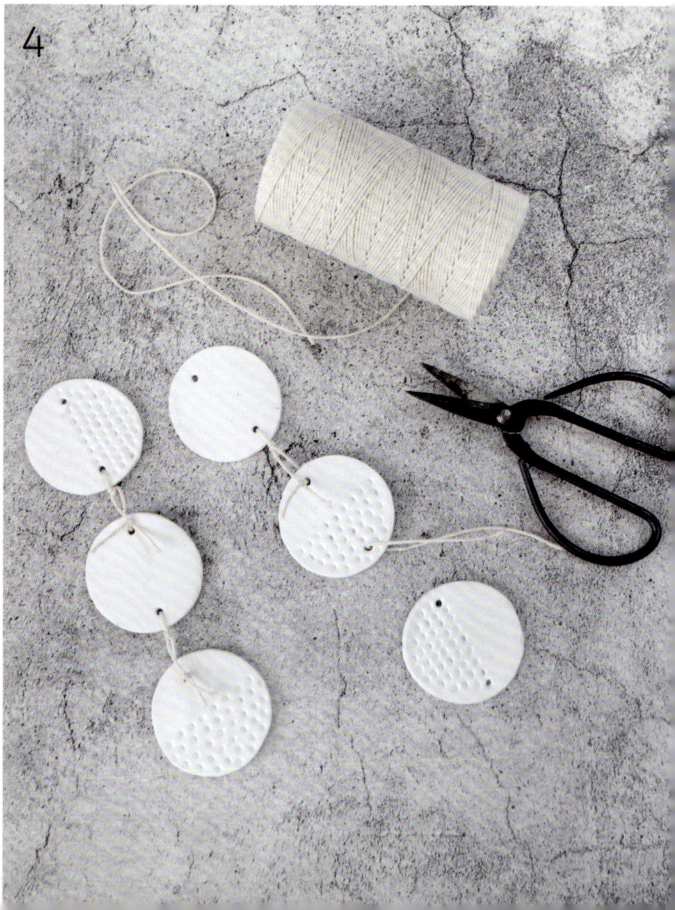
4

Und so geht's

MATERIAL

- ✱lufttrocknende weiße Modelliermasse
- ✱Rundstab ca. 40 cm, Ø 2 cm
- ✱Schnur
- ✱Schere
- ✱Holzperlen (optional)
- ✱runde Ausstechform
- ✱Rolle
- ✱evtl. 2 flache Holzleisten
- ✱Holzspieß
- ✱Modellierwerkzeug
- ✱Acrylfarbe weiß
- ✱Pinsel
- ✱Schmirgelpapier
- ✱Triple Gloss Lack

1. Einen Klumpen Modelliermasse mit einer Rolle oder einem Nudelholz flach ausrollen. Zwei flache Leisten (Stärke ca. 3-4 mm) links und rechts können eine gute Hilfe sein, um eine gleichmäßig dicke Fläche zu erhalten. Anschließend mit einer Ausstechform die Kreise ausstechen. Anzahl nach Belieben.

2. Nun kann man mit Modellierwerkzeugen Muster hineindrücken oder alternativ Silikonstempel verwenden und diese in die Masse drücken. Mit einem kleinen Holzspieß noch zwei gegenüberliegende Löcher hineinstechen.

Dann müssen die kleinen Kreisformen erst einmal durchtrocknen. Herstellerangaben beachten.

Angebrochene Verpackungen kann man in einem Glas mit Schraubverschluss luftdicht aufbewahren.

3. Nach dem Trocknen die Ränder der Kreisformen ein wenig glatt schmirgeln und zum Schutz mit Klarlack überziehen. Einen passenden Rundstab mit Acrylfarbe weiß anmalen. Beides trocknen lassen.

4. Die einzelnen Kreisformen in unterschiedlicher Anzahl mit etwas Abstand mit Schnur aneinanderknoten. Optional mit Perlen.

5. Zum Schluss die vorbereiteten Kreisformen an die Stange binden. An diese rechts und links noch eine lange Schnur für die Aufhängung knoten.

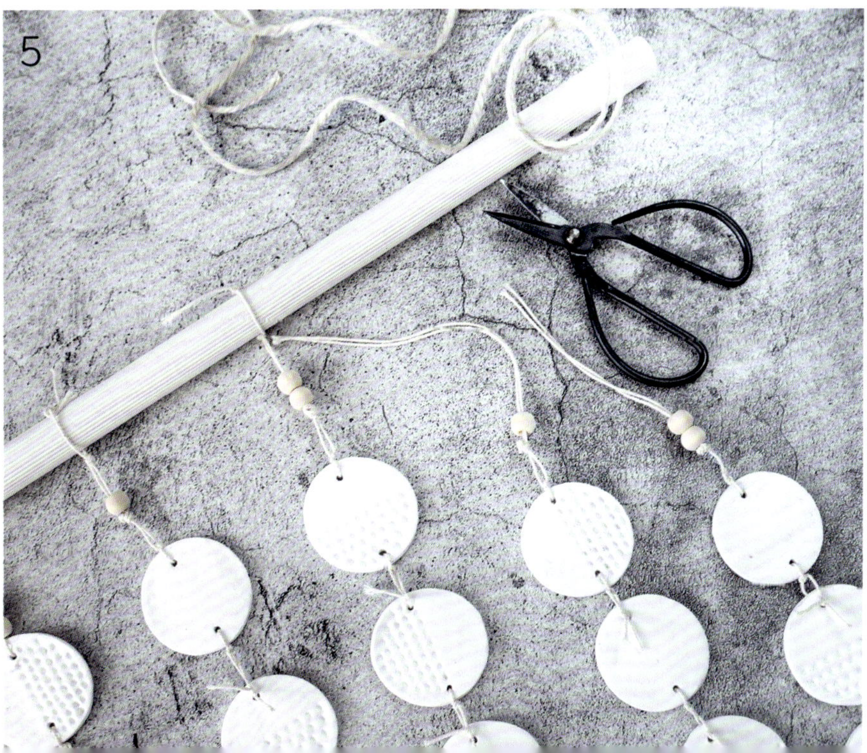

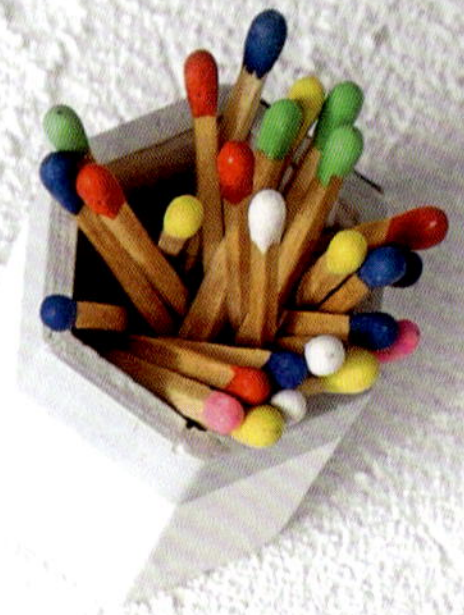

UM DIE ECKE GEDACHT

Kerzenhalter & Blumenvase

HIER KANN MAN RICHTIG KREATIV UM DIE ECKE DENKEN. LINKS UND RECHTS ODER LANG UND KURZ. HAUPTSACHE, ES PASST AM ENDE ALLES PERFEKT ZUSAMMEN.

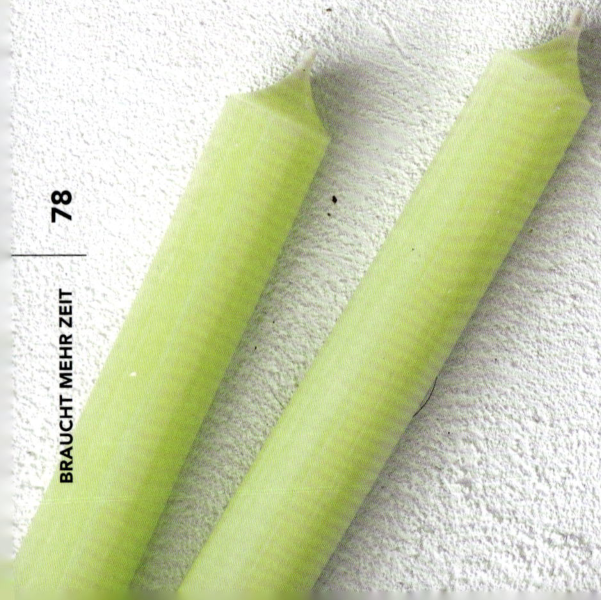

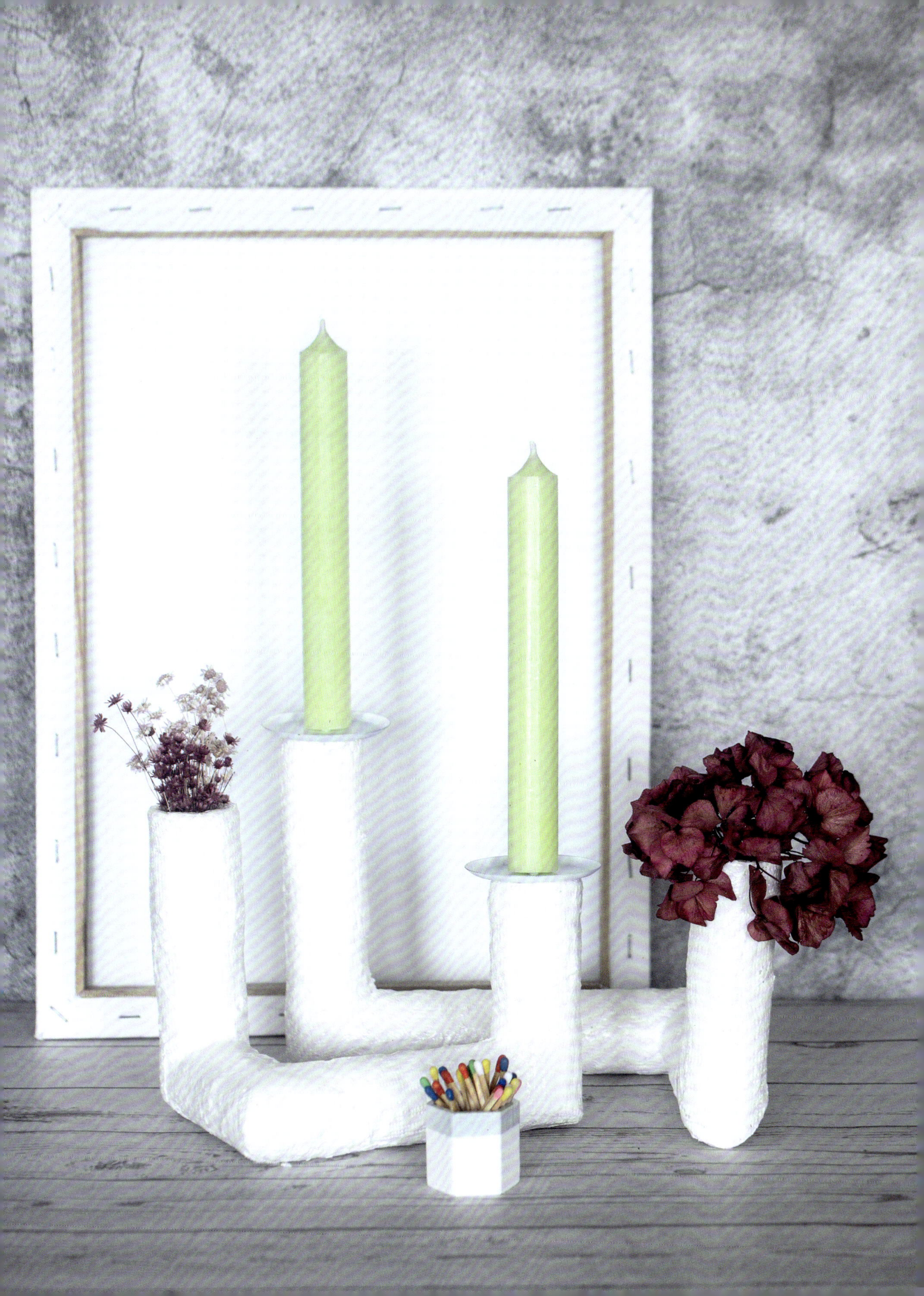

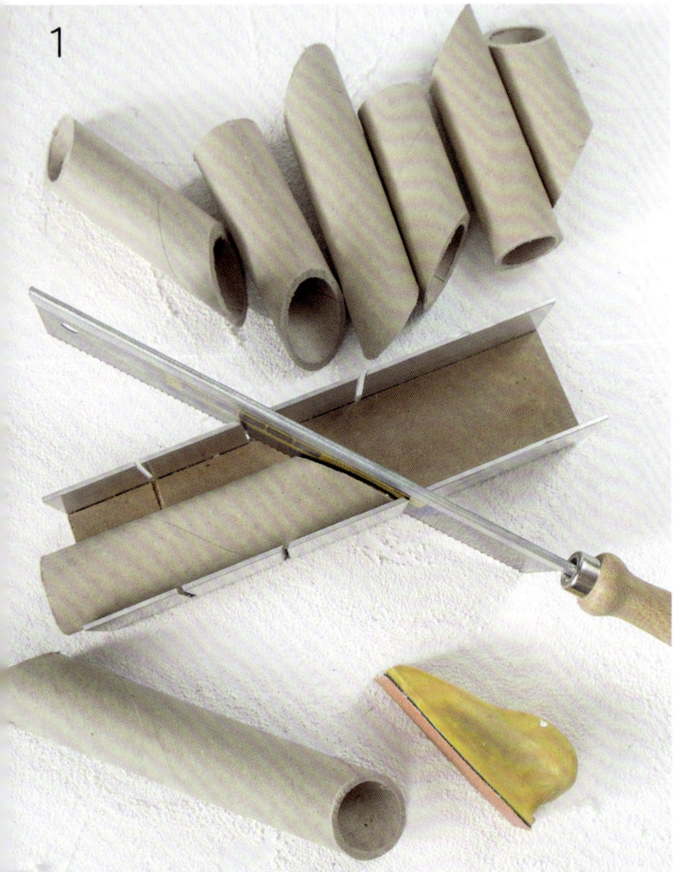
1

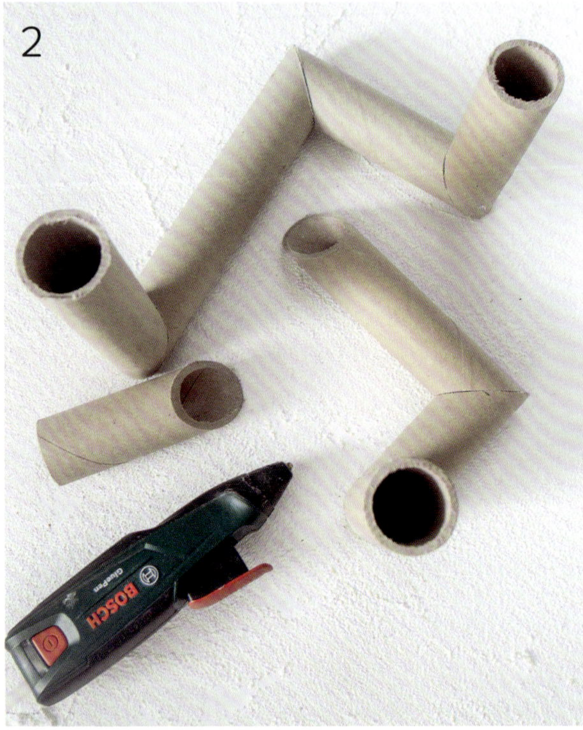

2

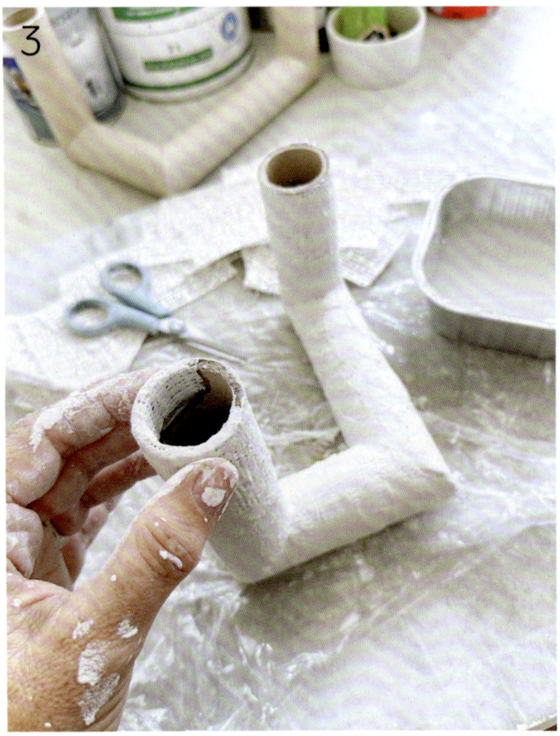
3

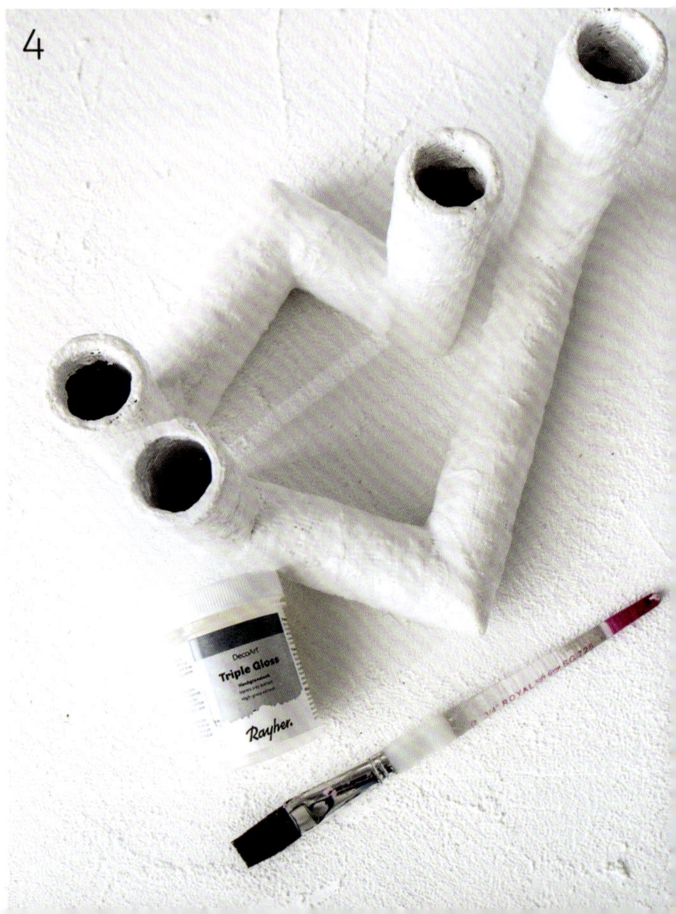

4

Und so geht's

MATERIAL

- Pappröhre Ø 3,5 cm 3-4 mm stark
- Gehrungslade
- Säge
- Schmirgelpapier
- Heißkleber
- Gipsbinden
- Schere
- kleine Schale fürs Wasser
- Folie als Unterlage
- Triple Gloss Lack
- Pinsel
- Kerzenhalter
- Korken
- Reagenzglas

1. Die Papprollen müssen schon eine gewisse Stärke haben, sonst wird die Konstruktion zu instabil. Auf welche Länge man die einzelnen Röhren sägt, kann jeder selbst entscheiden. Wichtig ist es, den richtigen Winkel zu schneiden. Der beträgt immer 45 Grad - mal in die eine, mal in die andere Richtung, je nachdem wo es lang gehen soll.

2. Die Kanten kann man anschließend mit etwas Schmirgelpapier glätten und mit Heißkleber in der gewünschten Form zusammenkleben.

3. Dann schneidet man sich die Gipsbinden zu. Am besten in kleine Stücke von ca. 4-5 cm. Wenn es um die Ecke geht, auch mal schmäler. Zum Arbeiten ein Stück Folie unterlegen. Die Gipsstreifen ins Wasser tauchen, abtropfen lassen und die Pappröhren damit ummanteln. Dabei jeden Streifen mit den Fingern glatt streichen.

4. Die Schichten über Nacht trocknen lassen und anschließend mit Triple Gloss Lack anpinseln.

5. Auf eine Seite des Kerzenhalters einen dicken Korken stecken - das gibt mehr Halt in den Röhren.

Möchte man echte Blumen (anstelle von Trockenblumen) in die Röhren stellen, sollte man ein passendes Reagenzglas hineinstellen.

5

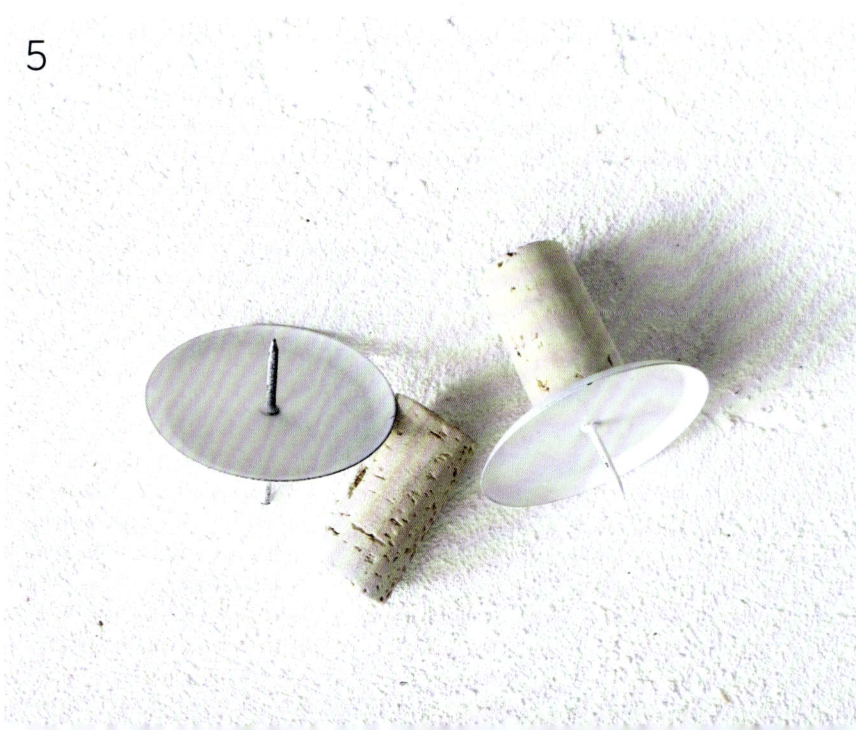

ALLES FÜR DIE KATZ

Kleiner Katzenbungalow

KATZEN VERSCHLAFEN BIS ZU 70% DES TAGES UND DER NACHT. DAHER IST EIN SCHLAFPLATZ FÜR DIE KLEINEN STUBENTIGER WICHTIG. AUCH WENN SIE SICH IN DER REGEL SELBST GERNE DIE UNMÖGLICHSTEN PLÄTZE ZUM SCHLAFEN AUSSUCHEN.

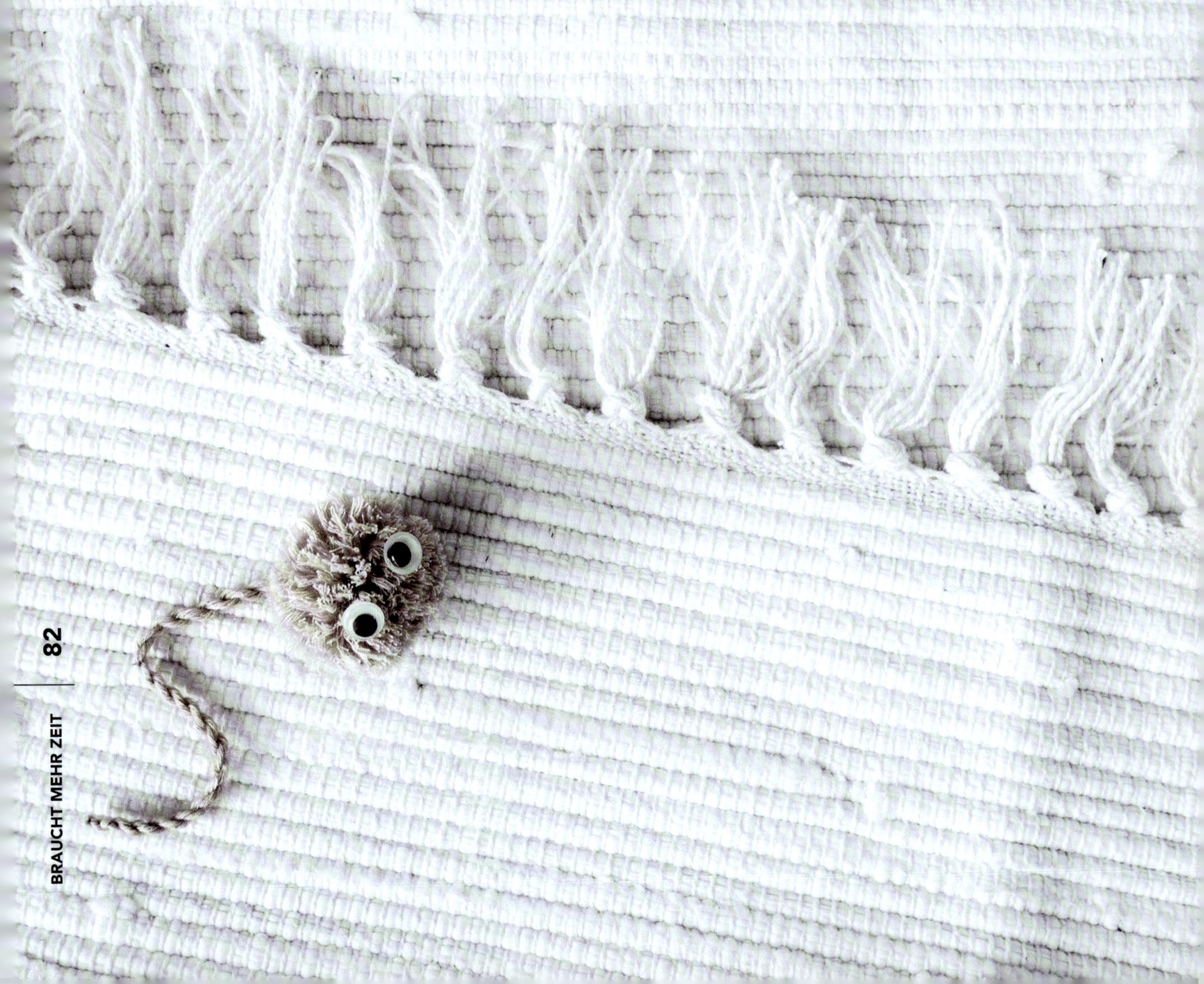

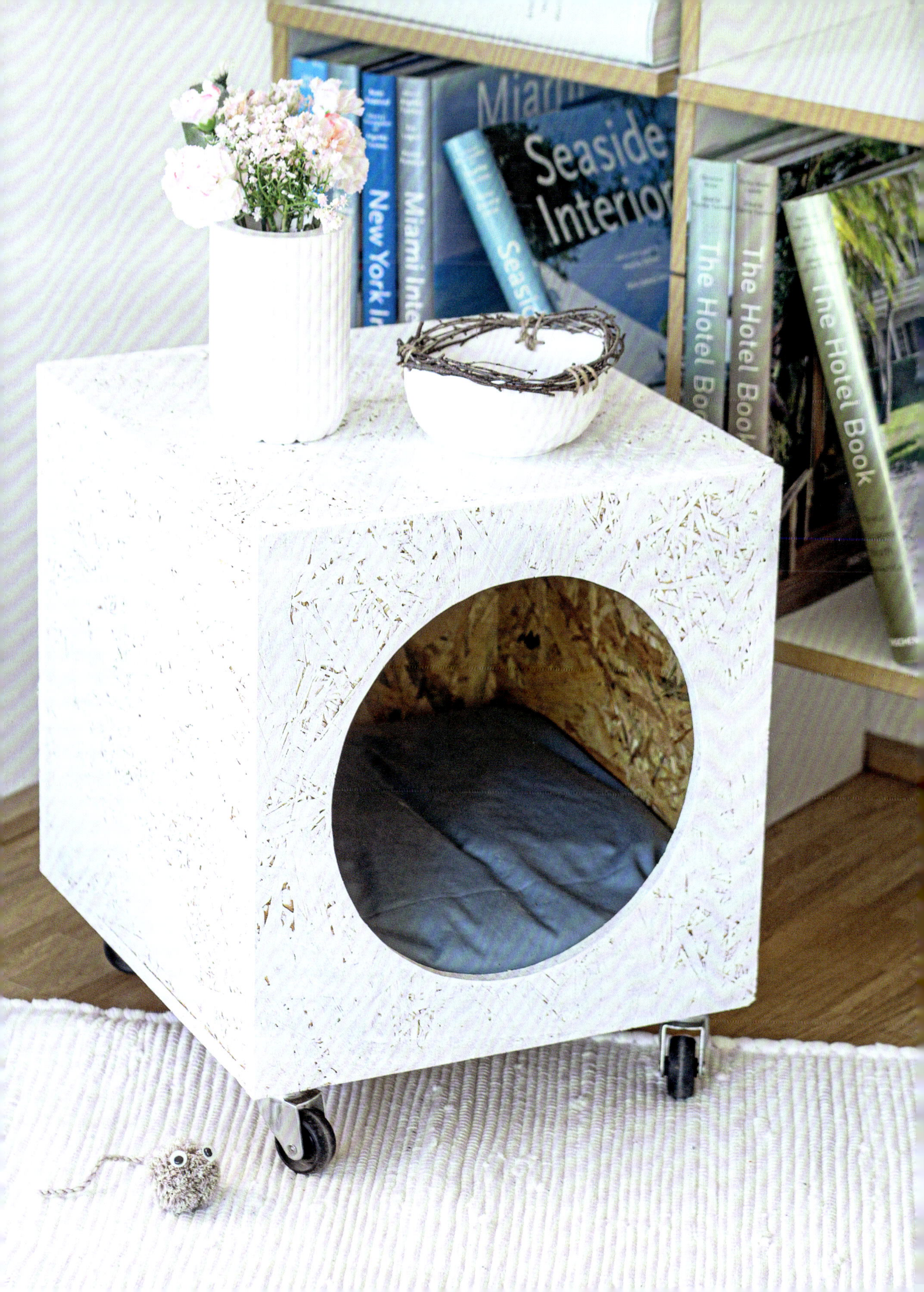
Seaside
The Hotel Book
New York

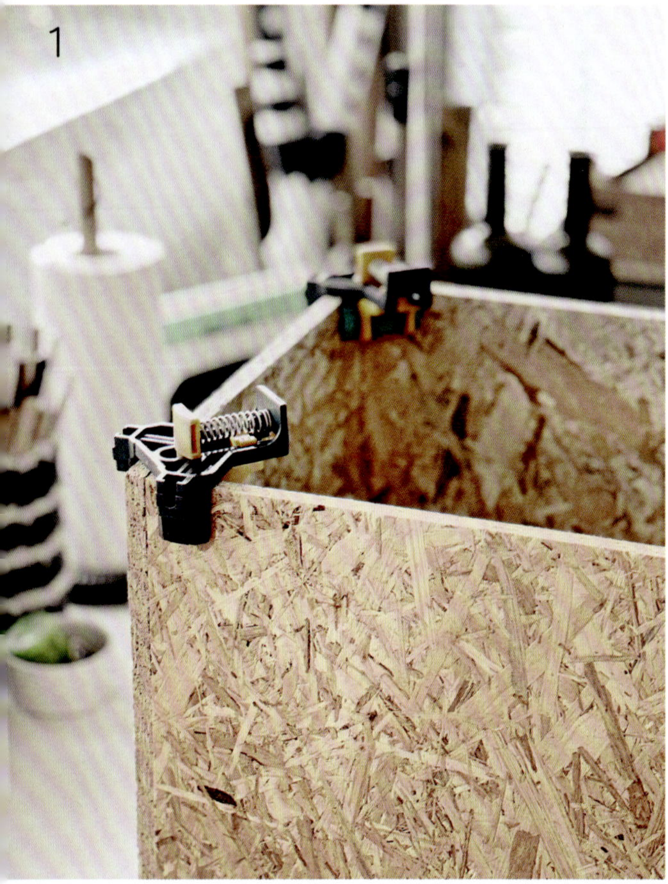
1

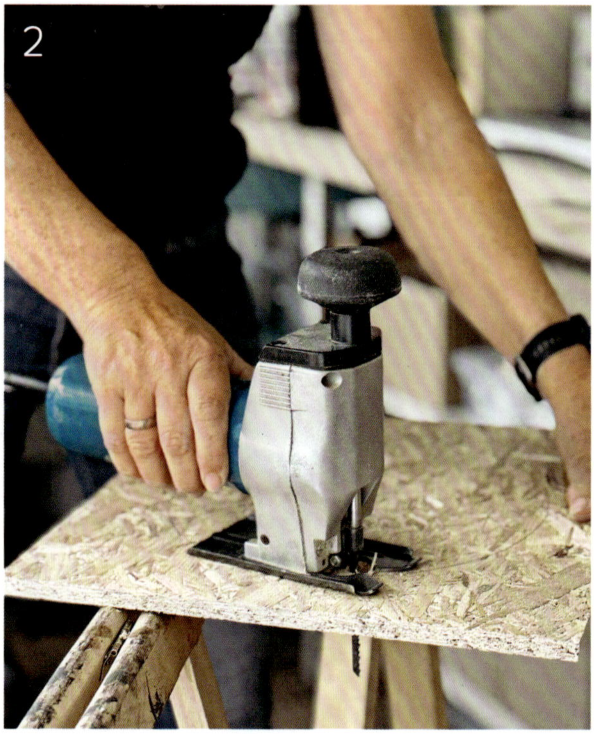
2

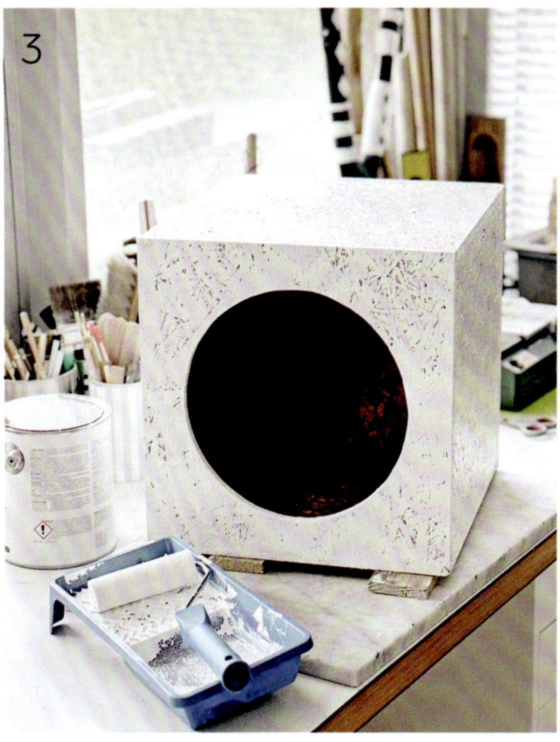
3

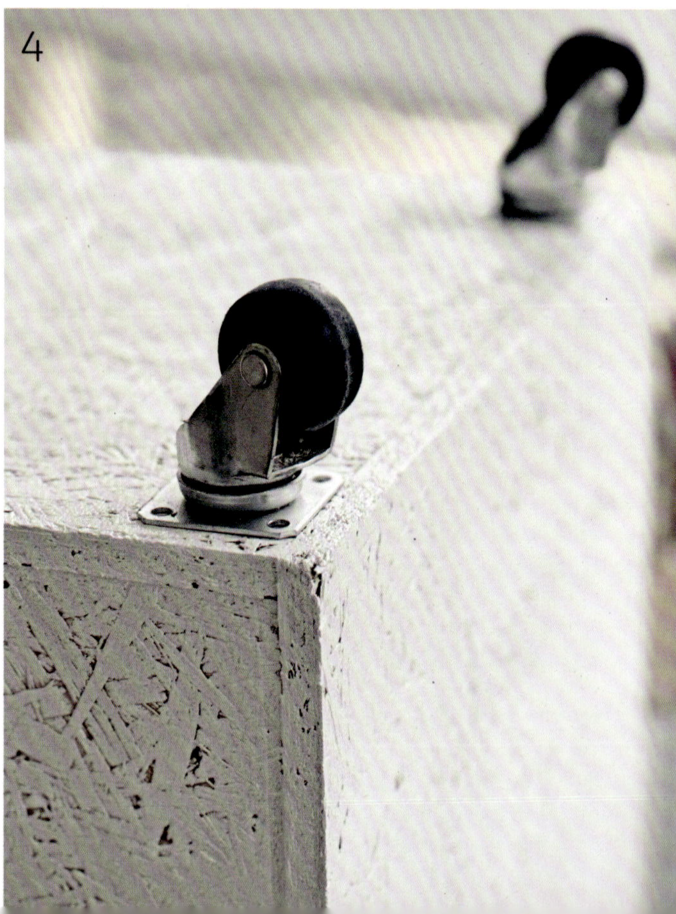
4

Und so geht's

MATERIAL

- OSB-Platten 12 mm zugeschnitten:
  4 Stück à 35 x 35 cm,
  2 Stück à 35 x 32,6 cm
- 4 Rollen
- Säge
- Kreisschablone
- Bohrer
- Stichsäge
- evtl. Eckenspanner
- Schmirgelpapier
- Holzleim
- Hammer + Nägel
- Acryllack weiß
- Farbrolle oder Pinsel
- Kissen

1. Die OSB-Platten (Grobspanplatten) haben eine coole Struktur, die auch gestrichen noch sehr interessant aussieht. OSB steht übrigens für »Oriented Strand Board« - der Begriff kommt aus den USA, wo diese Platten zu 90% für den Hausbau verwendet werden.

Die Platten für das Katzenhaus lässt man sich am besten im Baumarkt passgenau zuschneiden, damit später alles perfekt zusammen passt.

Zunächst klebt man die kürzeren Seitenplatten aneinander. Eckenspanner können hier sehr hilfreich sein. Anschließend eine Platte von oben darauf kleben. Ist der Holzleim fest, nagelt man die Teile mit kleinen Nägeln fest, damit der kleine Bungalow auch wirklich stabil ist. Darauf achten, dass keine Nägel an der Innenseite wieder raus kommen, damit sich die Katze nicht verletzen kann. Die Kanten ein wenig mit Schmirgelpapier glätten.

2. Die Öffnung an der Vorderseite muss man sich selbst aussägen. Dazu erst einmal eine Kreisschablone aus Papier anfertigen (Ø 25 cm) und den Kreis auf die Holzplatte übertragen.
Dann mit einem dicken Bohrer relativ nah am Rand des Kreises ein Loch bohren. Das Sägeblatt der Stichsäge sollte locker hindurchpassen. Nun den Kreis von der Bohrung aus aussägen. Die Kanten schmirgeln und die Seite dann an die Kiste kleben bzw. nageln.

3. Nun kann die Kiste von außen gestrichen werden. Am besten mit einer Lackfarbe, die keine Lösungsmittel enthält. So streichen, dass die Struktur der OSB-Platte noch sichtbar bleibt.

4. Auf der Unterseite der Kiste werden die vier Rollen montiert. Hier bietet sich an, wenigstens eine Rolle mit Bremse zu verwenden, damit der kleine Katzenbungalow nicht wegrollt, wenn sich der Stubentiger mal anlehnt.

Noch ein kuscheliges Kissen hinein - fertig!

TIPP: SOLLTE DIE ÖFFNUNG AUF DER VORDERSEITE NICHT SO SAUBER GESÄGT SEIN, KANN MAN SIE MIT EINEM PASSENDEN HOLZRING KASCHIEREN.

TEMPERATURUNTERSCHIED

Wäsche-Sammelsäcke

DAMIT ES BEI DER WÄSCHE KEINE BÖSEN ÜBERRASCHUNGEN GIBT MIT WEISSEN T-SHIRTS, DIE PLÖTZLICH ROSA SIND, SORTIERT MAN DIE WÄSCHE AM BESTEN GLEICH VOR. HELLES UND DUNKLES ODER 30-GRAD- UND 60-GRAD-WÄSCHE.

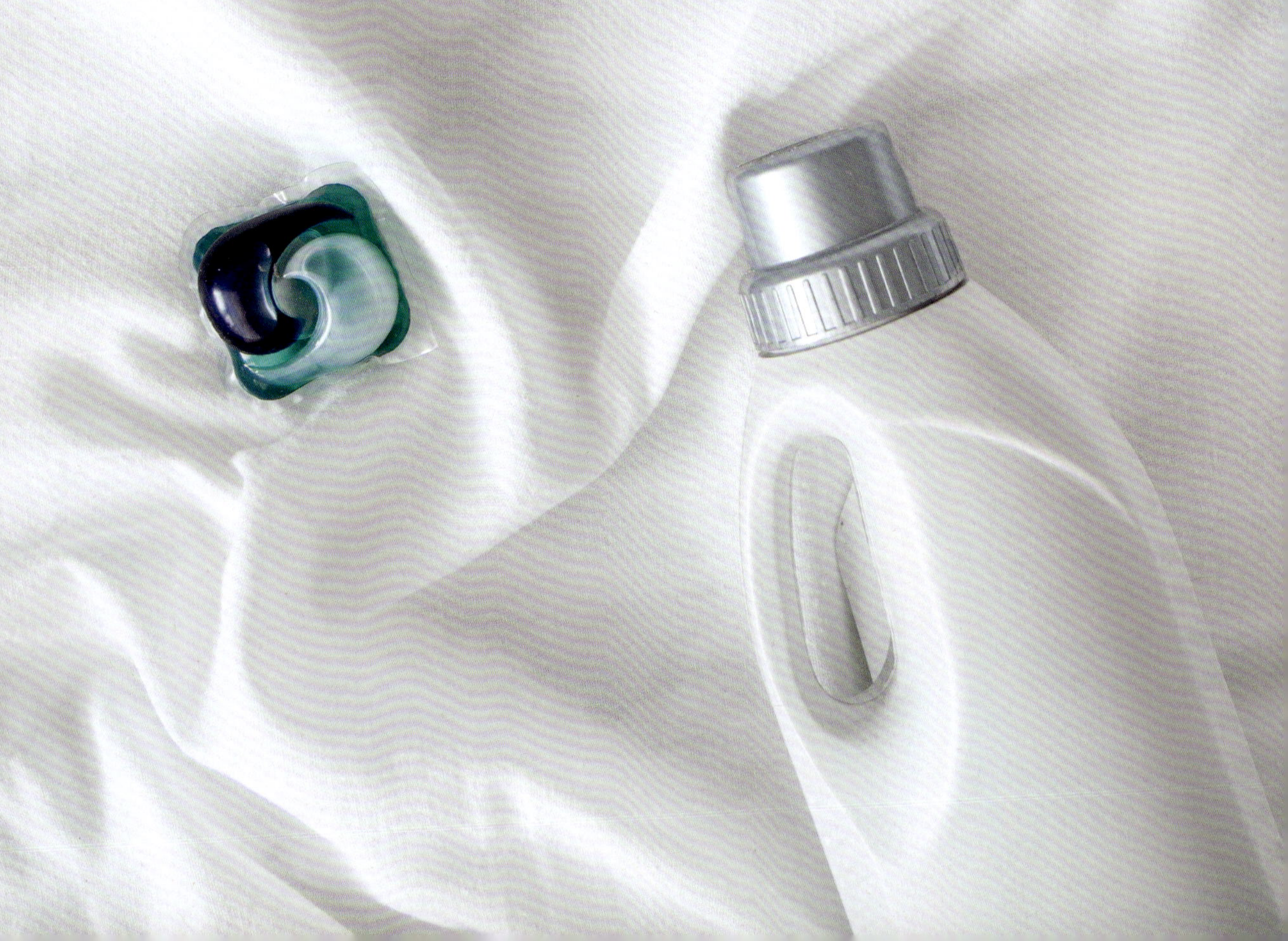

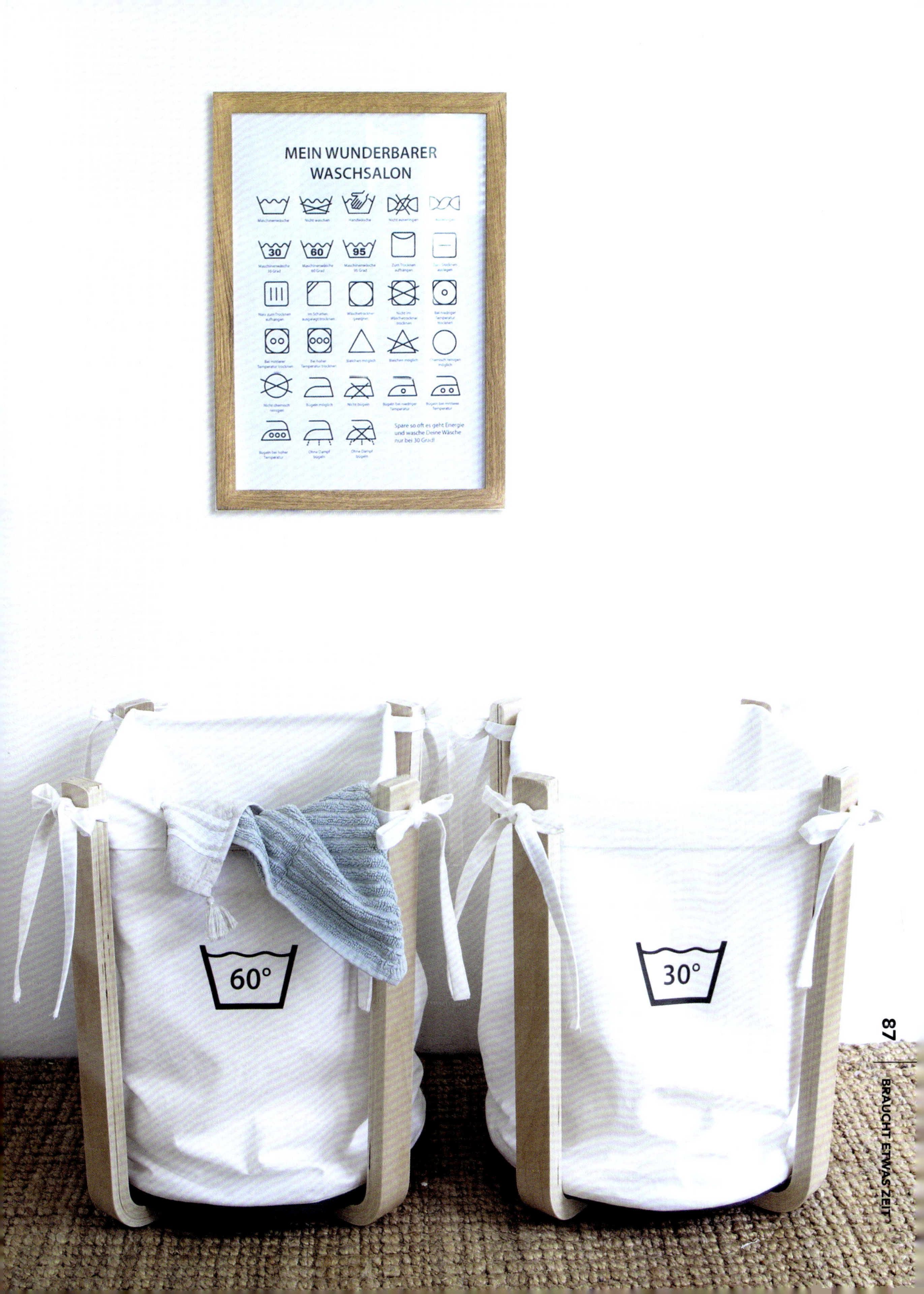
MEIN WUNDERBARER
WASCHSALON
30
60
95
Spare so oft es geht Energie
und wasche Deine Wäsche
nur bei 30 Grad!
60°
30°

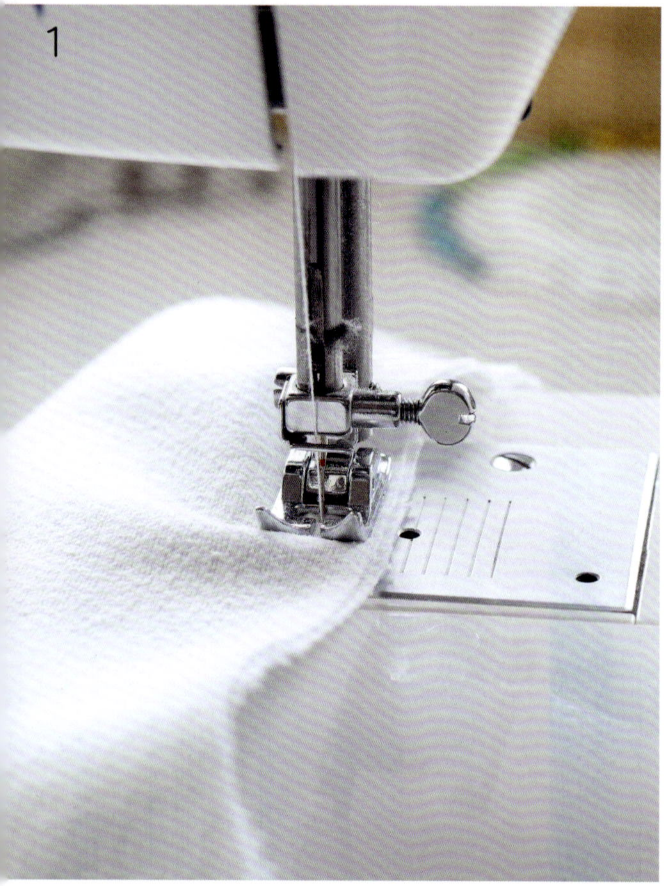
1

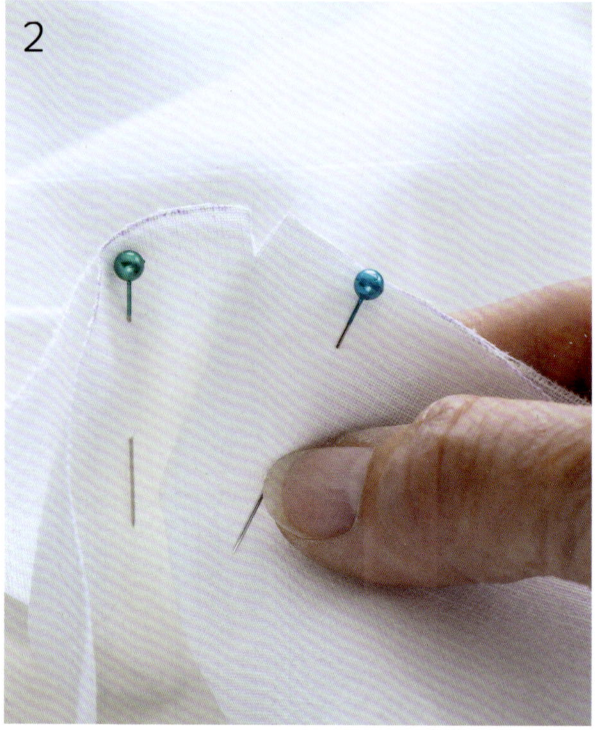
2

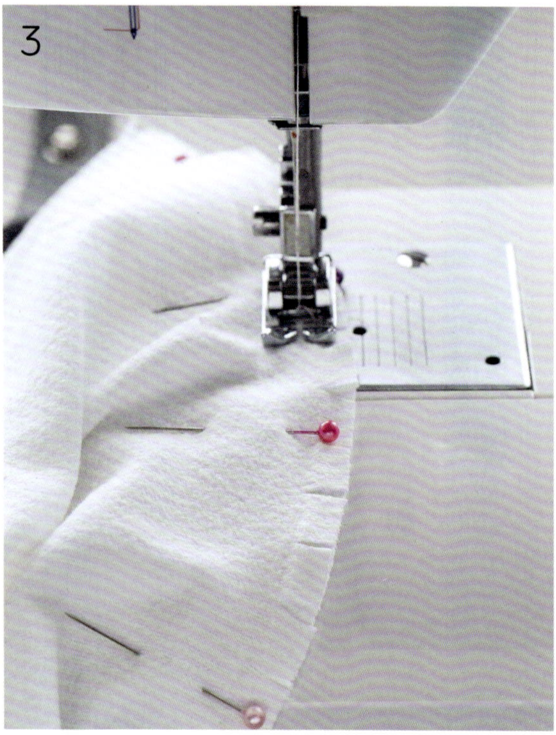
3

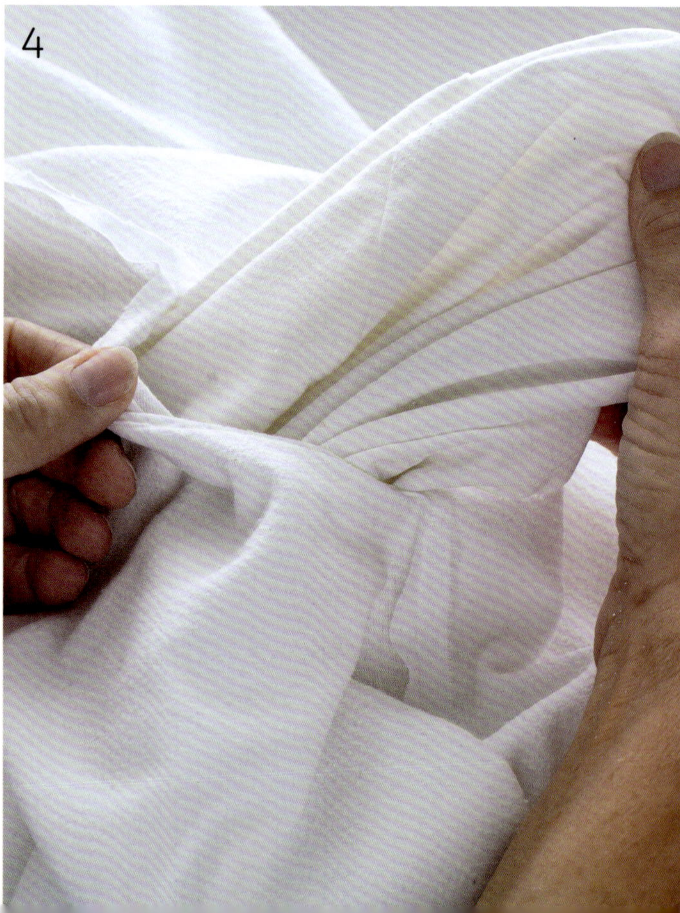
4

Und so geht's

MATERIAL

- 2 passende Holzhocker
- fester Baumwollstoff
- Kreisschablone
- Maßband, Stift
- Schere
- Stecknadeln
- Nähmaschine
- Nähgarn
- evtl. Plotter
- 2 Motive
- Bügeleisen

1. Zunächst alle Teile zuschneiden. Pro Sack benötigt man: zwei Kreise Außen- und Innenstoff Ø 38 cm, zweimal Außen- und Innenstoff 108,5 cm x 52 cm, acht Streifen 6 cm x 40 cm. Seitenteile dann rechts auf rechts zusammenlegen und zu einem Ring schließen. Beim Innenstoff in der Mitte eine ausreichend große Wendeöffnung lassen (ca. 15 cm).

2. Dann mit kleinen Einschnitten von ca. 3 mm Kreis und Seitenteile markieren (siehe Zeichnung unten). Anhand der Einschnitte ein Seitenteil und einen Kreis rechts auf rechts zusammenheften.

3. Das Seitenteil dann rundherum ca. 5 mm einschneiden, so lässt sich die Rundung besser verarbeiten. Mit der Nähmaschine 1 cm breit an das Bodenteil nähen. Ebenso mit dem Innenstoff verfahren. Dann das Außenteil wenden, sodass die Nahtzugaben innen liegen, und anschließend in das Außenteil stecken, dessen Nahtzugaben außen liegen. Nun liegen die Teile rechts auf rechts und werden wieder mithilfe der kleinen Einschnitte zusammengeheftet und anschließend zusammengenäht.

4. Nun der etwas friemelige Teil. Den gesamten Sack vorsichtig durch die Wendeöffnung ziehen.

... es geht weiter

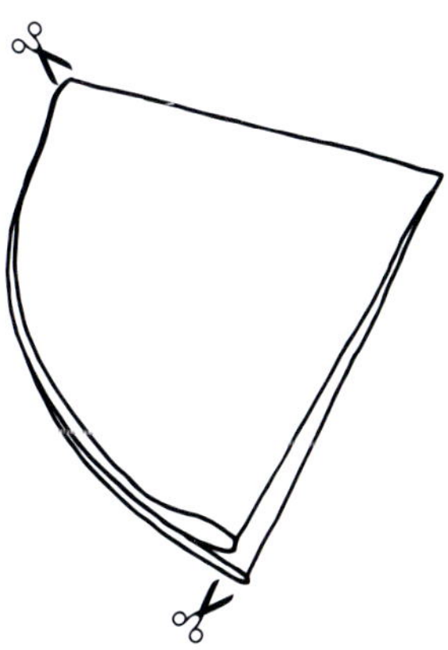

Kreis vierteln, um 4 Einschnittte zu machen

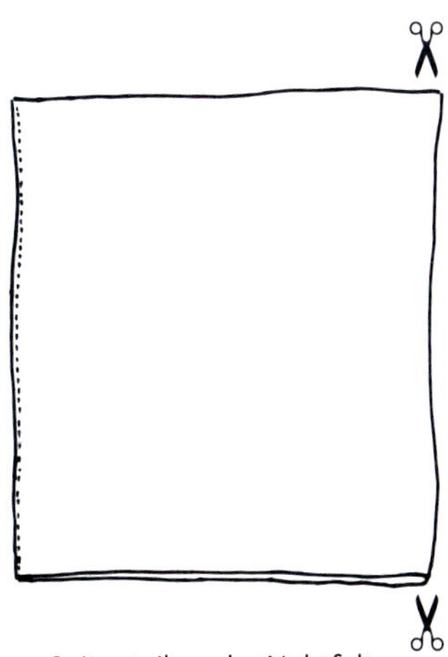

Seitenteil an der Nahtfalte und an der rechten Seite oben und unten einschneiden.

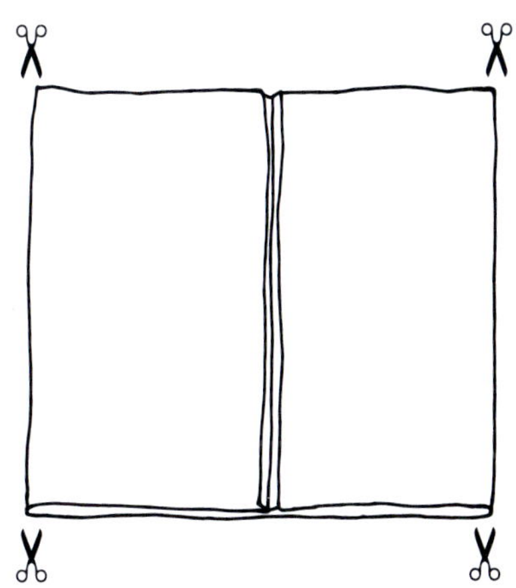

Dann die Mittelnaht auf die Einschnitte legen und noch einmal links und rechts jeweils oben und unten einen Schnitt machen.

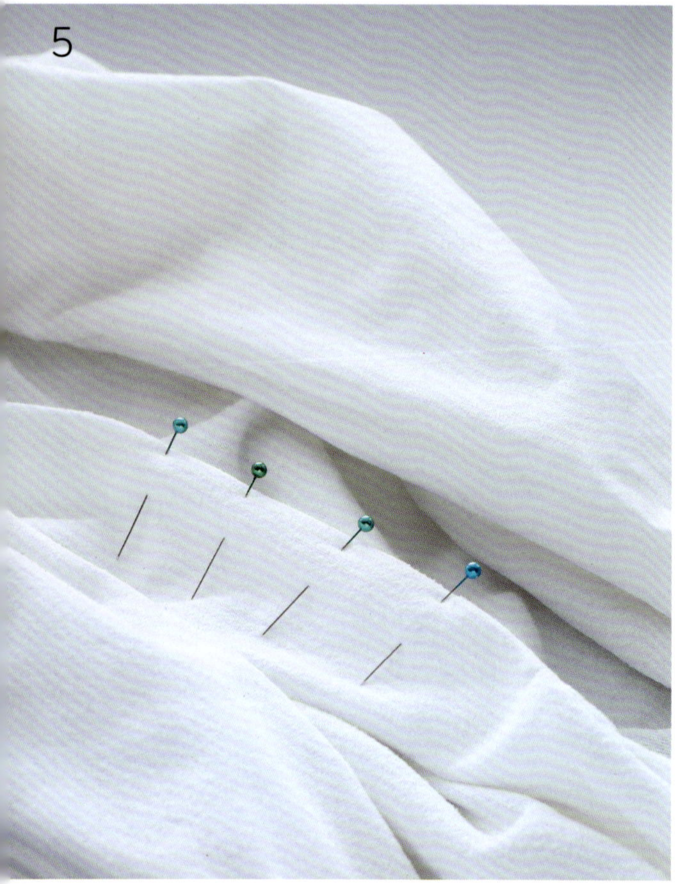
5

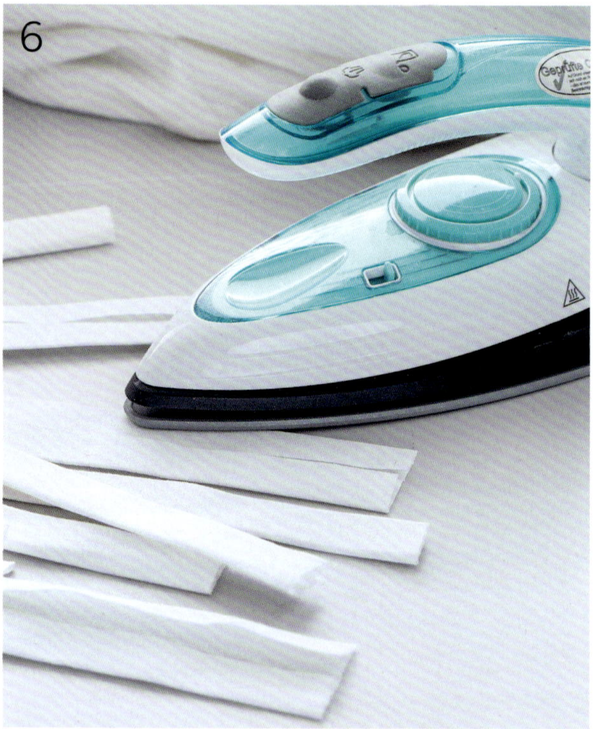
6

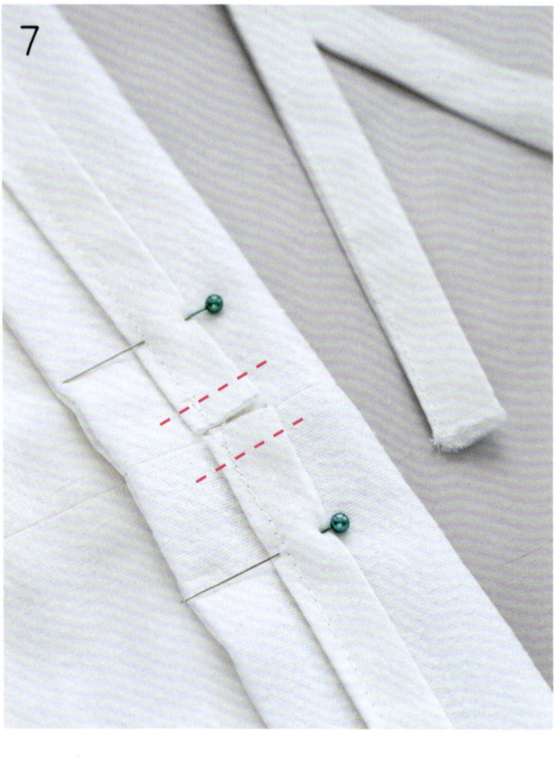
7

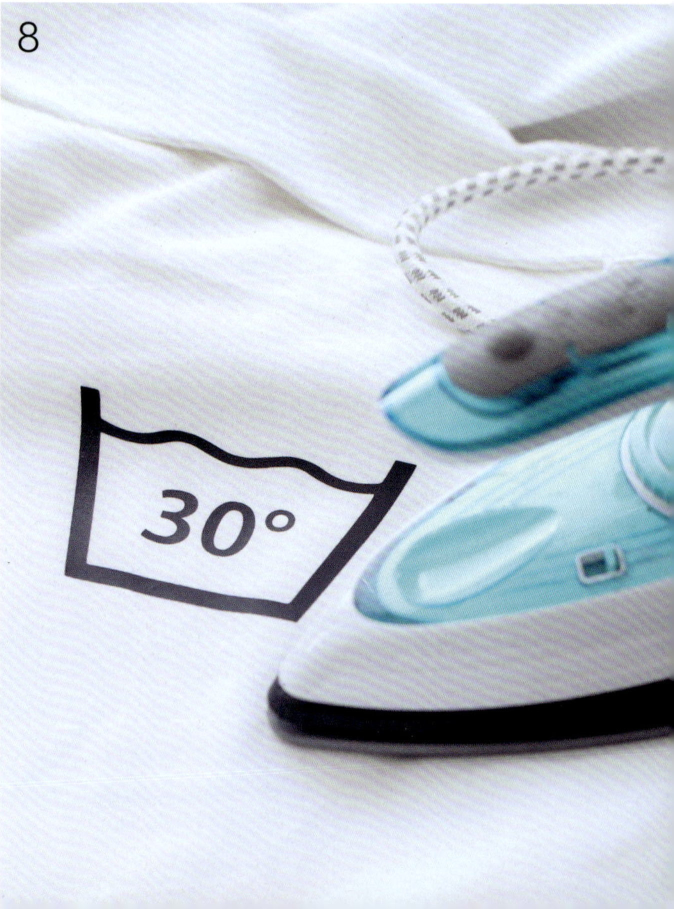
8
30°

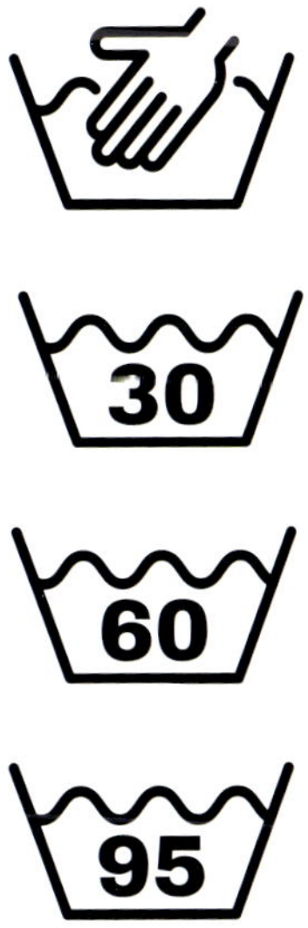

5. Die Wendeöffnung anschließend zusammenheften und knapp absteppen.

6. Nun die Streifen für die Haltebänder zuschneiden. Man benötigt acht Streifen à 6 cm x 40 cm. Die Streifen zunächst einmal längs mittig umbügeln. Dann noch einmal zur Mitte falten und ebenfalls bügeln. Anschließend die offene Seite knapp absteppen.

7. Den Waschesack oben ca. 5 cm umschlagen und kurz anbügeln. Dann an vier Ecken die Bänder feststecken und annähen.

8. Fehlen noch die Etiketten für die entsprechenden Wäschestücke. 30, 60 oder 95 Grad. Vorlagen sind auf Seite 158. Die Dateien sind mit einem Plotter und Textiltransferfolie erstellt. Anschließend aufbügeln.

Die Aufdrucke funktionieren auch mit Textiltransferfolien, die man mit dem Tintenstrahldrucker verwenden kann.

9. Den Sack in den Hocker stellen und an allen Seiten festbinden.

DER HOCKER WURDE ZUVOR EIN WENIG UMGEBAUT. DAS HEISST, DIE HOCKERBEINE SIND NUN VERKEHRT HERUM ANGESCHRAUBT, SODASS SICH DIE SITZFLÄCHE INNEN ZWISCHEN DEN HOCKERBEINEN BEFINDET.

Für die Berechnung eigener Beutelgrößen nimmt man den gewünschten Durchmesser und multipliziert ihn mit 3,14. So erhält man den Umfang bzw. die Breite des Stoffes. Die Höhe kann man frei wählen.

Beispiel: Kreis = 34 cm (+ 2 cm Nahtzugabe = 36 cm), Seitenteil = 34 x 3,14 = 106,5 cm + 1 cm an jeder Seite = 108,5 cm. Zur Höhe ebenfalls an allen Seiten 1 cm Nahtzugabe dazugeben.

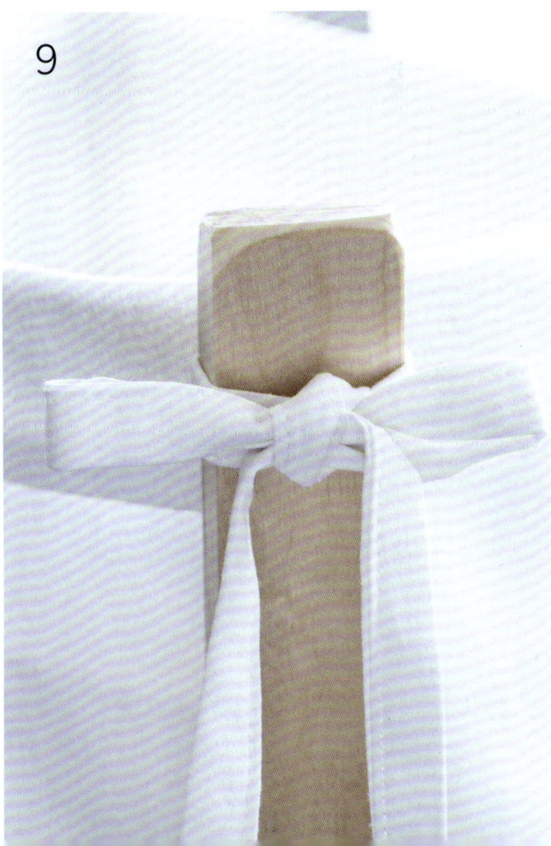

VERBOGEN

Rohr-Licht

WER MIT OFFENEN AUGEN DURCH DEN BAUMARKT STREIFT, STÖSST STÄNDIG AUF DINGE, AUS DENEN MAN ETWAS BASTELN KANN. AUCH WENN DER GEGENSTAND EIGENTLICH NICHT DAFÜR GEDACHT IST. WER KOMMT SCHON DARAUF, DASS ES SICH BEI DIESER LAMPE UM EIN ABFLUSSROHR HANDELT.

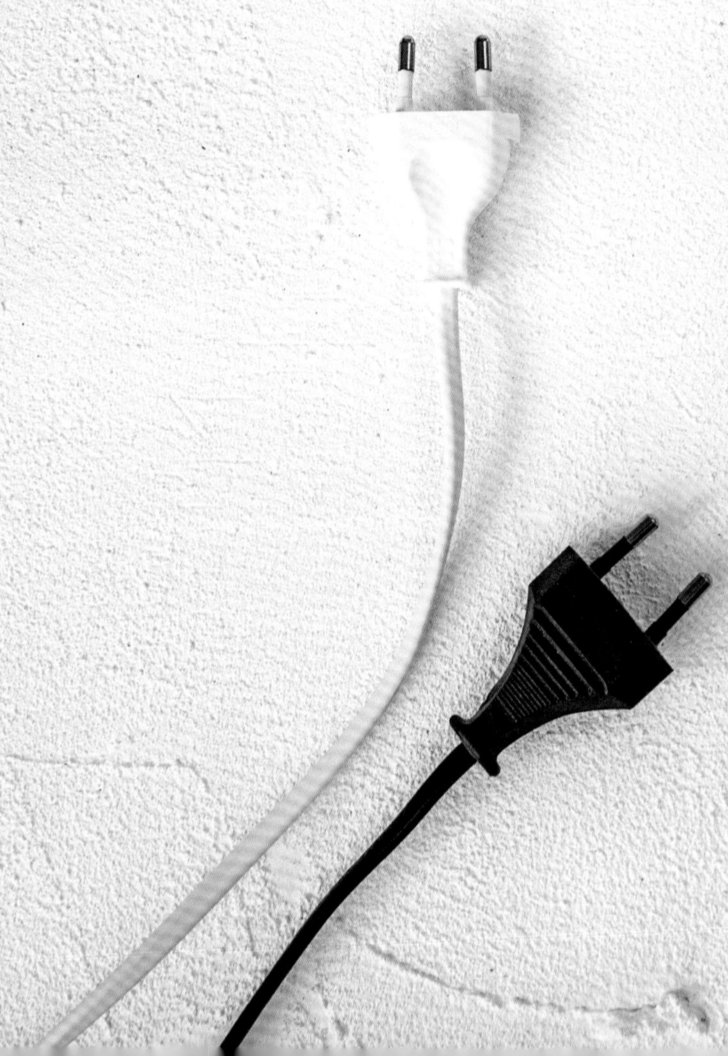

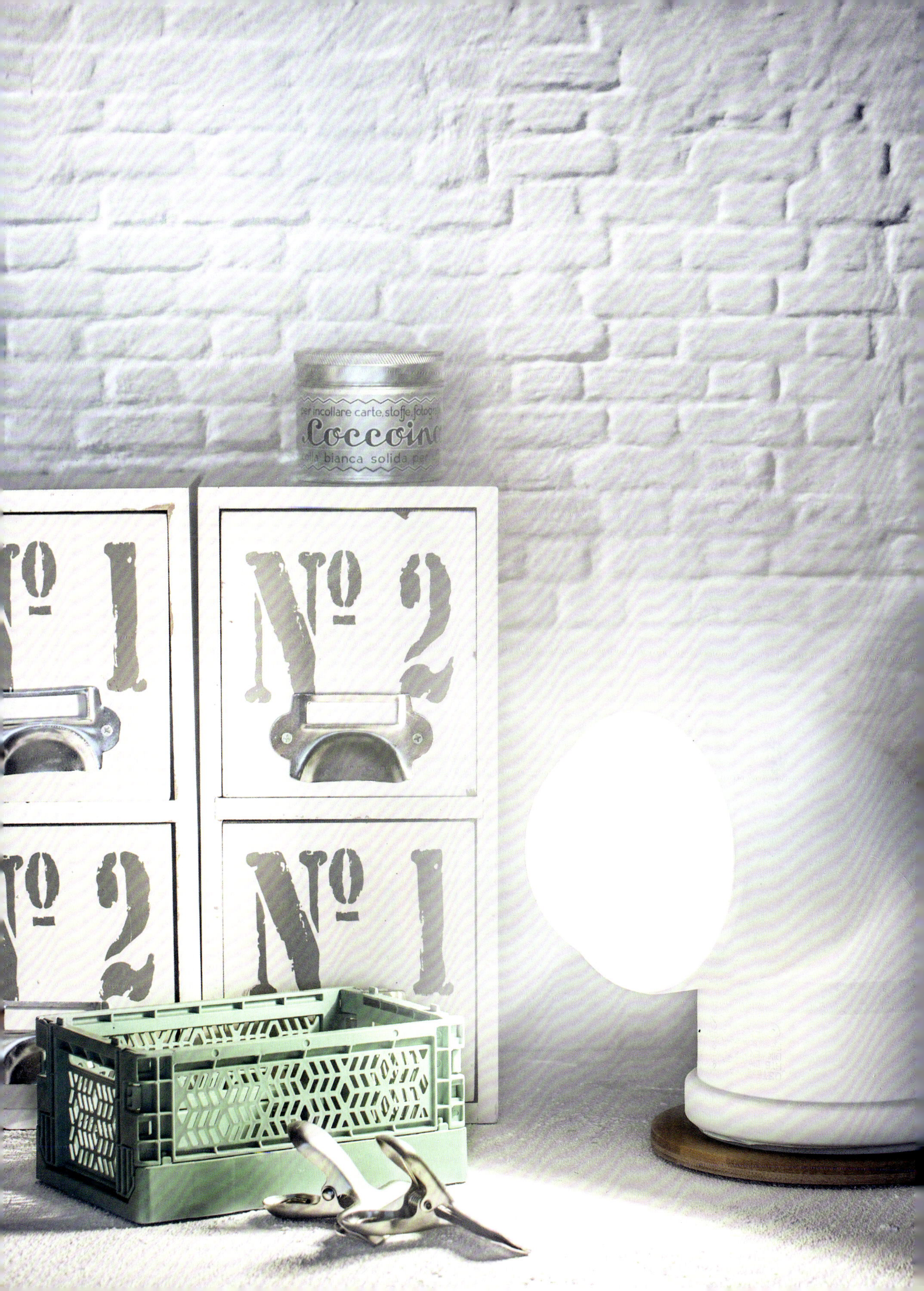
per incollare carte, stoffe,
colla bianca solida
Nº 2
Nº 2
Nº 1

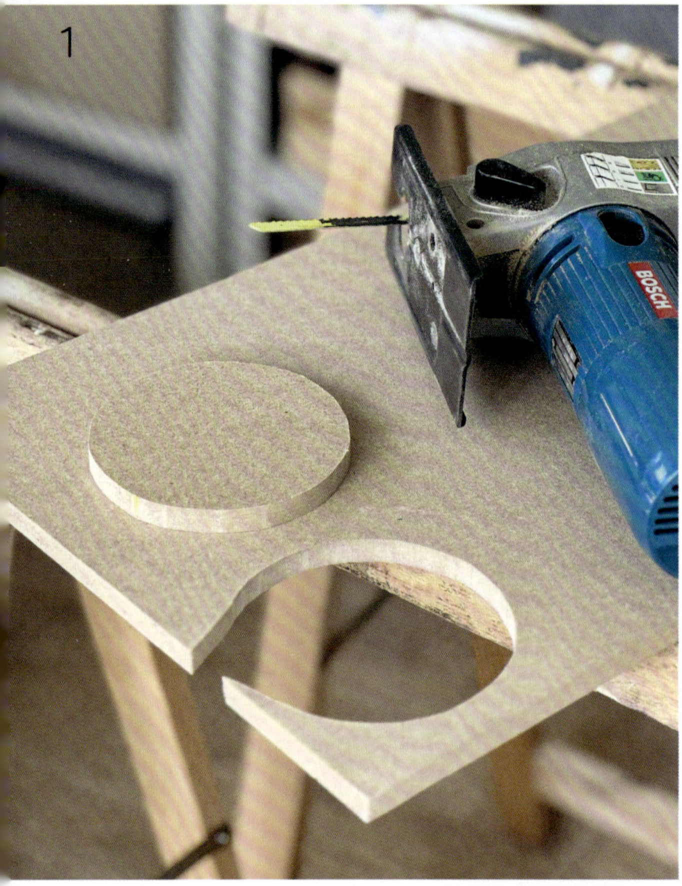
1
BOSCH

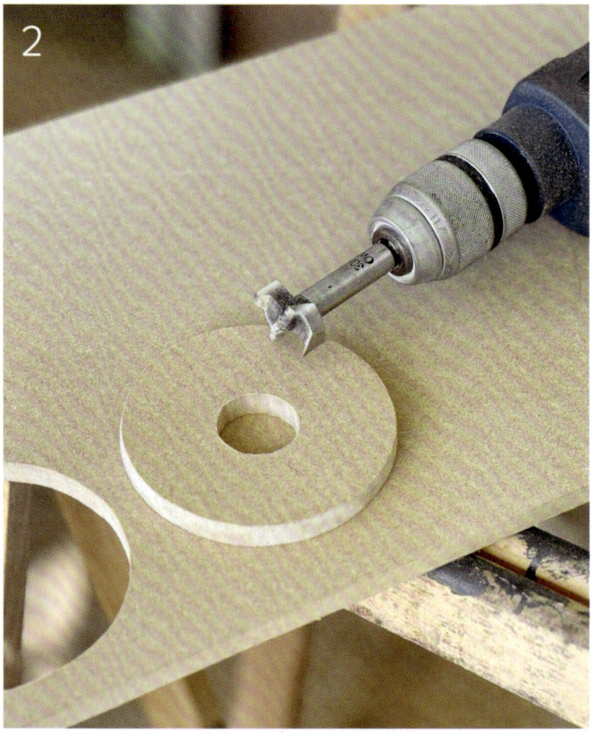
2

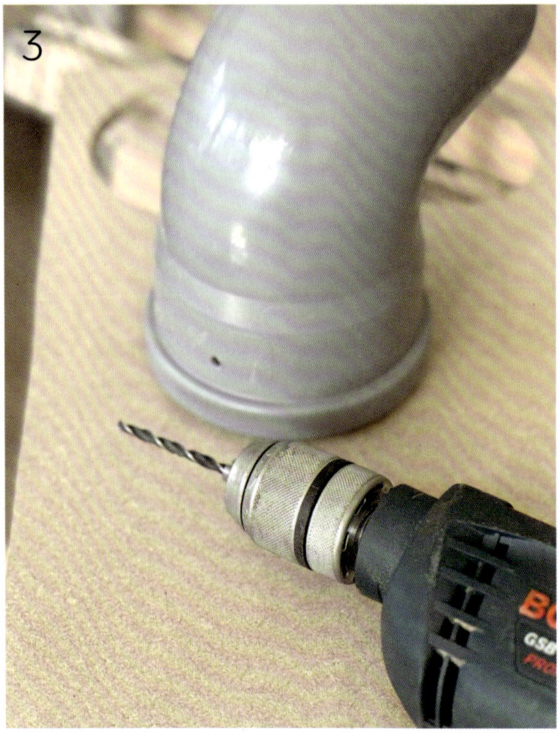
3

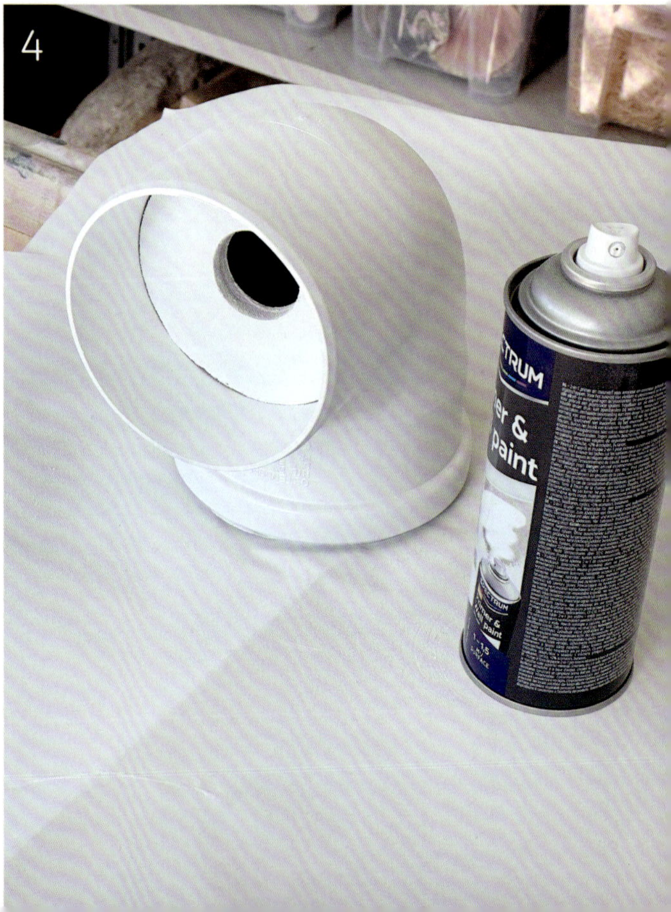
4

Und so geht's

MATERIAL

- Abfluss-Eckrohr
- Lampenset mit Schalter
- große LED-Birne
- Holzplatte
- Stift
- Lineal
- Zirkel
- Stichsäge
- Schraubendreher
- Bohrmaschine
- Forstnerbohrer
- Sprühlack weiß
- evtl. Silikon
- Sekundenkleber

1. Für die Halterung der LED-Birne sägt man zunächst eine Holzscheibe zu. Dafür den Durchmesser des Rohrs messen, mit dem Zirkel den Kreis auf dem Holz aufzeichnen und aussägen. Die Holzscheibe sollte fest in dem Rohr stecken bleiben.

2. Für die Fassung der Birne bohrt man mit einem passenden Forstnerbohrer (ca. 4 cm je nach Fassung) eine Öffnung in die Mitte der Holzscheibe.

3. Um das Kabel nach außen führen zu können, bohrt man an der Rückseite des Rohrs ca. 1 cm vom unteren Rand entfernt ein Loch. Die Größe so wählen, dass das Kabel stramm hindurchgeht.

4. Nun steckt man die Holzscheibe mit dem Loch in den vorderen Teil des Rohrs. So weit, wie später das Leuchtmittel herausschauen soll. Sitzt die Scheibe nicht richtig fest, kann man sie mit etwas Silikon von hinten befestigen.

Dann mit dem Lack das Rohr lackieren. Auch innen. Am besten in mehreren Schichten vorsichtig aufsprühen, damit die Farbe gut deckt. Anschließend gut trocknen lassen.

... es geht weiter

TIPPS: WER KEINE STICHSÄGE BZW. KEINEN BOHRER HAT, KANN ALTERNATIV AUCH SPERRHOLZPLATTEN VERWENDEN, DIE SICH MIT EINEM CUTTER SCHNEIDEN LASSEN. ALS LEUCHTMITTEL AM BESTEN LED VERWENDEN. SIE BENÖTIGEN RUND 75% WENIGER STROM IM VERGLEICH ZU HALOGENLAMPEN UND SIE HALTEN WESENTLICH LÄNGER.

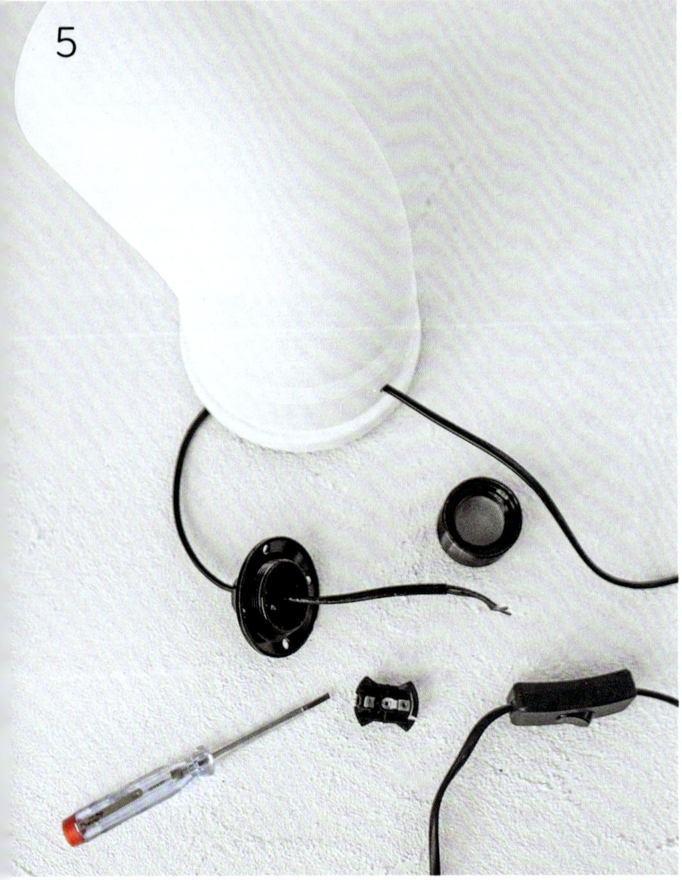
5

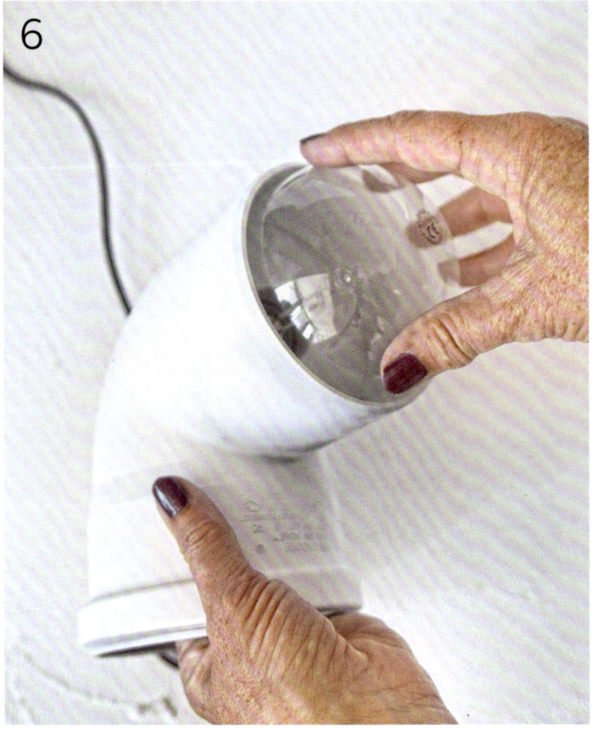
6

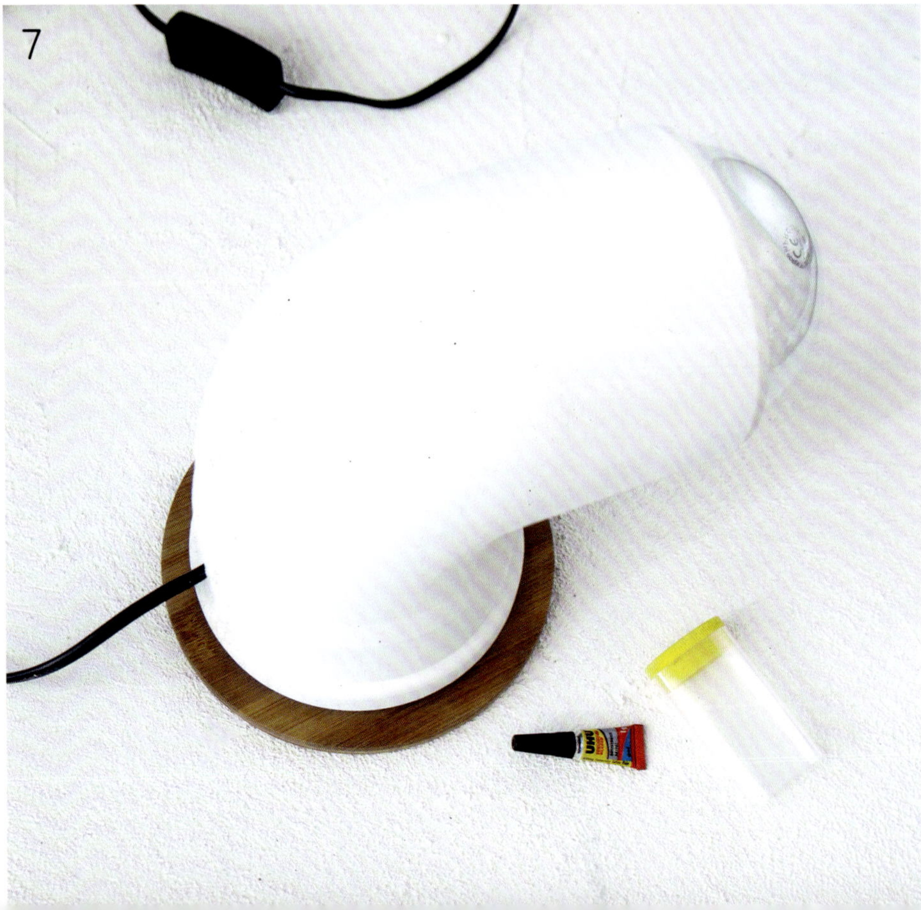
7

5. Ist die Farbe der Lampe getrocknet, führt man das Kabel durch das Loch an der Rückseite nach innen. Nun nach Herstellerangaben die Fassung montieren. Wer sich hier unsicher ist, sollte sich von einem Fachmann helfen lassen. Dann erst einmal einen Test machen, ob auch alles funktioniert. Dazu kurz die LED-Birne eindrehen und anschalten. Anschließend die Birne wieder entfernen.

6. Ist die Fassung richtig montiert, schiebt man sie von der Innenseite vor die kleine Öffnung in der runden Holzscheibe und dreht von außen die LED-Birne ein.

7. Damit das Ganze später nicht wackelt oder kippt, sollte man die Rohrlampe auf eine Platte kleben. Zum Beispiel auf einen kleinen Holzuntersetzer. Dafür ein paar Tropfen Sekundenkleber verwenden.

Alternativ kann es aber auch eine Schieferplatte, eine Korkscheibe oder ein flacher Porzellanteller sein.

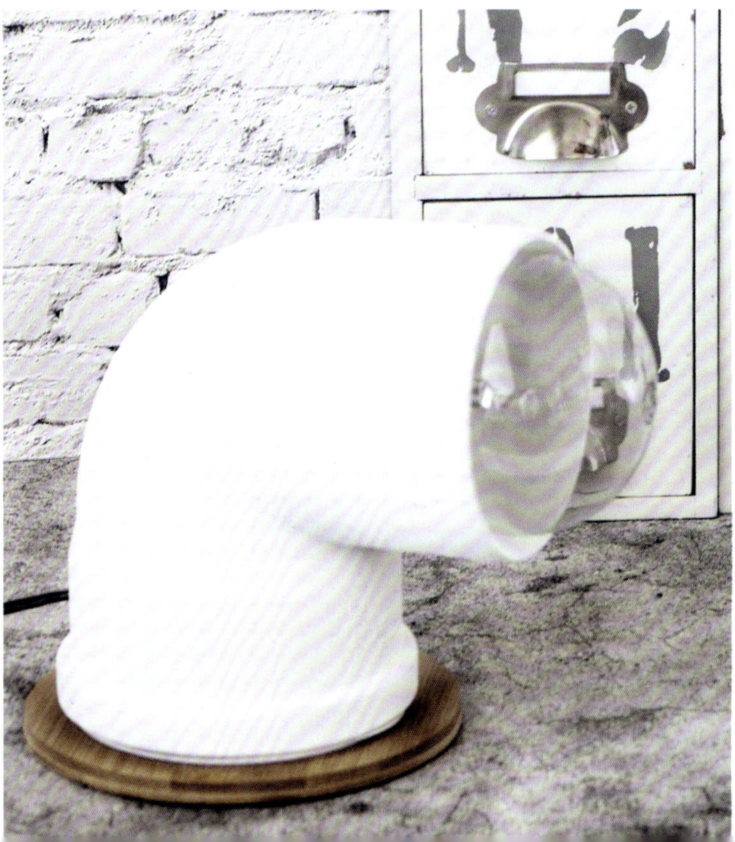

WHITE BOARD

Skateboard-Blumenbank

NICHTS FÜR FLIP-TRICKS, GRINDS ODER SLIDES. EINE HALFPIPE BRAUCHT MAN NATÜRLICH AUCH NICHT. UND SELBSTVERSTÄNDLICH IST DIE BENUTZUNG DIESES BOARDS VÖLLIG UNGEFÄHRLICH.

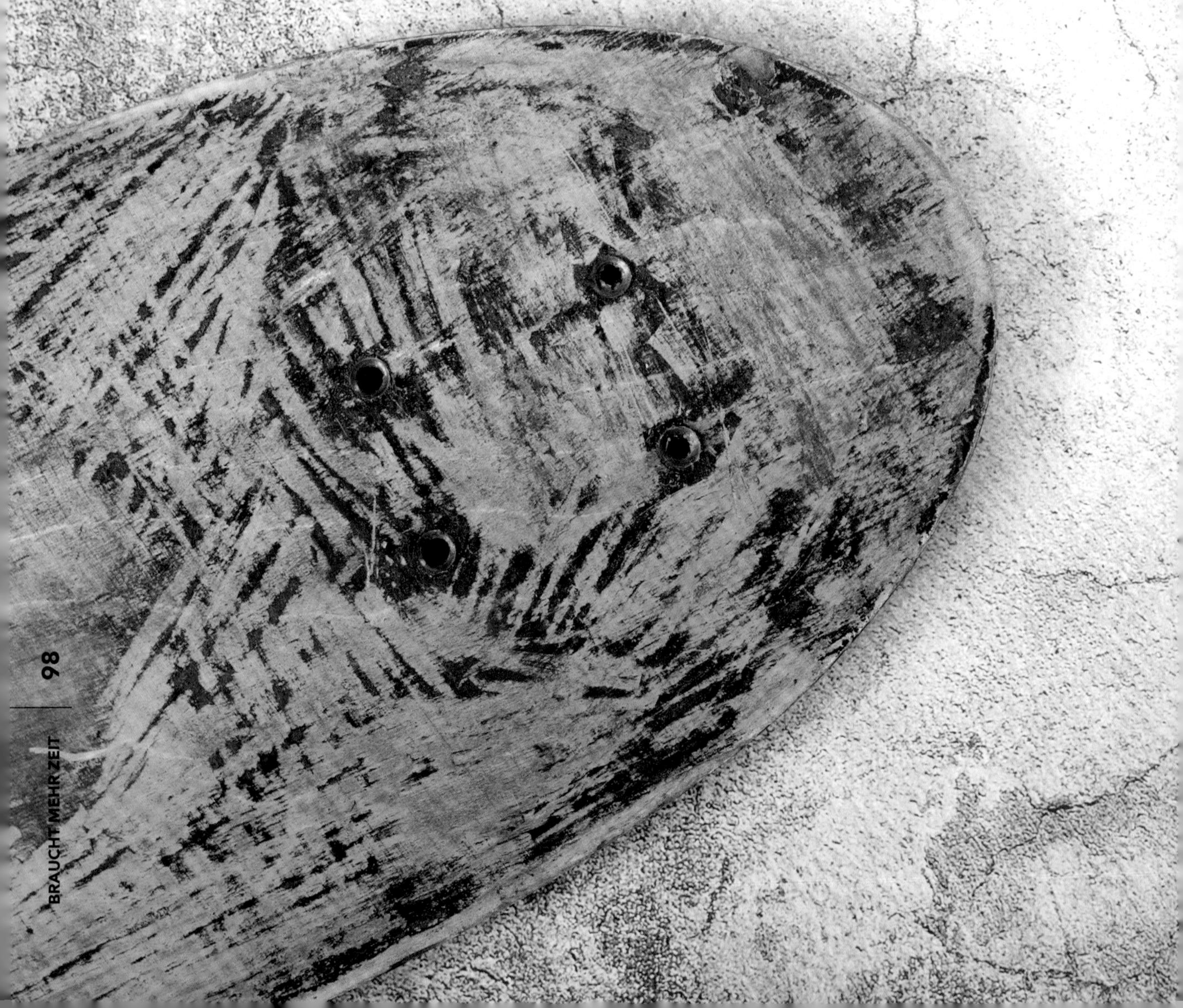

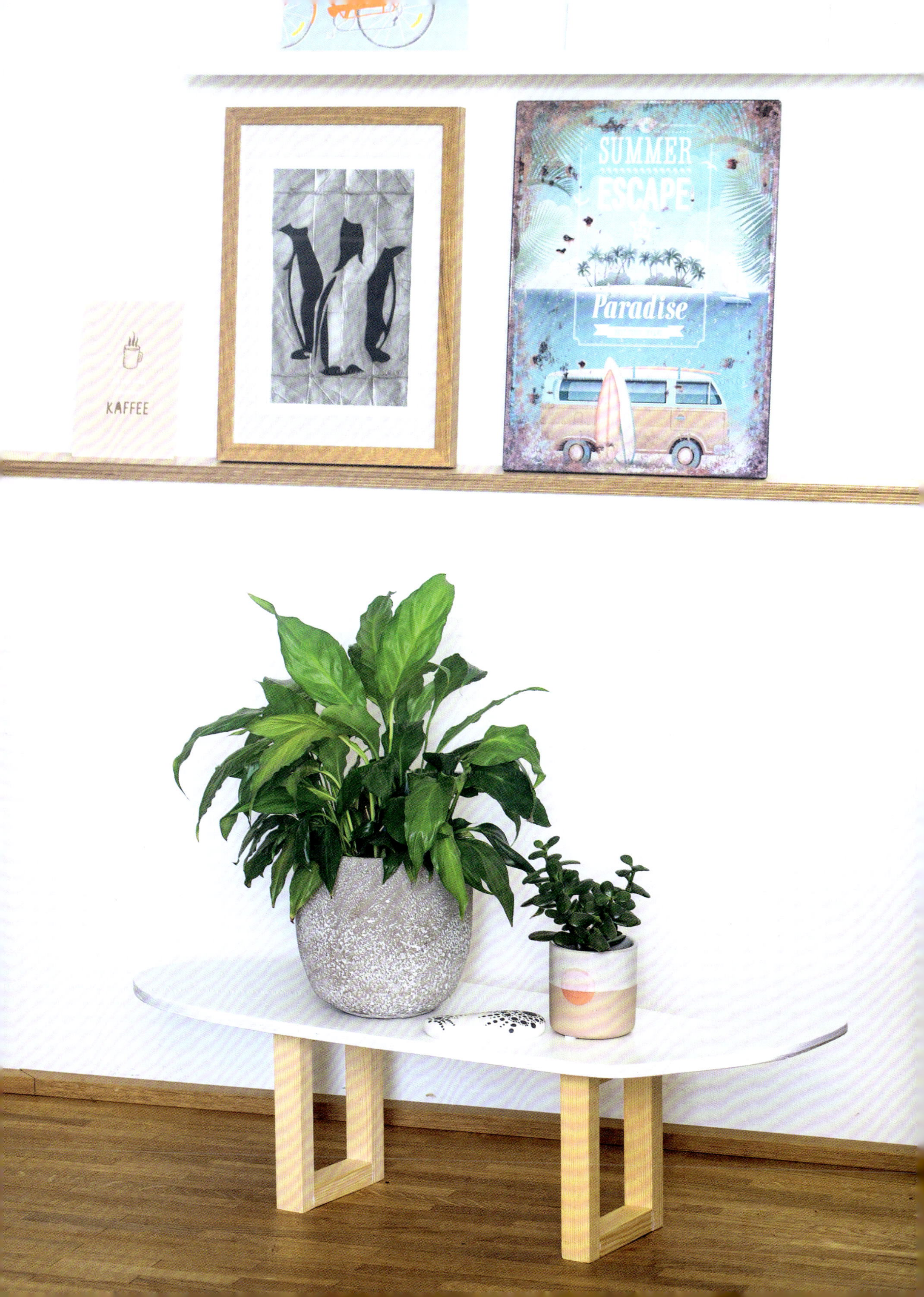
KAFFEE
SUMMER
ESCAPE
Paradise

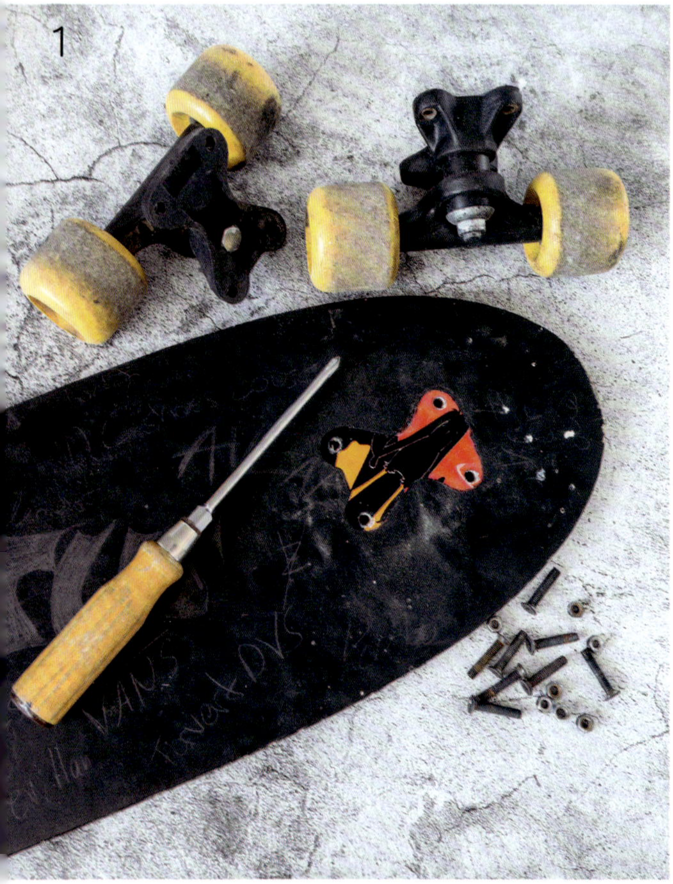
1

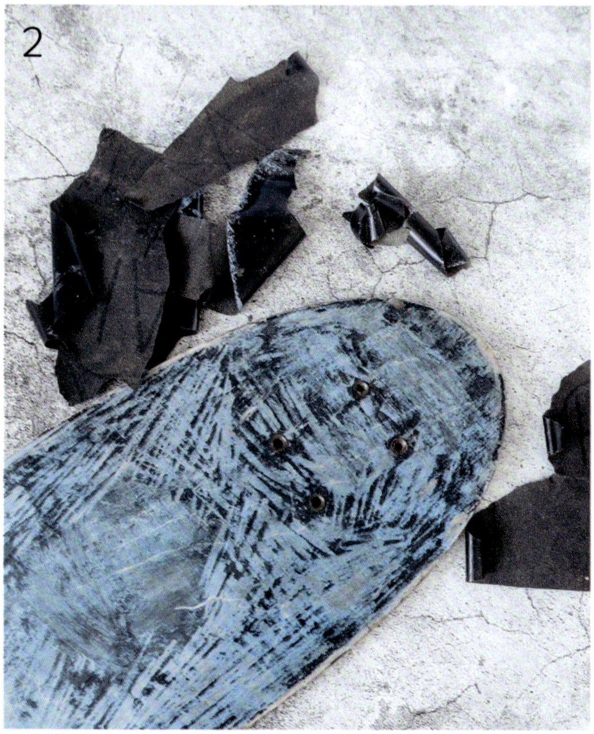
2

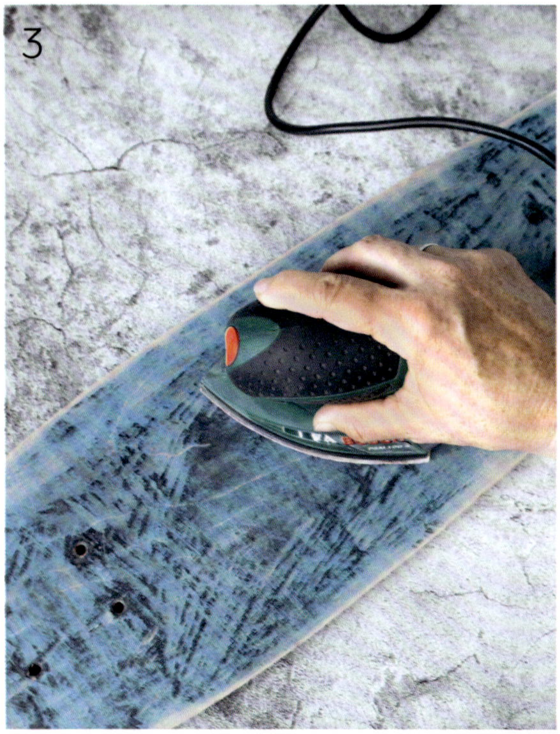
3

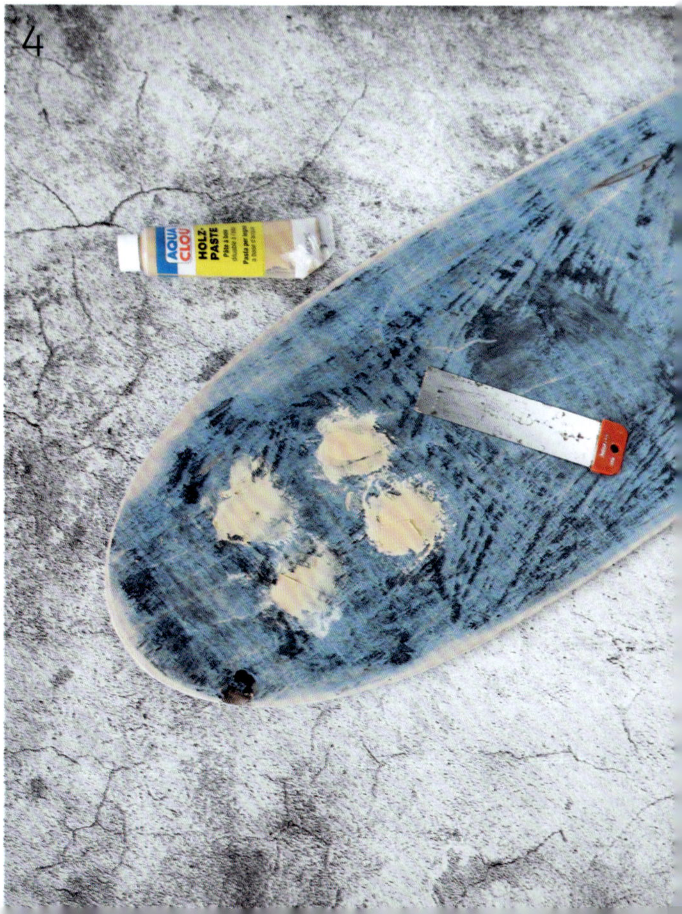
4
AQUA CLOU
HOLZ-PASTE

Und so geht's

MATERIAL

- altes Skateboard
- Schraubendreher
- altes Messer
- Verdünner
- alter Lappen
- Schleifmaschine
- Holzpaste
- Spachtel
- Acryllack
- Klarlack
- Farbrolle
- Pinsel
- 2 Holzleisten 20 x 30 mm stark, 90 cm lang
- Säge
- Holzleim
- Schraubzwingen

1. Als Erstes schraubt man die Achsen mit den Gummirollen auf der Unterseite ab.

2. Dann muss man auf der Oberseite das Griptape entfernen. Am besten mit einem alten Messer anheben und Stück für Stück abziehen. Manchmal geht das in einem Rutsch. Wenn nicht, muss man die Fläche mit Verdünner vom Kleber befreien. Das kann sehr mühsam sein und oft muss man ihn tatsächlich abkratzen.

3. Als Nächstes wird geschliffen. Das geht am besten mit einer kleinen Schleifmaschine. Die Oberfläche, die Kanten und auch die Unterseite sollten anschließend schön glatt sein.

4. Wer die Löcher der alten Schrauben nicht mag, spachtelt diese mit etwas Holzpaste aus. Nach dem Antrocknen noch einmal glatt schmirgeln.

Alternativ lässt man die Löcher und dreht später zur Zierde ein paar schöne Schrauben hinein.

... es geht weiter

TIPP: WER SICH ALL DIE MÜHE, EIN ALTES DECK AUFZUARBEITEN, SPAREN MÖCHTE, KANN SICH IM INTERNET AUCH DECKS SPEZIELL FÜR DEN MÖBELBAU BESTELLEN. ADRESSEN AUF SEITE 158.

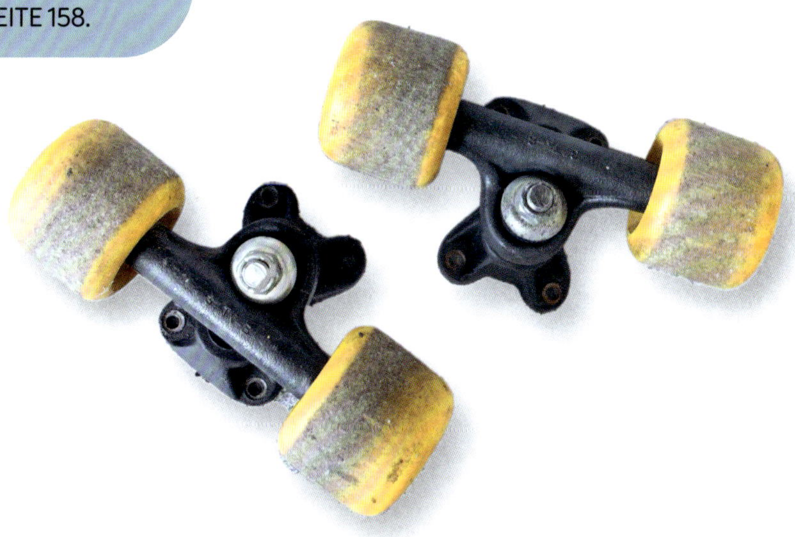

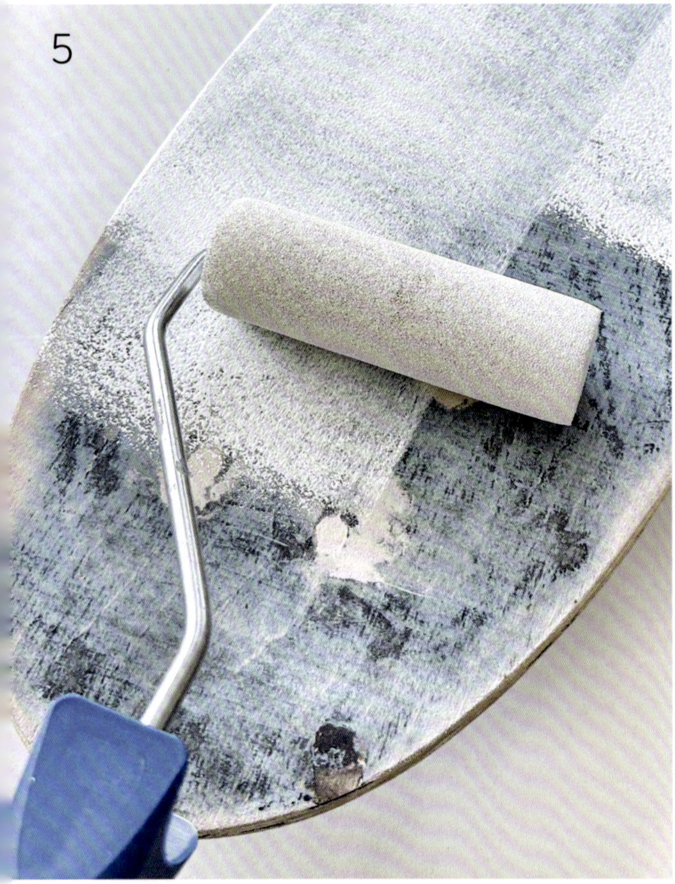
5

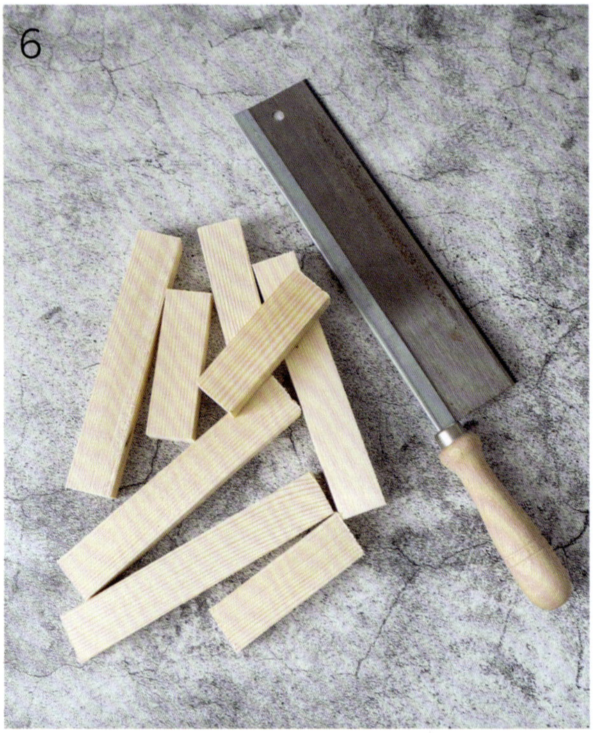
6

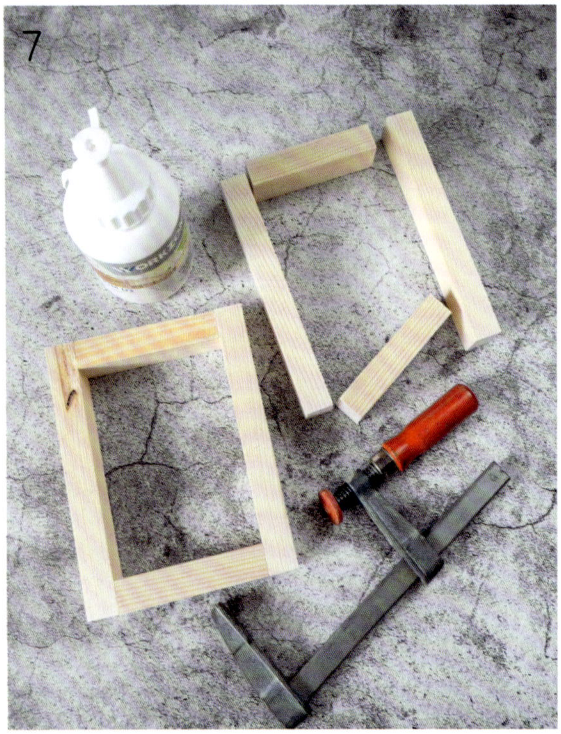
7

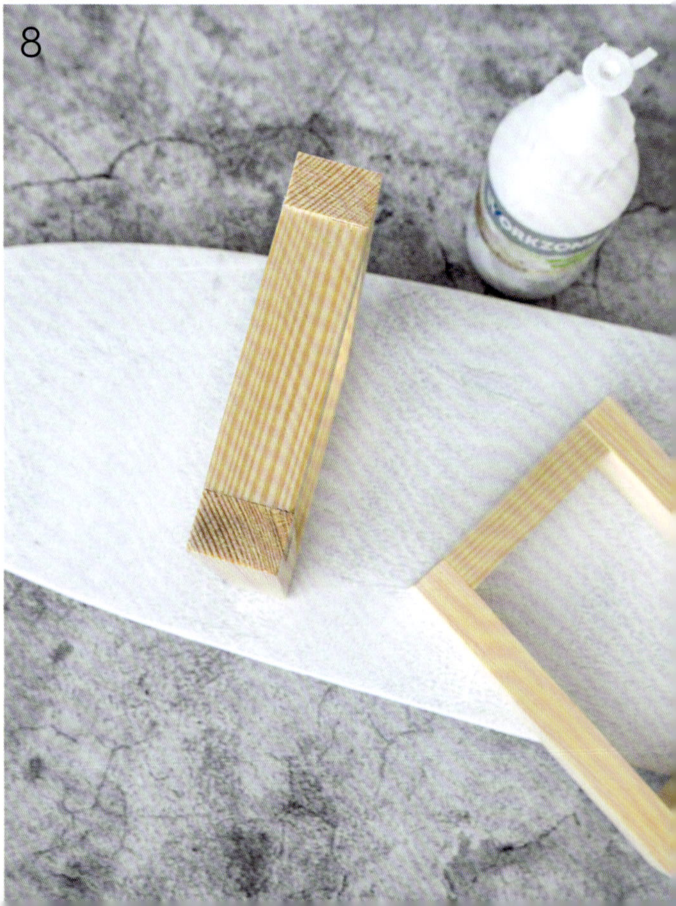
8

5. Jetzt endlich kann man das Board, das übrigens „Deck" heißt, mit weißer Acrylfarbe lackieren. Nach Angaben des Herstellers zwei bis drei Schichten auftragen. Das geht am besten und gleichmäßigsten mit einer Rolle.

6. Während die Farbschichten trocknen, kann man schon mal die Füße des Boards zuschneiden. Es gibt solche Leisten in 90 cm oder 100 cm Länge. Für die Füße in diesem Beispiel benötigt man zwei Leisten à 90 cm.

Man sägt dann vier Stücke à 16 cm und vier Stücke à 10 cm zurecht.

7. Nun klebt man mit Holzleim jeweils zwei kleine Rahmen. Am besten mit Schraubzwingen fixieren und den Leim gut aushärten lassen. Später dann mit Klarlack streichen.

Das Deck, wenn es komplett durchgetrocknet ist, ebenfalls mit einer Schicht Klarlack überziehen, um so die weiße Lackschicht besser zu schützen.

8. Nachdem alle Lackschichten getrocknet sind, dreht man das Board um und klebt mit Holzleim die beiden Rahmen als Fußteil an der Unterseite fest.

TIPP: FÜR MEHR STABILITÄT KANN MAN DIE HOLZFÜSSE NOCH EINMAL VON OBEN VERSCHRAUBEN. DANN ALLERDINGS SIEHT MAN WIEDER DIE SCHRAUBENKÖPFE AUF DEM DECK.

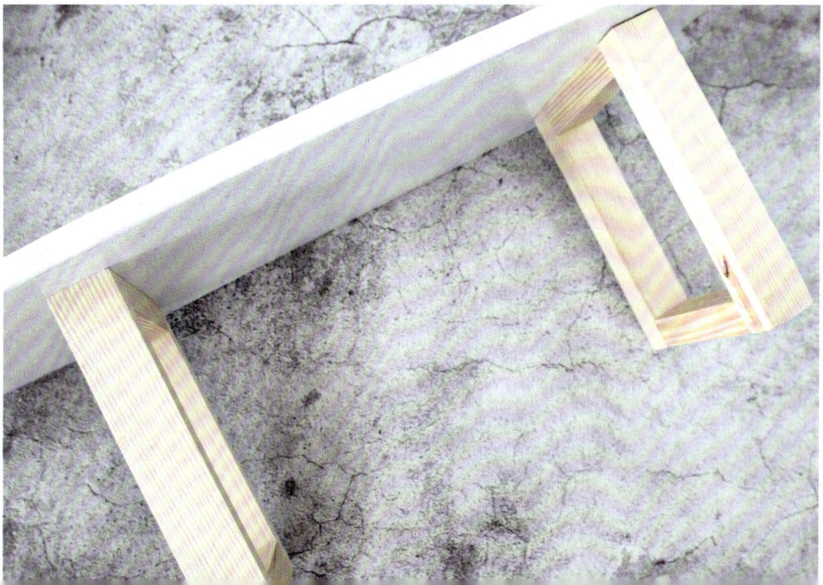

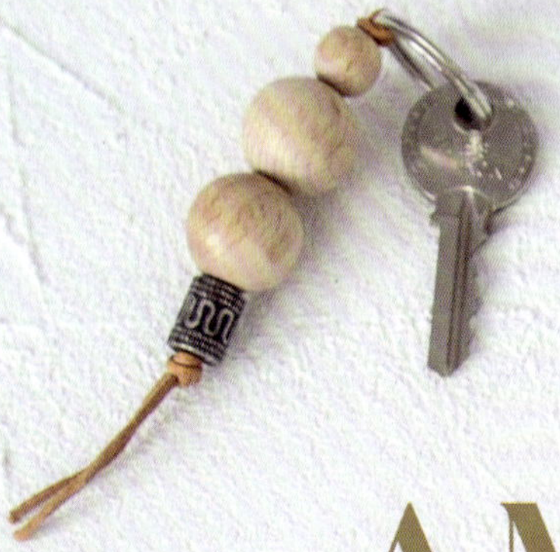

AM HAKEN

Garderobe aus Kleiderbügeln

SO EIN BISSCHEN HAT MAN DAS GEFÜHL, HIER STIMMT DOCH WAS NICHT! ABER ES IST ALLES RICHTIG. EINEN EXTRA KLEIDERBÜGEL BENÖTIGT MAN NICHT. ES IST ALLES DA, WAS MAN BRAUCHT.

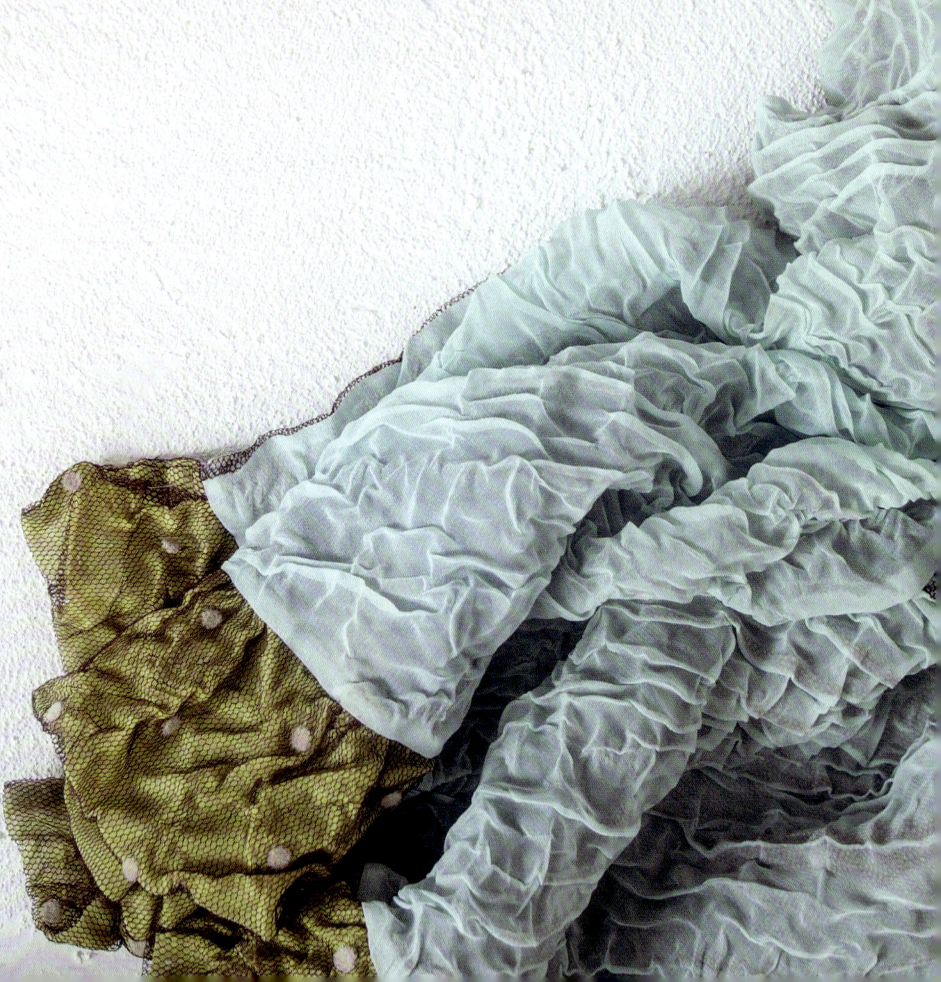

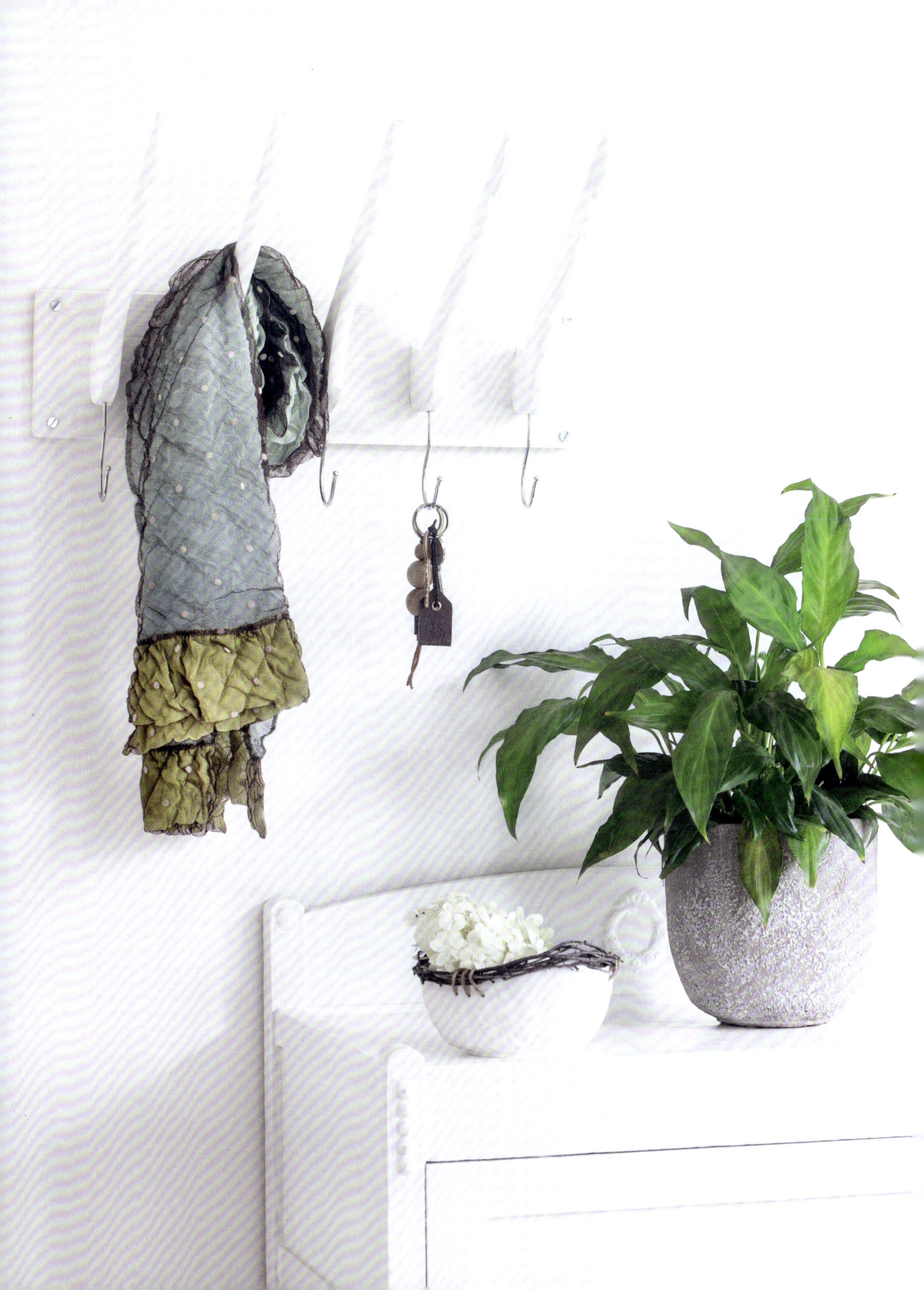

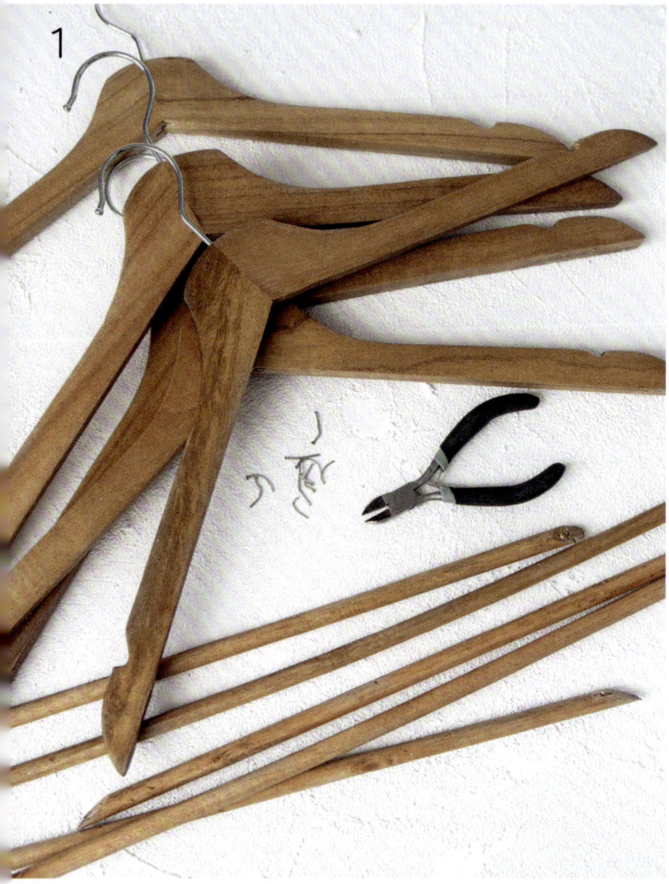
1

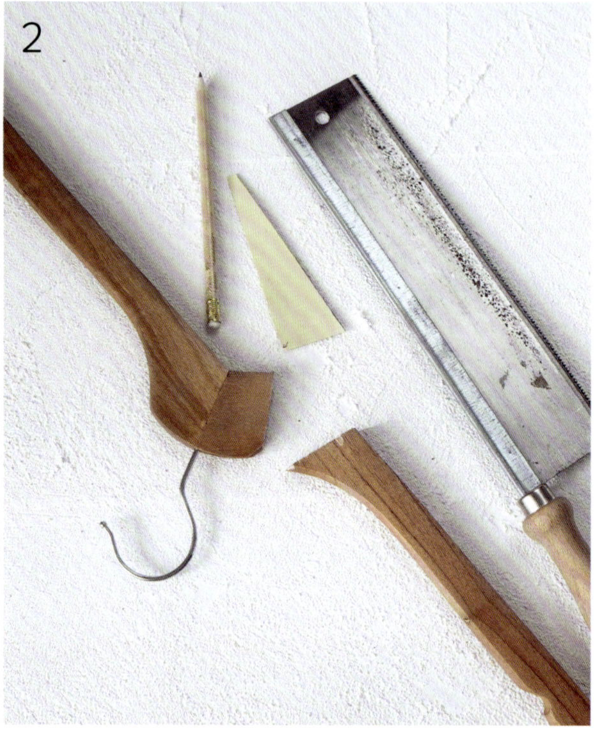
2

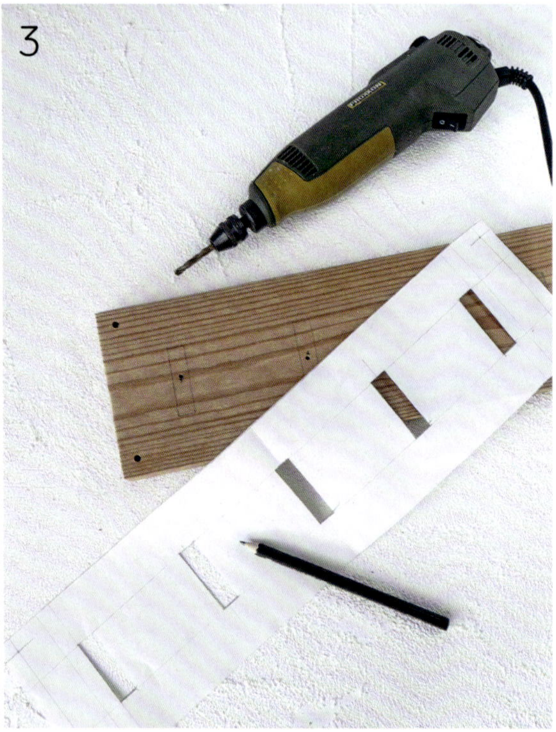
3

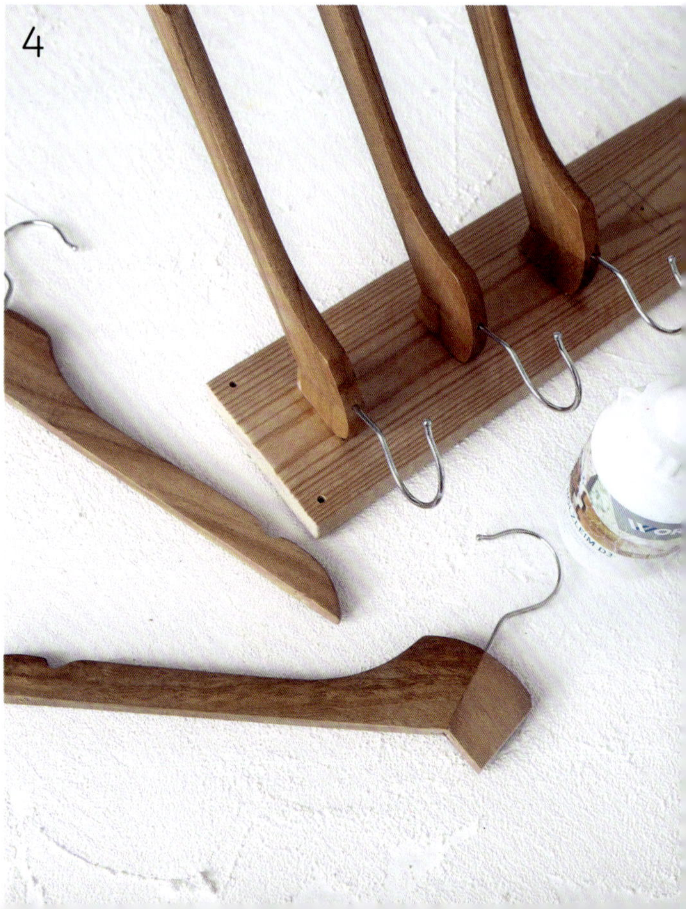
4

Und so geht's

MATERIAL

- 5 Holzkleiderbügel
- Holzbrett (10 cm x 40 cm)
- Zange
- Säge
- Pappe
- Stift
- Schmirgelpapier
- Malerkrepp
- Bohrer
- Schraubendreher
- passende Holzschrauben
- Lackfarbe
- Pinsel
- Holzleim

1. Sollten die Holzbügel noch einen Halter für Hosen haben, muss man diesen zuvor entfernen. Ein bisschen biegen und drehen und anschließend mit einer Zange die Metallstifte lösen, mit denen die Holzstange befestigt ist.

2. Um alle Bügel gleichmäßig zu sägen, fertigt man sich am besten eine kleine Pappschablone an, mit der man den Schnitt anzeichnet. Dann alle fünf Bügel absägen und die Kanten mit etwas Schmirgelpapier glätten.

3. Um die Bügel gleichmäßig zu verteilen, fertigt man sich auch hier am besten eine Schablone an. Die Positionen der Bügel aufzeichnen und in der Mitte jeder Markierung ein Loch für die Schraube bohren. Zusätzlich an den Ecken der Holzplatte Löcher bohren, um das Brett später an die Wand schrauben zu können.

4. Dann die Bügel der Reihe nach mit Holzleim aufkleben. Da sie anfangs nicht von selbst halten, muss man sie ein wenig von hinten abstützen. Ist der Leim fest, dreht man von der Rückseite der Platte die Schrauben ein.

5. Die Haken der Bügel mit Malerkrepp abkleben und alle Holzteile mit weißer Lackfarbe streichen.

TIPP: WER SICH EIN PAAR SCHRITTE SPAREN MÖCHTE, NIMMT GLEICH WEISS LACKIERTE KLEIDERBÜGEL. AM BESTEN OHNE HOSENHALTER.

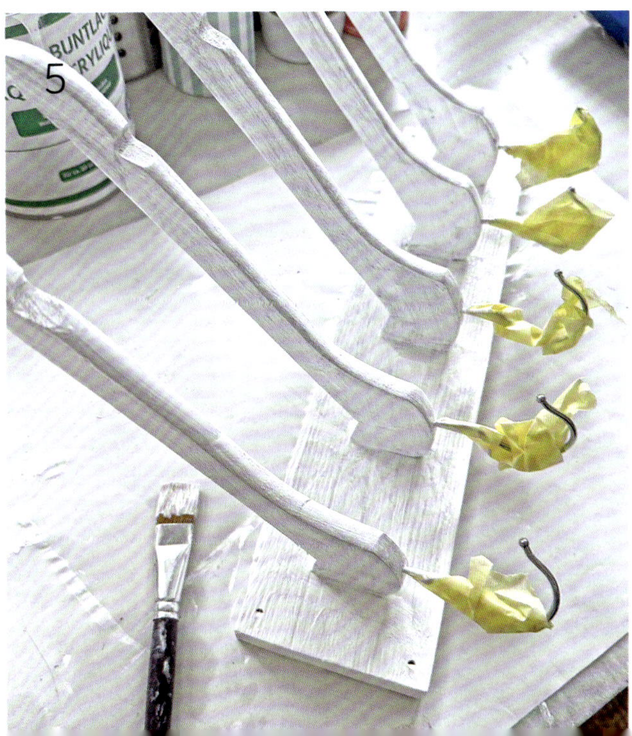

KUNSTOBJEKT

Pappschale mit Drahtgeflecht

MANCHE SACHEN SIND EINFACH NUR DAFÜR GEDACHT, SIE HINZUSTELLEN UND SICH DARAN ZU FREUEN. VOR ALLEM, WENN ES EIN OBJEKT IST, DAS MAN SELBST GESTALTET HAT.

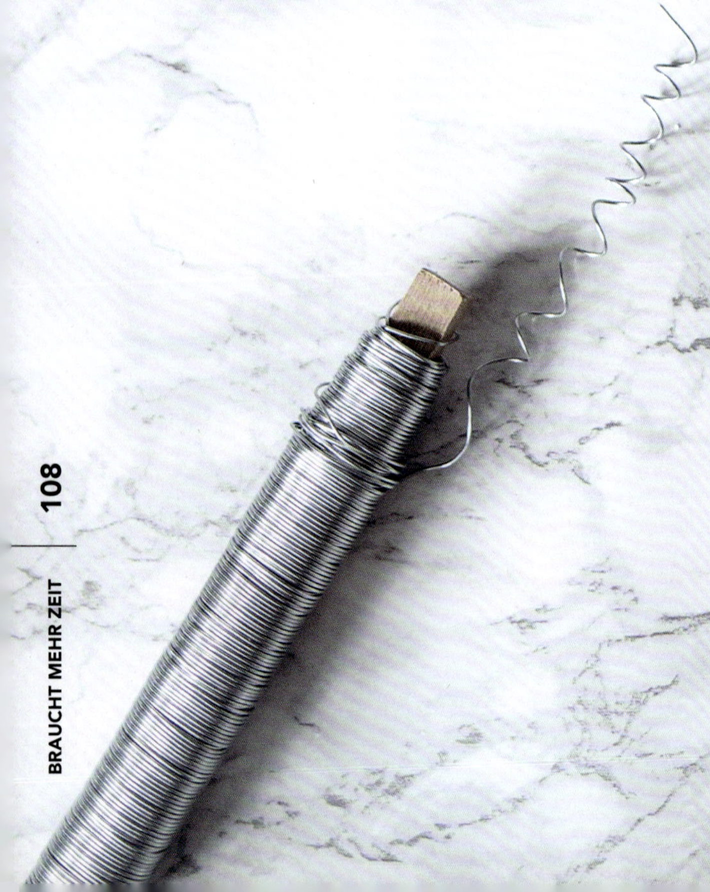

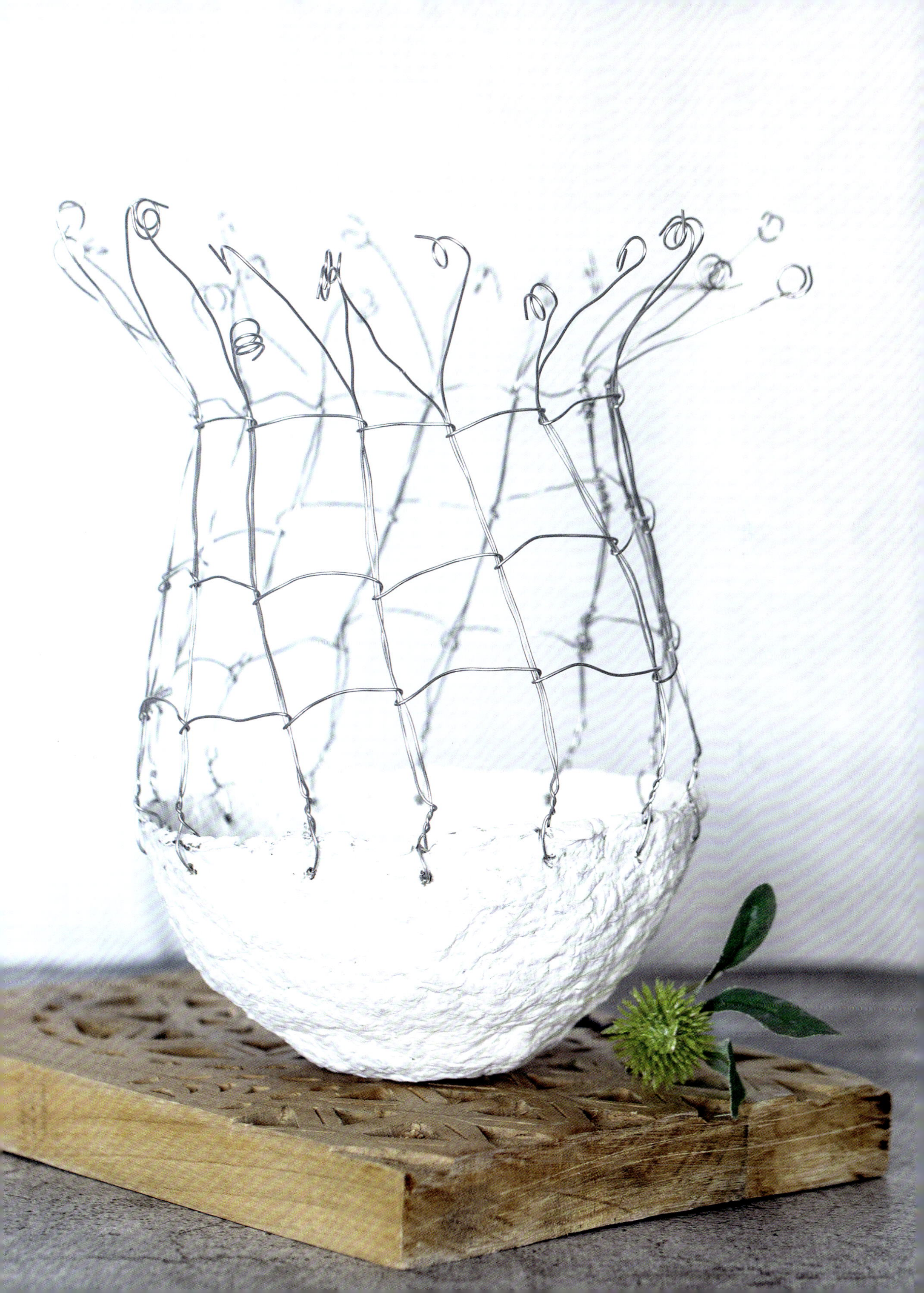

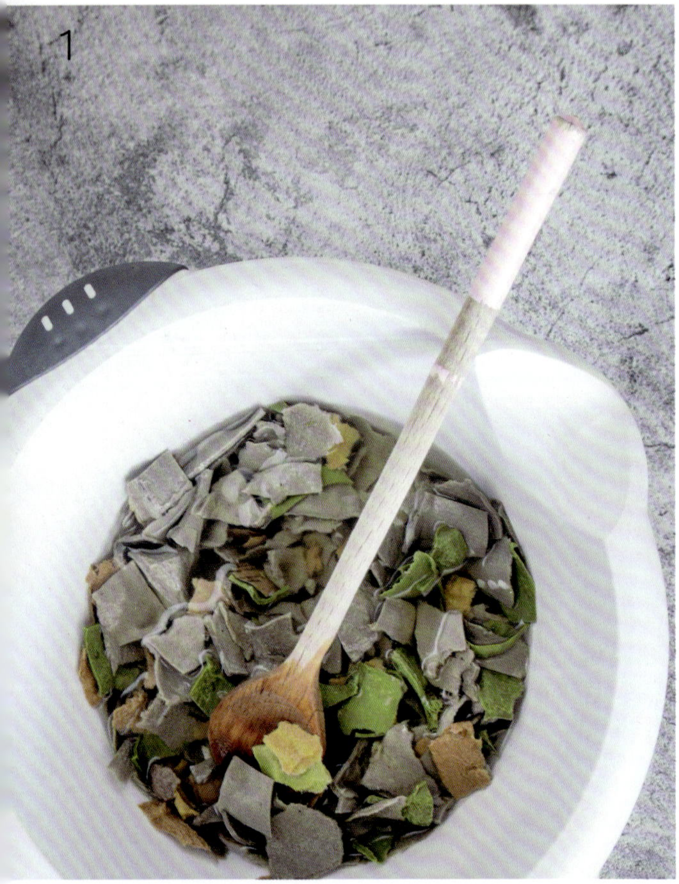
1

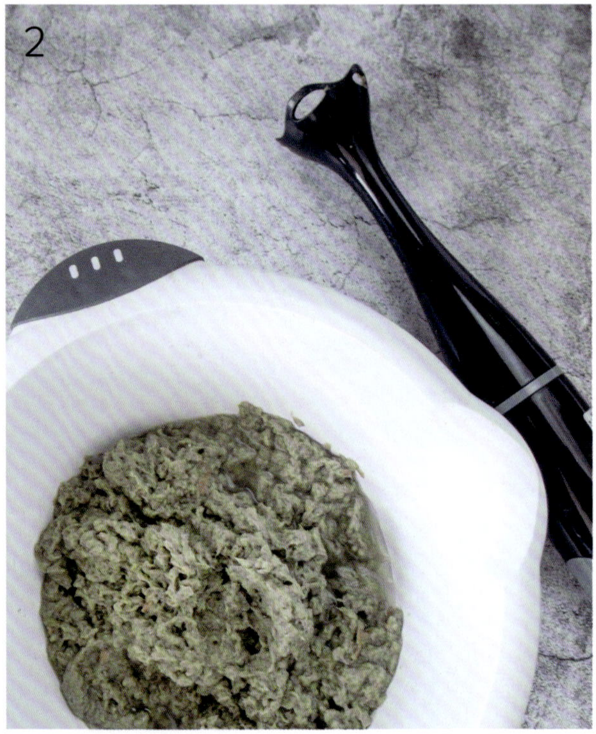
2

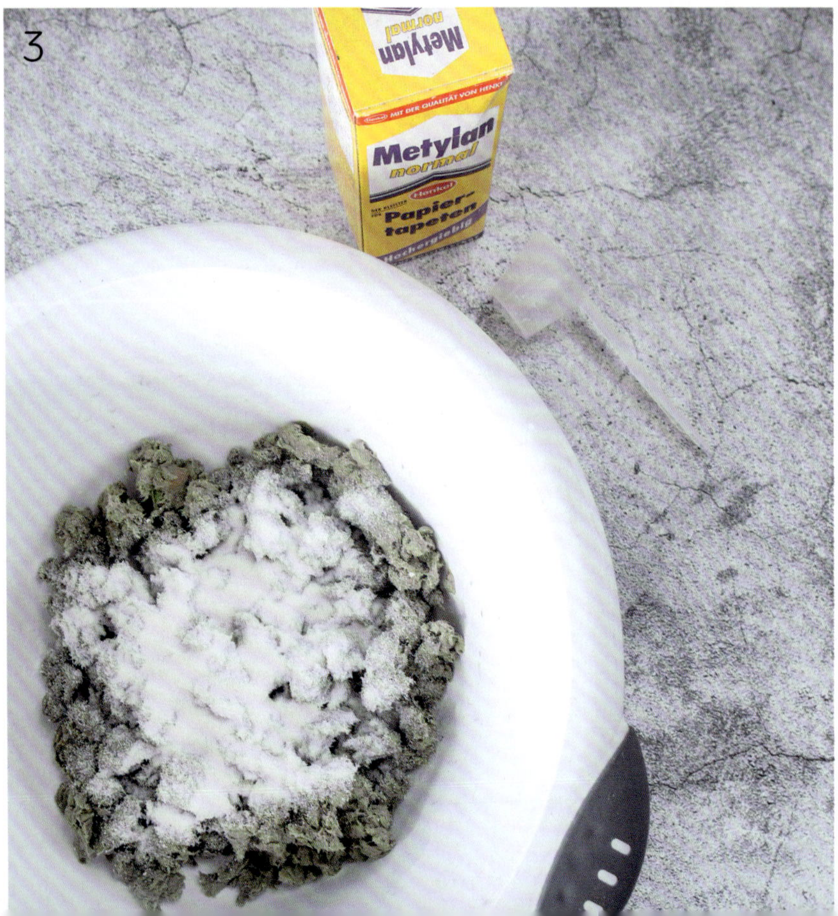
3
Metylan
normal
Henkel
Papier-
tapeten

Und so geht's

MATERIAL

- Eierkartons
- Wasser
- Schüssel
- Pürierstab
- altes Geschirrtuch
- Tapetenkleister
- Mehl
- Salz
- Speiseöl
- Schale als Form
- Frischhaltefolie
- Lochstanze
- Acrylfarbe weiß
- Pinsel
- Draht
- Ahle/Lochstanze
- Seitenschneider
- Holzstab

1. Für eine Schale mittlerer Größe ca. 100 g Eierkarton zerkleinern und in einer Schüssel mit kochendem Wasser übergießen, oder über Nacht einweichen lassen.

   Wenn man später das Objekt noch anmalen möchte, ist die Farbe des Eierkartons erst einmal egal. Er kann also auch grün oder gelb sein.

2. Die weich gewordene Papiermasse mit einem Pürierstab zerkleinern. Darauf achten, dass auch alle Stücke püriert sind. Eventuell etwas Wasser nachgießen.

3. Über dem Waschbecken das Tuch ausbreiten, die Masse hineingeben und das meiste Wasser herausdrücken. Anschließend fein zerkrümeln und ca. 2 El. Kleister, 8 EL Mehl, 2 TL Salz und 2 TL Öl hinzugeben.

4. Die Masse nun gut durchkneten, um einen geschmeidigen Teig zu erhalten. 20-30 Minuten quellen lassen, zwischendurch immer mal wieder durchkneten.

... *es geht weiter*

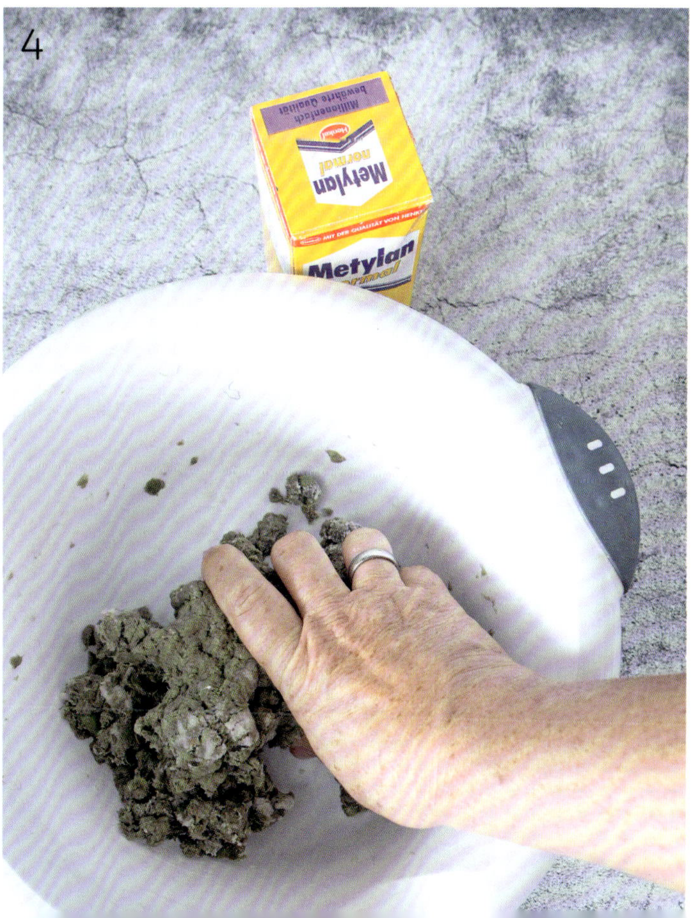

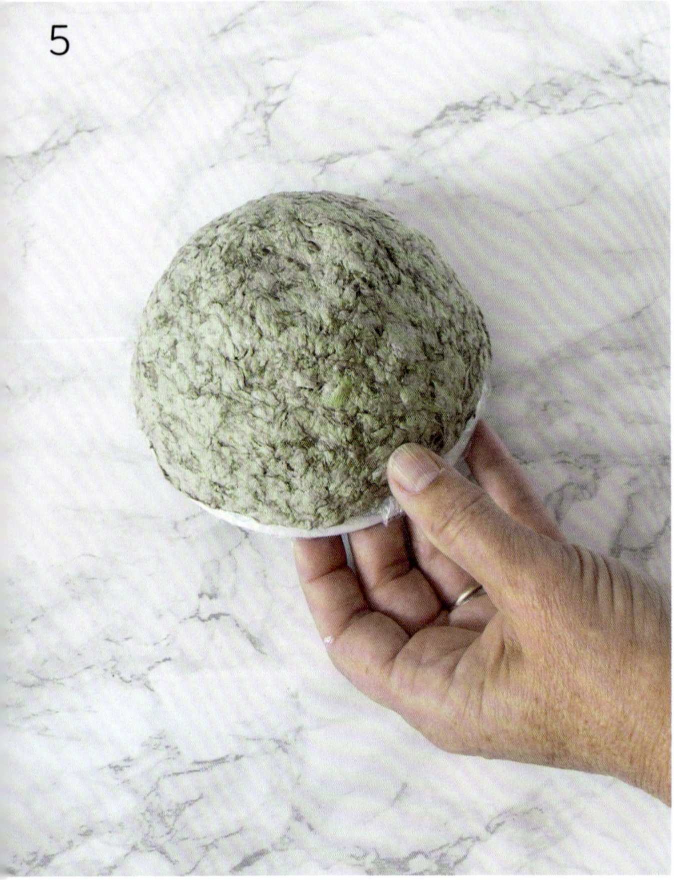
5

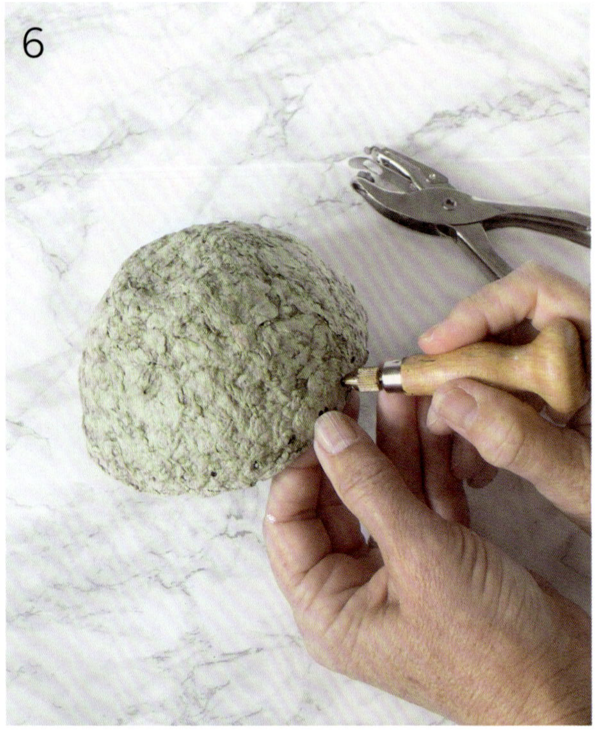
6

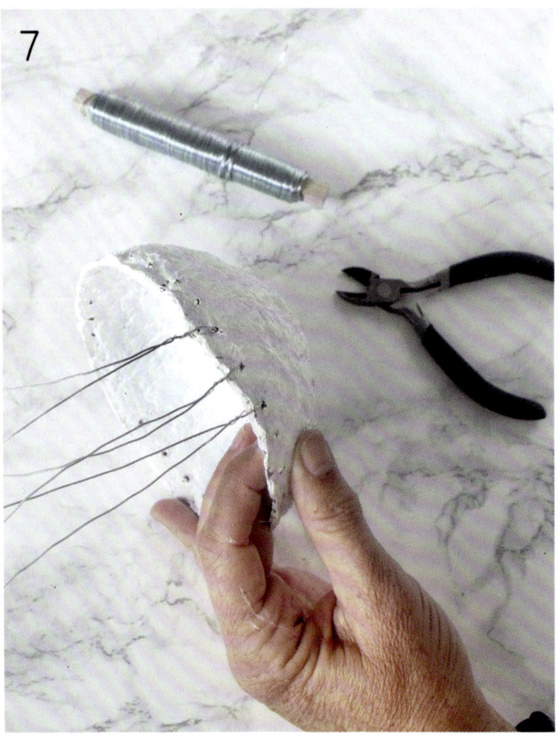
7

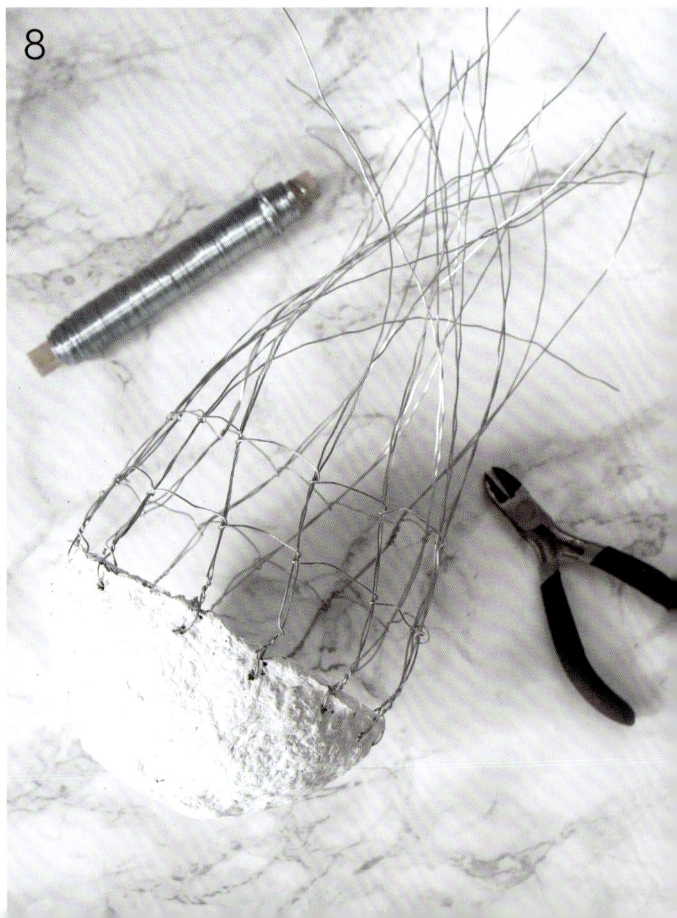
8

5. Eine kleine Schale mit Frischhaltefolie abdecken und die Masse gleichmäßig darauf verteilen. Anschließend 2-3 Tage trocknen lassen. Sollte beim Entformen die Masse innen noch feucht sein, nochmals 1-2 Tage trocknen lassen.

6. Dann mit einem Locher oder einer Ahle am Rand Löcher mit einem Abstand von ca. 2 cm stechen. Anschließend innen und außen weiß anmalen und trocknen lassen.

7. Nun ca. 50 cm lange Drahtstücke schneiden, durch die Löcher ziehen und in der Hälfte am Rand miteinander verzwirbeln.

8. Ein genügend langes Stück Draht abzwicken und nun mit dem Verbinden der einzelnen Stränge beginnen. Dabei den Draht jeweils um die zwei senkrechten Drähte wickeln. 2- bis 3-mal wiederholen.

9. Die Enden der langen Drahtstücke kann man später auf einem kleinen Rundstab unterschiedlich lang einrollen.

9

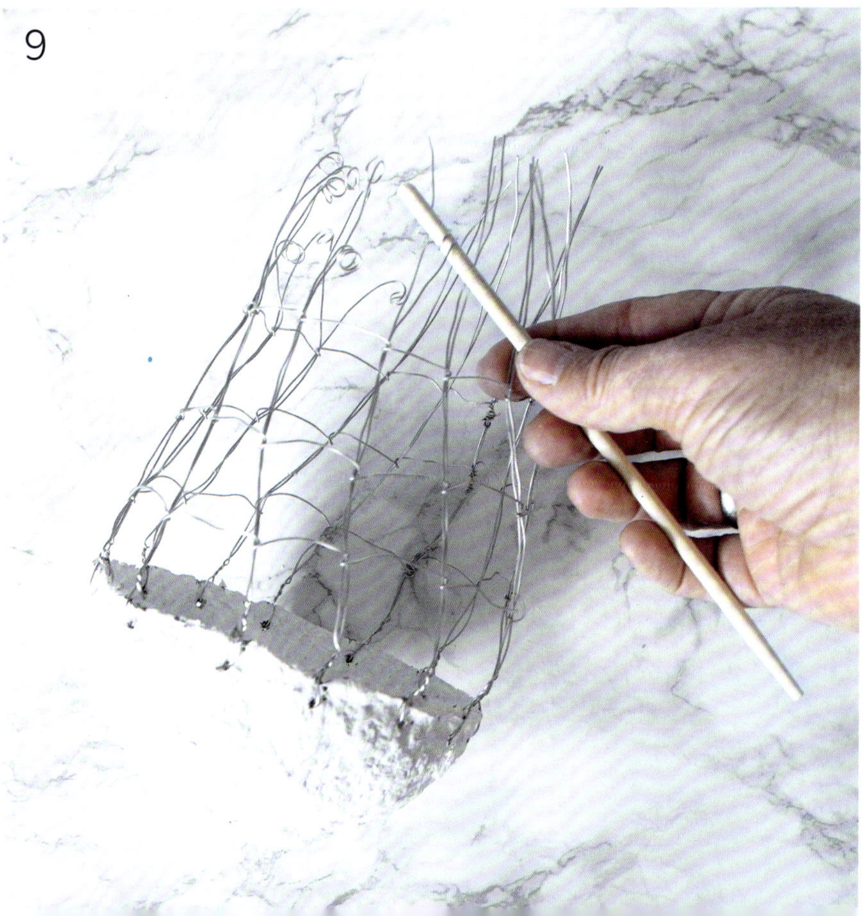

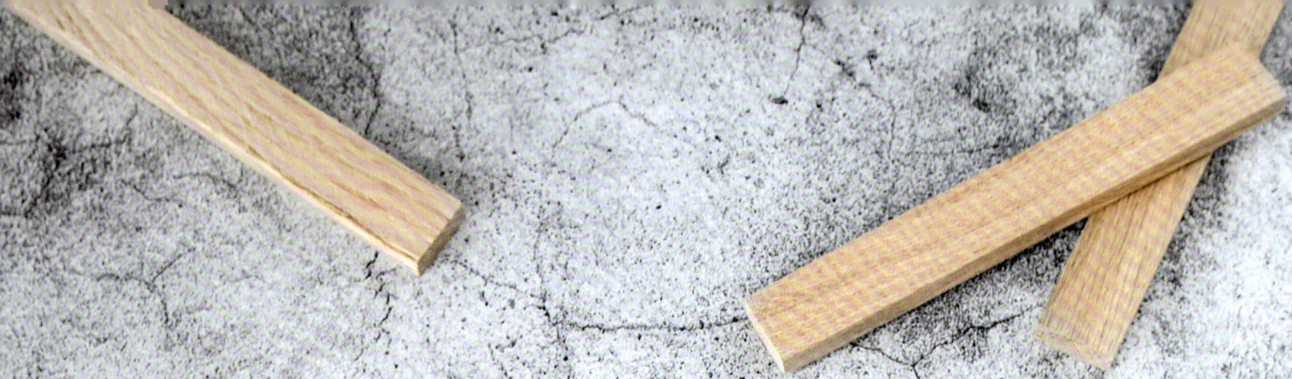

ÜBERSICHTLICH

Aufsteller für Karten und Fotos

LIEBE URLAUBSGRÜSSE, POPPIGE POSTKARTEN, EIN SCHNAPPSCHUSS VON DER LETZTEN REISE ODER EINE KINDERZEICHNUNG. IN DIESEM KARTENHALTER HAT ALLES PLATZ UND KANN STÄNDIG VERÄNDERT UND ERGÄNZT WERDEN.

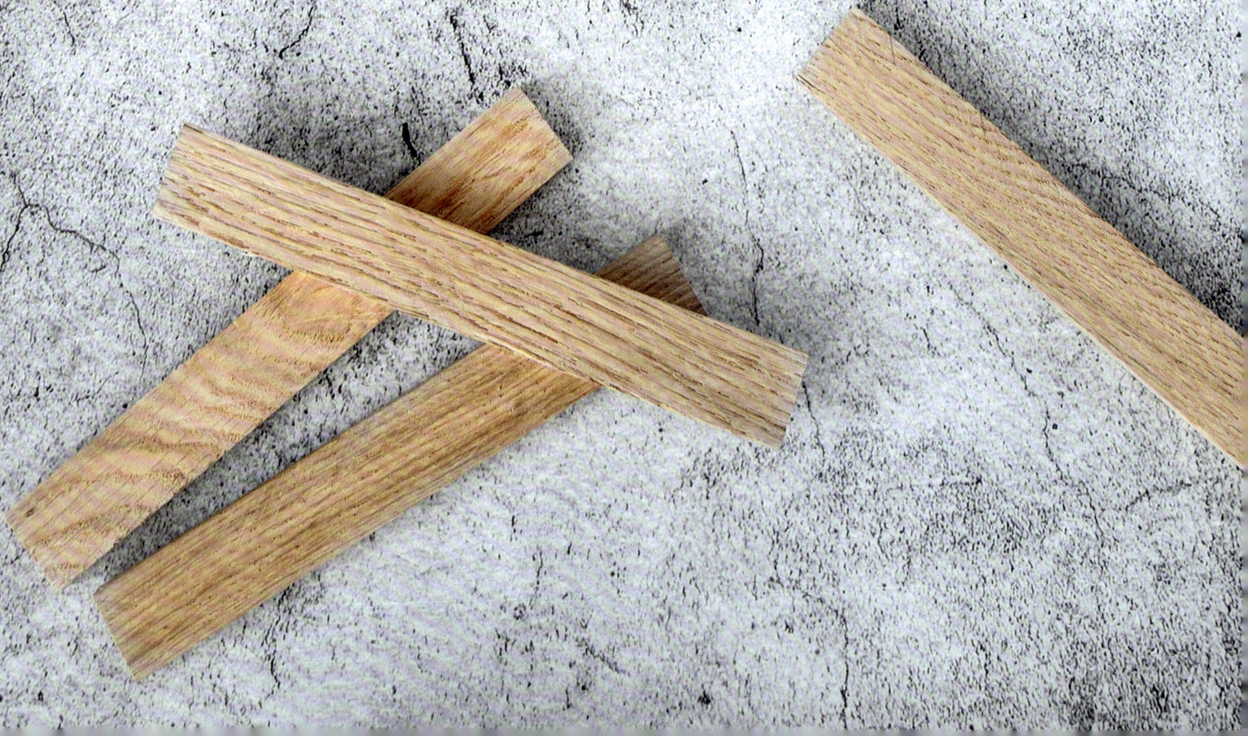

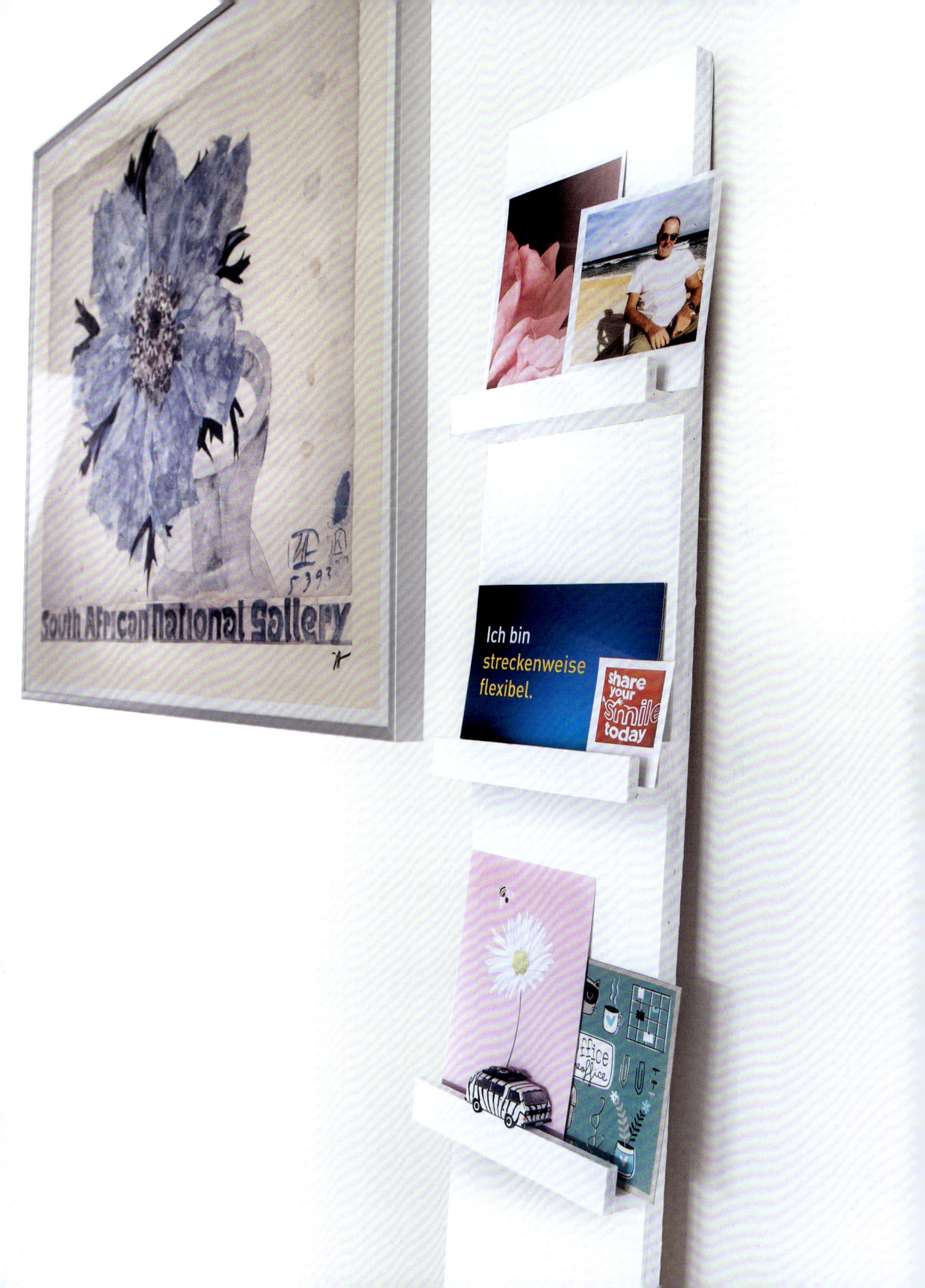
South African National Gallery
Ich bin streckenweise flexibel.
share your smile today
office

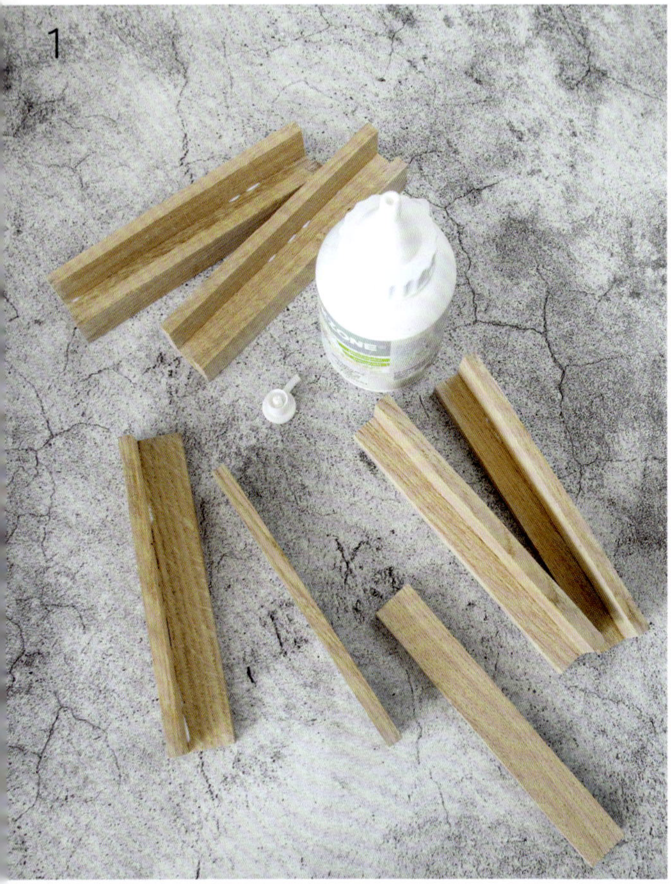

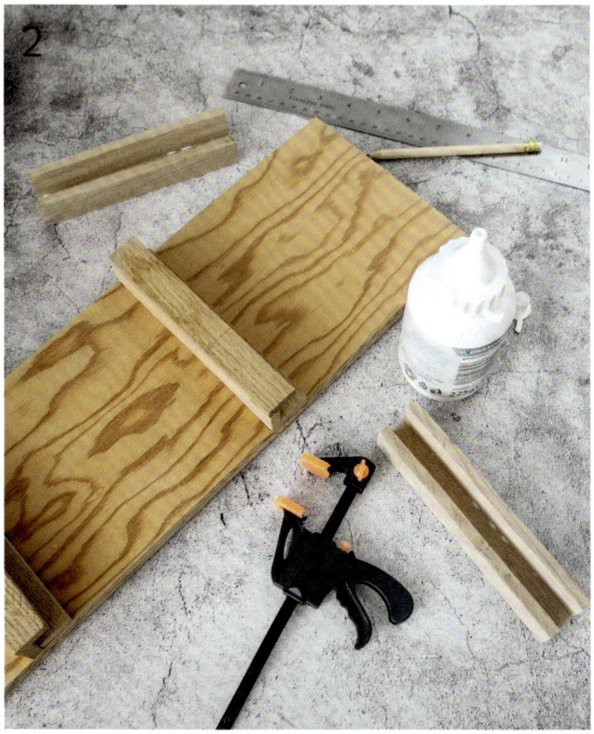

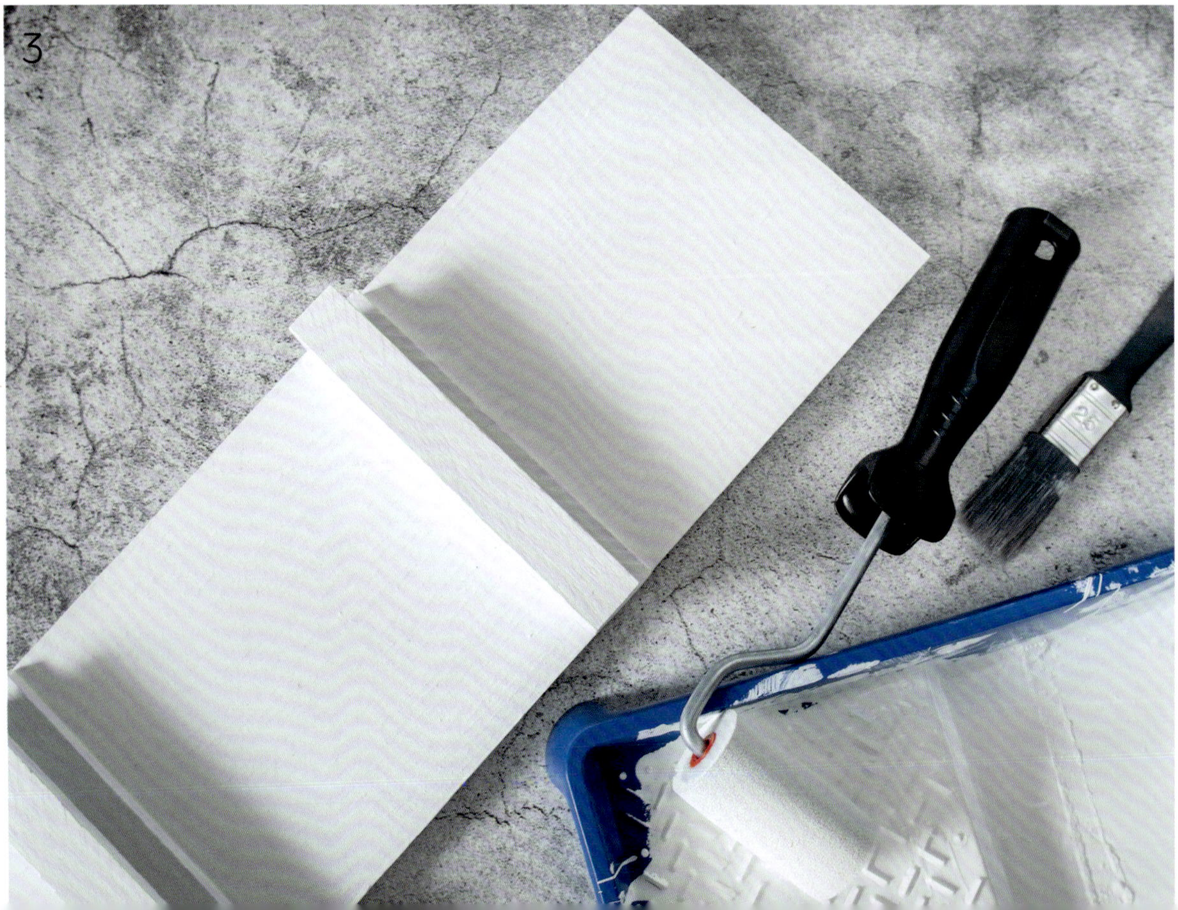

Und so geht's

MATERIAL

- 18 Holzleisten (23 mm x 160 mm x 6 mm)
- Holzbrett Zuschnitt (16 cm x 160 cm)
- Lineal
- Holzleim
- Stift
- optional Klemmzwingen
- Acryllack weiß
- Pinsel

1. Als Erstes klebt man alle kleinen Halteleisten im rechten Winkel zusammen (siehe auch Zeichnung). Die Anzahl ergibt sich aus der Länge des Brettes bzw. aus den Abständen, mit denen sie später aufgeklebt werden sollen.

2. Ist der Kleber fest, kann man die einzelnen Halteleisten auf das Brett kleben. Der Abstand sollte so gewählt sein, dass man später Postkarten im Hoch- oder Querformat hineinstellen kann. Die Leisten evtl. mit Klemmleisten fixieren.

3. Sind auch diese Leisten fest, kann man seinen Kartenhalter weiß lackieren. Es ist je nach Farbe notwendig, ein zweites Mal zu streichen. Nach dem Trocknen der Farbe den Kartenhalter einfach an die Wand stellen.

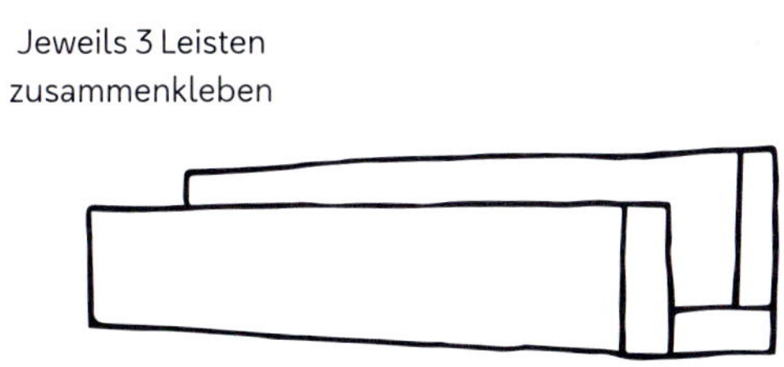

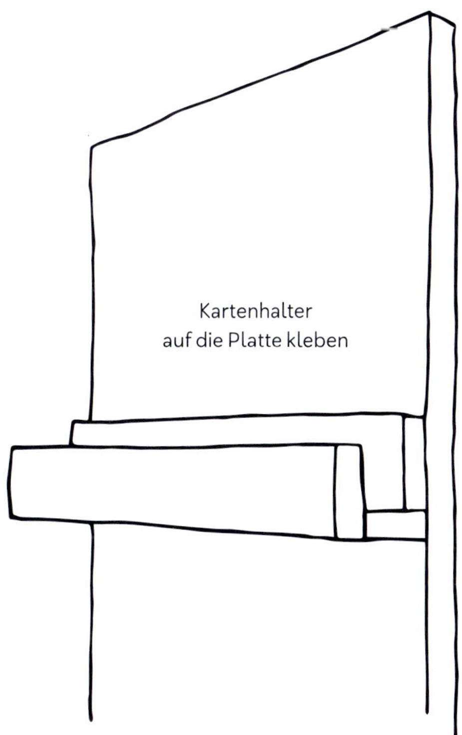

TIPP: ALS LEISTEN KANN MAN ENTWEDER STÄBCHENPARKETTRESTE VERWENDEN ODER FERTIGE LEISTEN, DIE ES EBENFALLS ZU KAUFEN GIBT. ADRESSE AUF SEITE 158.

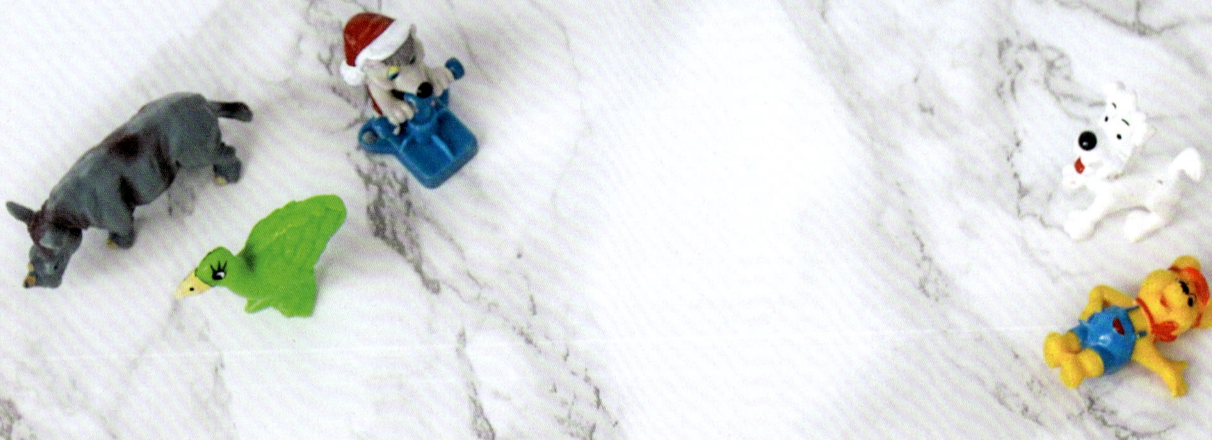

SAMMLER-STÜCKE

Tischlampe mit Spielzeugfiguren

WO IST NUR ALL DAS VIELE SPIELZEUG DER KIDS GEBLIEBEN? WER ES NICHT SCHON LÄNGST AUF EINEM FLOHMARKT VERKAUFT ODER WEITERVERSCHENKT HAT, HAT HIER NUN EINE WEITERE MÖGLICHKEIT DER PRAKTISCHEN VERWENDUNG.

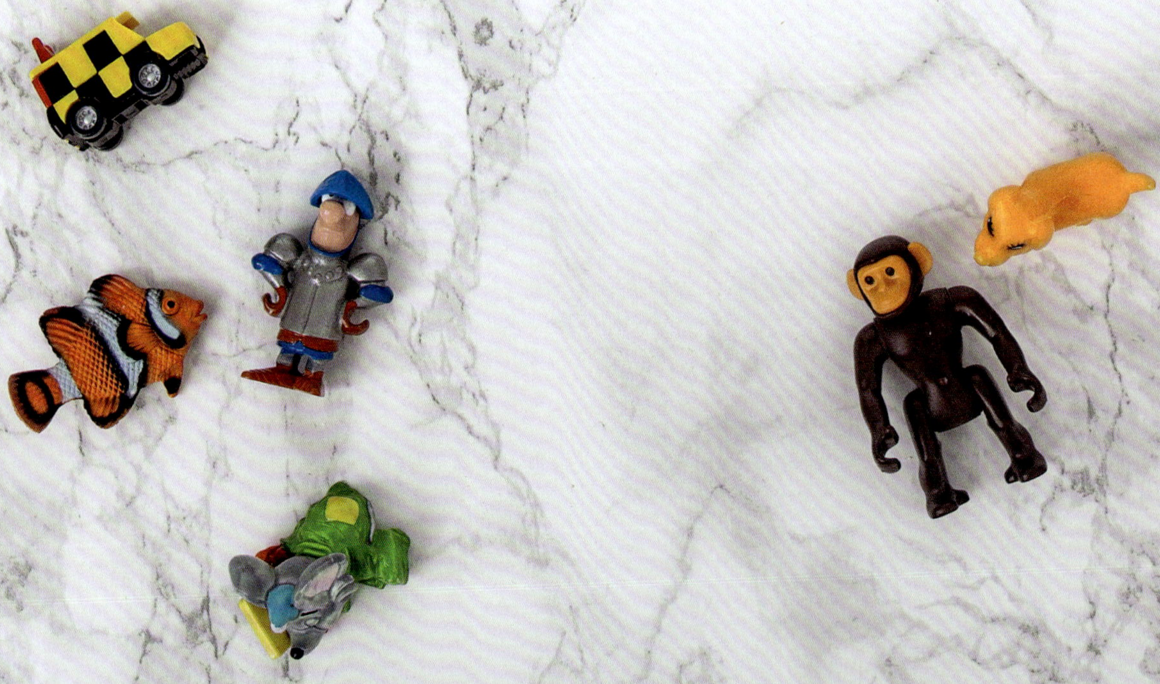

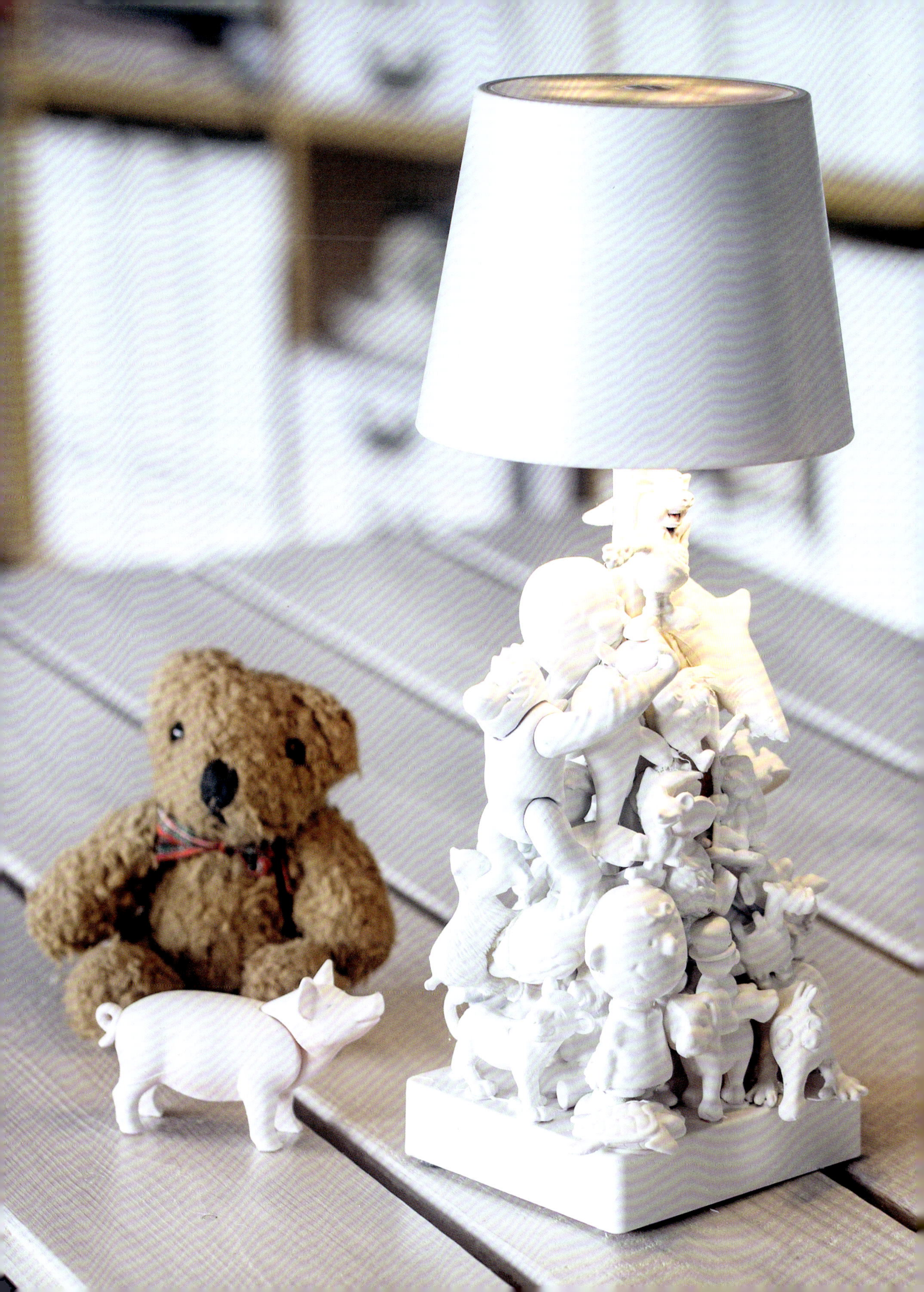

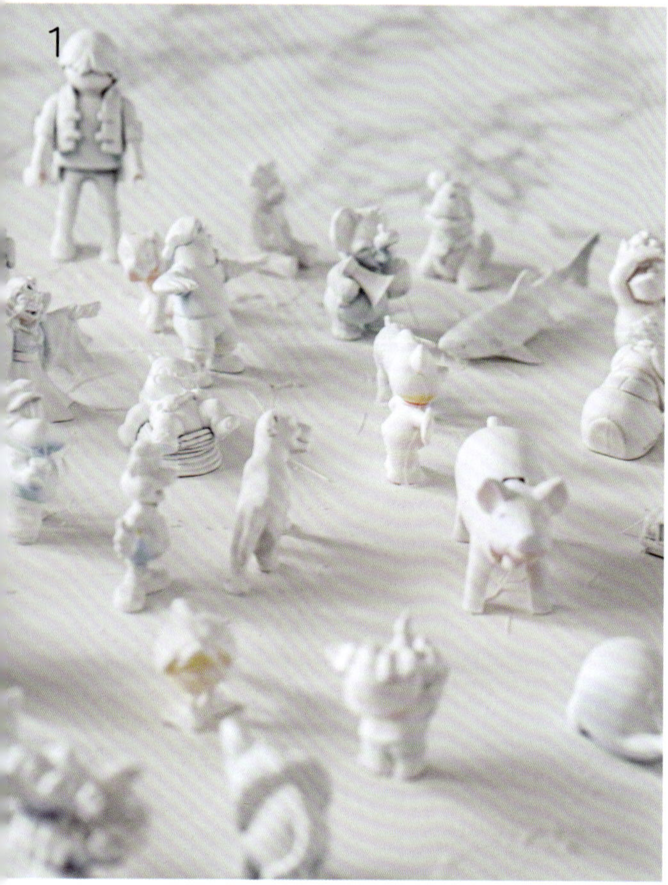
1

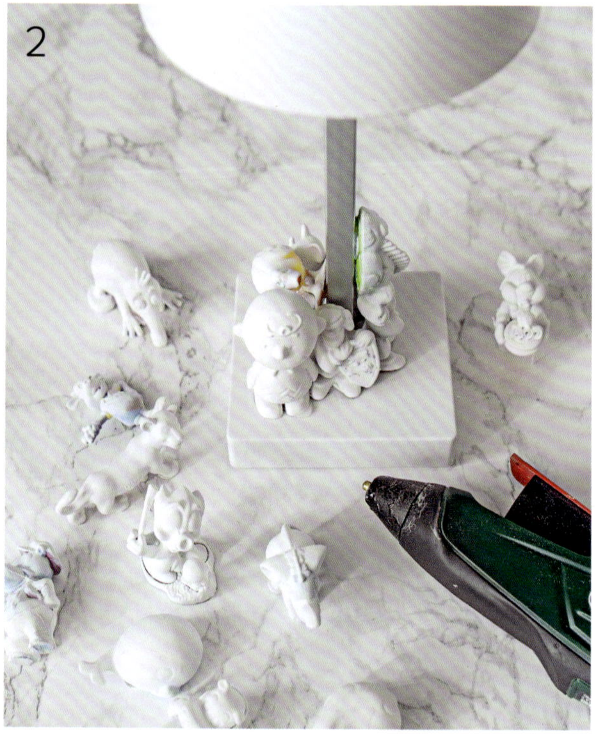
2

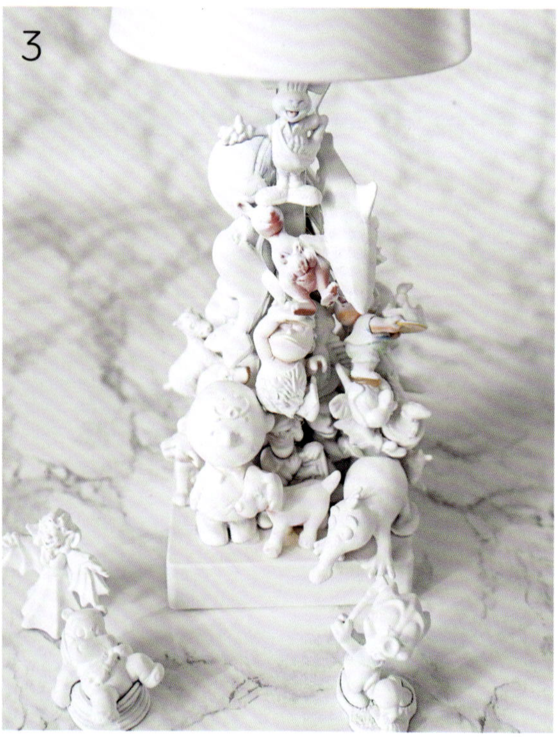
3

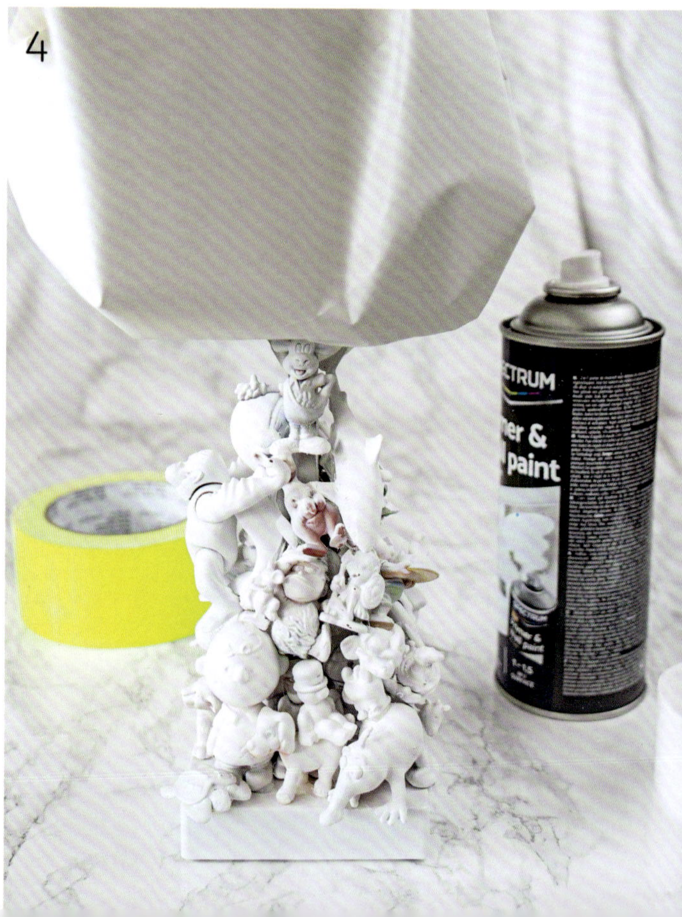
4

Und so geht's

MATERIAL

- ✱LED-Lampe mit aufladbaren Akkus
- ✱Spielzeugfiguren
- ✱Heißkleber
- ✱Papier
- ✱Klebeband
- ✱Sprühlack

1. Bevor man die kleinen Spielzeugfiguren an die Lampe klebt, ist es sinnvoll, sie vorzulackieren. So geht man sicher, dass auch unzugänglichere Stellen später weiß sind. Dazu die Figuren am besten mit ein wenig Heißkleber auf eine Unterlage kleben und mit Sprühlack lackieren. Das Aufkleben verhindert, dass die Figuren durch den Sprühstoß des Lackes umfallen. Auf ausreichende Belüftung achten oder am besten draußen an der frischen Luft arbeiten.

2. Sind alle Figuren (je nach Größe kommt da eine ganze Menge zusammen) vorlackiert, beginnt man mit dem Verkleben.

3. Nach und nach den Lampenfuß mit den Figuren umkleben. Nach oben hin dann weniger. Ein paar große Figuren für den Lampenfuß aufheben. Lücken dann mit ganz kleinen Teilen füllen.

4. Ist alles verklebt, deckt man mit Papier den Lampenschirm gut ab, sichert alles mit Klebeband und lackiert nun noch einmal den ganzen Figurenhaufen, bis alles richtig weiß ist. Dabei wieder auf gute Belüftung achten oder am besten draußen lackieren.

TIPP: KLEINE SPIELZEUGFIGUREN KANN MAN OFT GÜNSTIG AUF FLOHMÄRKTEN KAUFEN. ODER MAL BEI NACHBARN FRAGEN, DEREN KINDER BEREITS GROSS SIND.

LEICHTES SCHWERGEWICHT

Pappvase mit Henkel

SIEHT AUS, ALS WÄRE DIE VASE SUPERSCHWER. IST SIE ABER NICHT. DIE PAPPVASE IN RAUPUTZOPTIK WIEGT NUR 370 GRAMM UND KANN DAHER AUCH EASY AUF EINEM GLASTISCH STEHEN.

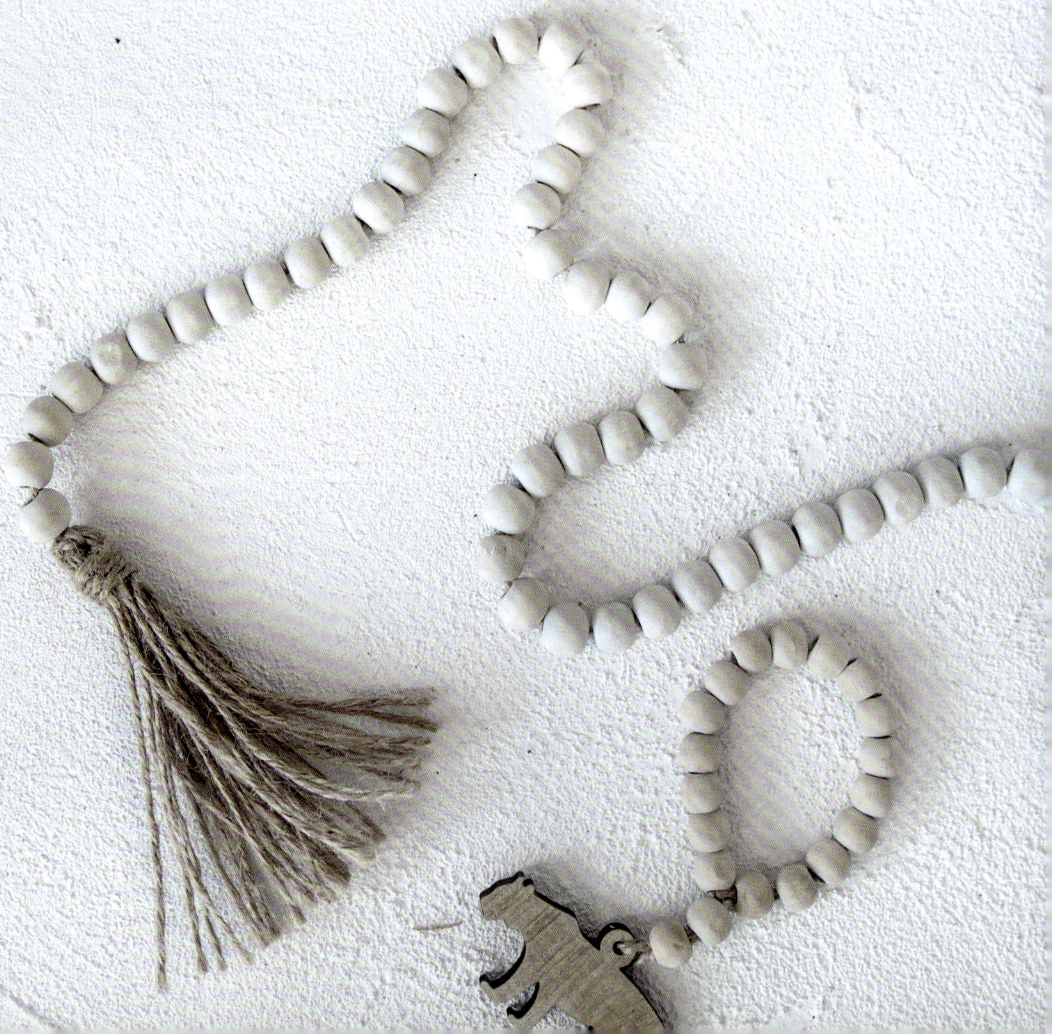

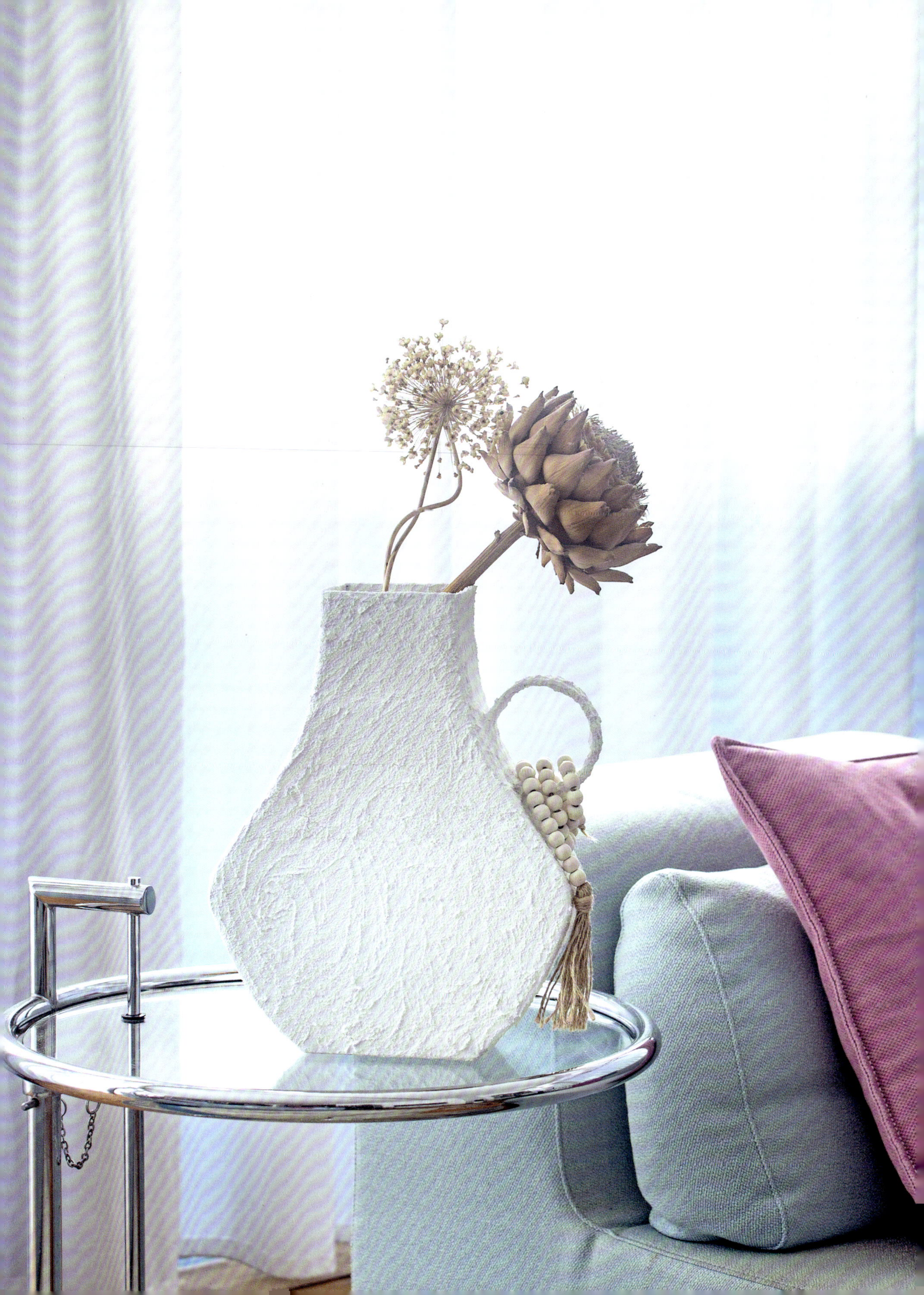

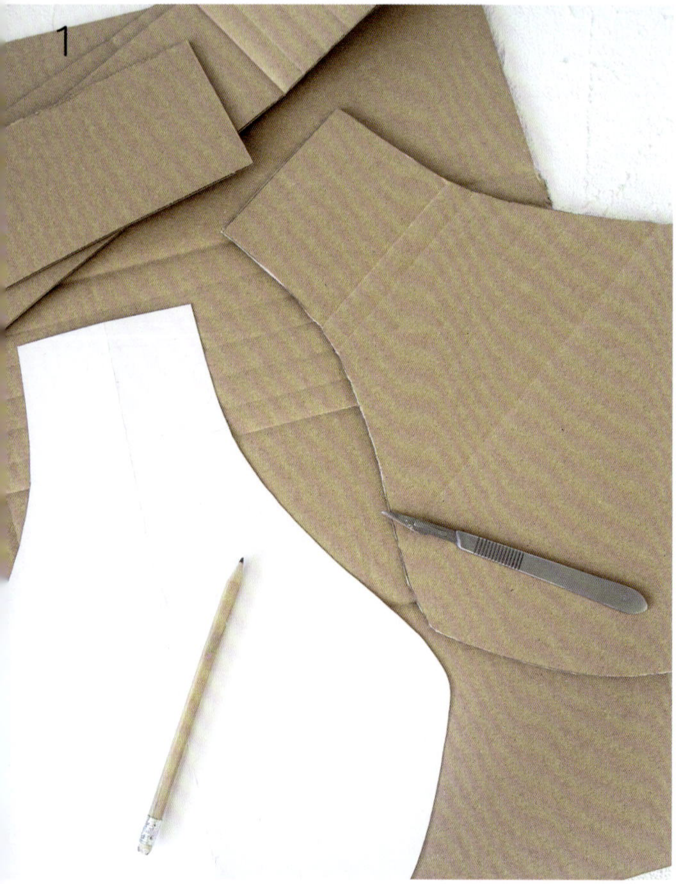
1

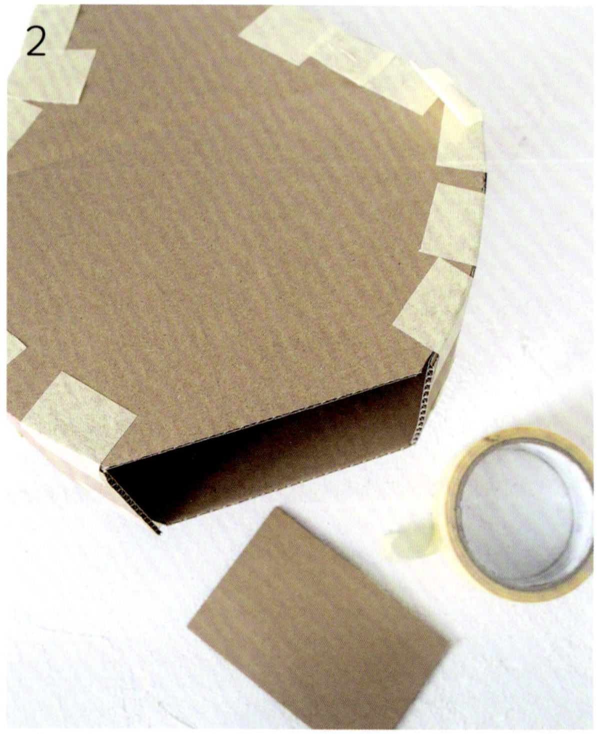
2

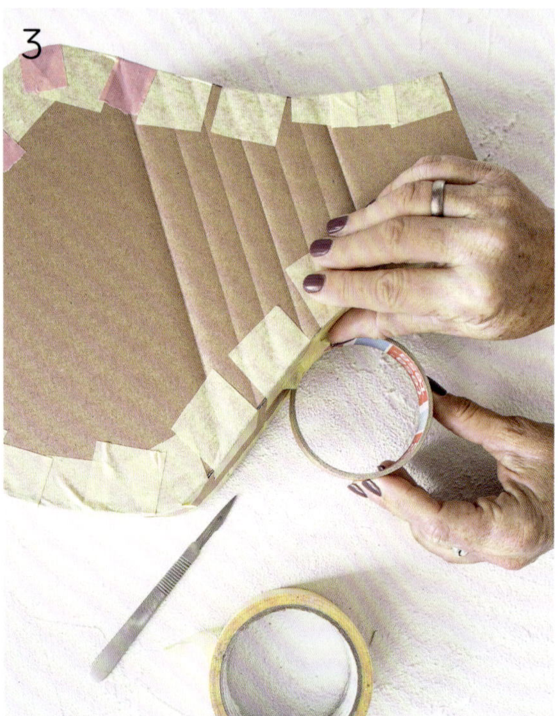
3

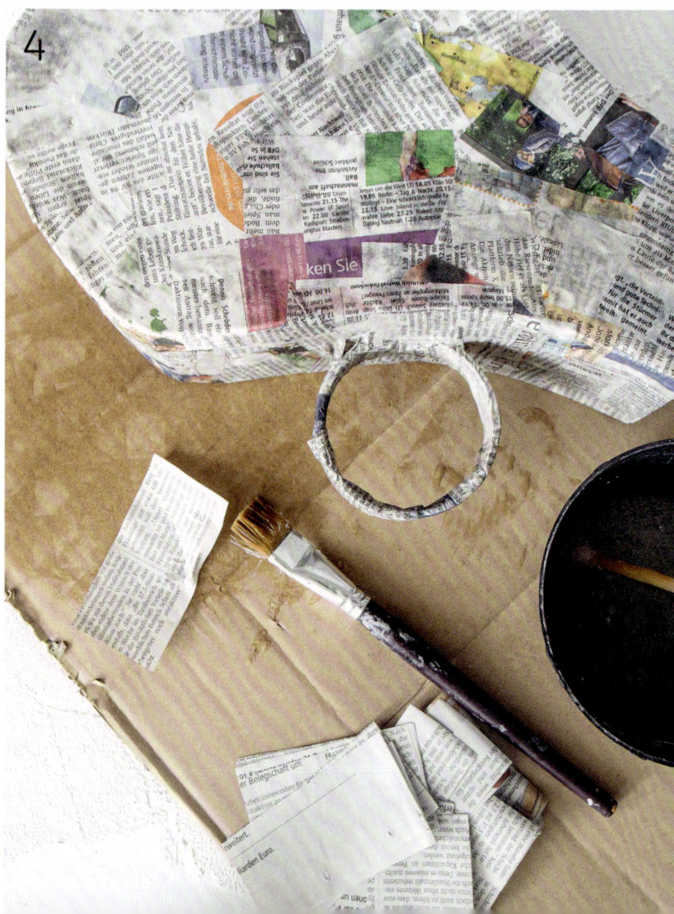
4

Und so geht's

MATERIAL

- Pappkarton
- Schablone
- Malerkrepp
- Stift, Lineal, Schere
- Maßband, Cutter
- Zeitungspapier
- Kleister
- Becher
- Pinsel
- Acrylfarbe
- Handschuhe
- Strukturpaste grob, ca. 250 ml
- Glas- oder PET-Flasche

1. Für solch eine Vase schneidet man sich zunächst eine Schablone zu. Dafür ein Stück festes Papier einmal in der Hälfte falten und die halbe Vase an der Faltkante anzeichnen. Anschließend ausschneiden und aufklappen - so erhält man eine symmetrische Form. Diese überträgt man dann zweimal auf einen festen Karton (z. B. von einer Versandkiste) und schneidet sie mit dem Cutter aus. Die Kantenlänge der Vase mit einem Maßband abmessen und noch zwei Streifen für die Seiten und ein Teil für den Boden schneiden. Die Breite ist abhängig von der Flasche, die später hineingestellt wird. Hier im Beispiel ist die Vase 34 cm hoch und 8,5 cm tief, sodass eine Weinflasche hineinpasst.

2. Nun die Seitenteile und den Boden mit kleinen Stücken Malerkrepp an die Flaschenform ankleben. So erhält man schon mal die spätere Form.

3. Für den Henkel an der Seite kann man das Innere einer leeren Klebebandrolle verwenden. Alternativ einen Streifen aus Pappe zu einem Ring kleben.
Diesen Ring dann ebenfalls mit Malerkrepp gut an der Seite der Vase befestigen.

4. Anschließend rührt man einen Becher mit Kleister an und schneidet sich kleine Stücke Zeitungspapier zurecht, ca. 5 x 10 cm groß. Die komplette Vase nun mit einer Schicht Zeitungspapier bekleben. Vor allem um den Griff herum gut festkleben, sowie den oberen Rand umkleben. Dann diese Schicht trocknen lassen. Später noch mal zwei weitere Schichten aufkleben und ebenfalls gut trocknen lassen. Je mehr Schichten, ums so stabiler wird die Vase.

Den Becher mit dem Kleister in der Zwischenzeit mit etwas Frischhaltefolie zudecken, damit er nicht antrocknet.

... es geht weiter

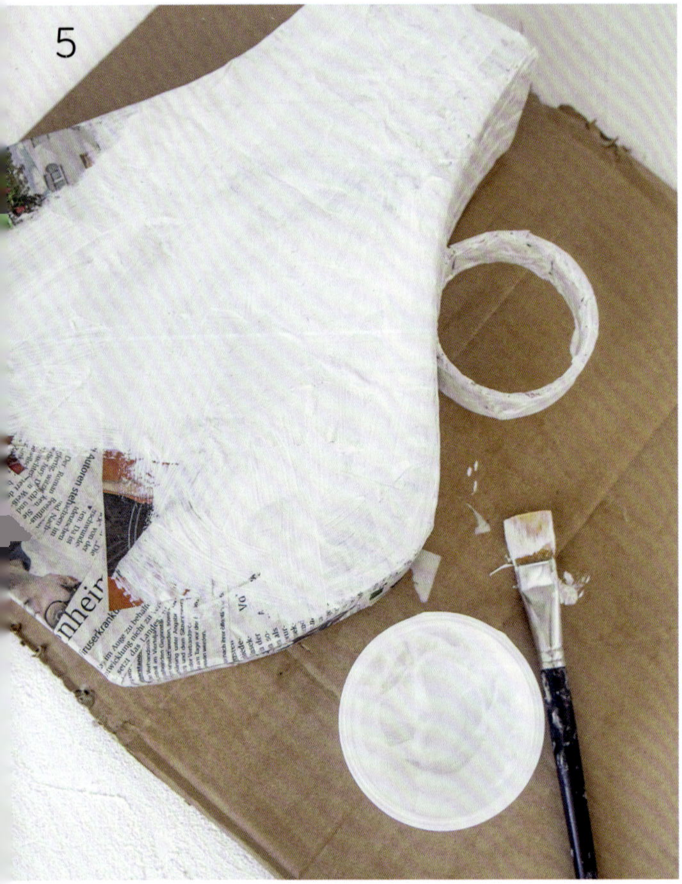
5

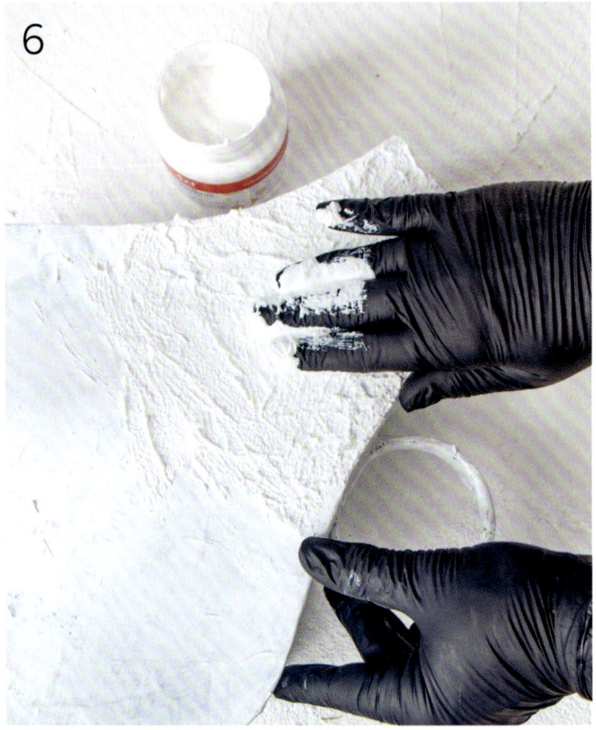
6

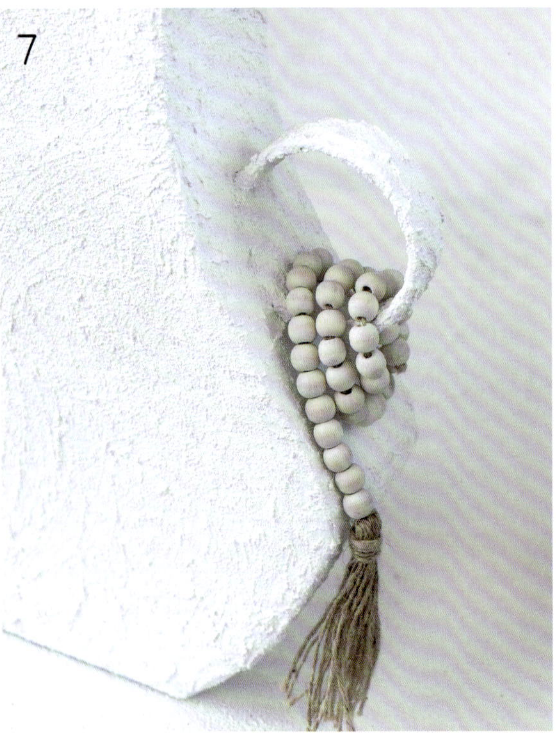
7

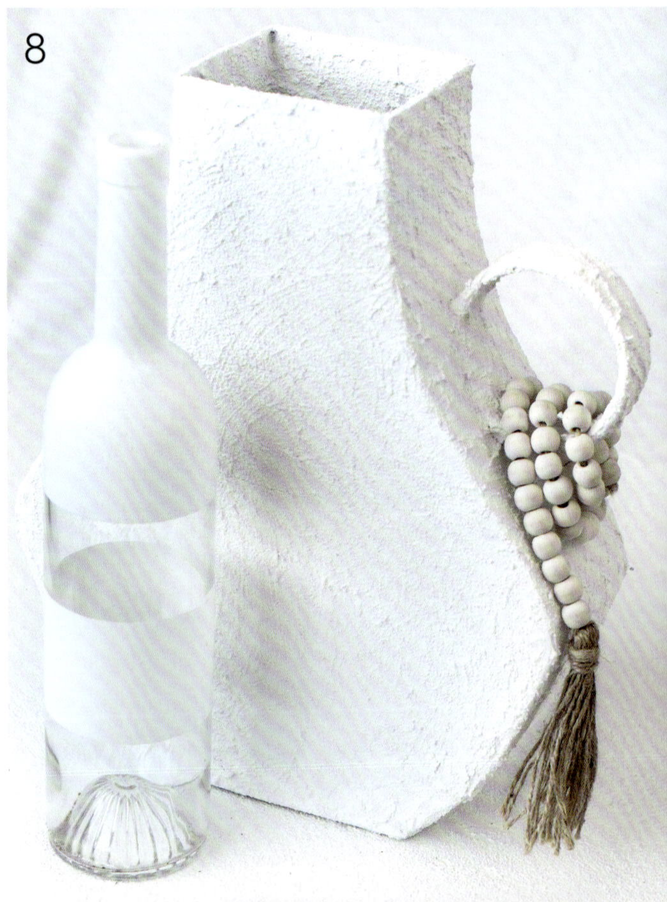
8

5. Nach dem kompletten Abtrocknen der Papierschichten kann man die Vase erst einmal mit weißer Acrylfarbe streichen. Nachdem die Farbe getrocknet ist, trägt man mit einem Spachtel oder den Händen (Handschuhe tragen) die Strukturpaste gleichmäßig auf die Vase und auch um den Henkel auf. Am oberen inneren Rand ebenfalls 8-10 cm Strukturpaste auftragen.

6. Nach dem Aushärten der Strukturpaste (ca. 24 Std.) kann man die Vase noch einmal streichen. (Für einen etwas antiken Look trägt man mit einem Schwämmchen noch einen etwas dunkleren Ton auf).

7. Optional noch ein wenig Deko an dem kleinen Henkel anbringen, wie zum Beispiel eine Holzperlenkette mit Quaste.

8. Und zum Schluss die Flasche hineinstellen. Wer die Vase als reine Deko aufstellt, benötigt die Flasche naturlich nicht. Auch bei der Verwendung von Trockenblumen braucht man nicht unbedingt ein Gefäß in der Vase.

TIPP: STRUKTURPASTE KANN MAN AUCH KOSTENGÜNSTIG SELBST HERSTELLEN. DAZU WEISSEN BASTELLEIM ZU GLEICHEN TEILEN MIT WEISSER WANDFARBE ANMISCHEN. ANSCHLIESSEND VOGELSAND ODER DEN ETWAS GROBEREN REINSAND NACH BELIEBEN UNTERMISCHEN, BIS DIE PASSENDE KONSISTENZ FÜR DAS PROJEKT ENTSTANDEN IST. ZUM UNTERMISCHEN EIGNEN SICH AUCH FEINER GRIESS, SÄGEMEHL, SALZ ODER REIS. FÜR KLEINERE OBJEKTE REICHT ES OFT, EIN WENIG ACRYLFARBE MIT ETWAS SAND ZU VERMISCHEN.

PRINZESSIN AUF DER ERBSE

Pompon-Hocker

SO EIN HOCKER IST JA SCHNELL MAL HINGESTELLT, WENN MAN EINE SITZGELEGENHEIT BRAUCHT, ABER LANGE LÄSST ES SICH AUF DEM HARTEN HOLZ NICHT WIRKLICH GUT SITZEN. DA KANN MAN WAS GEGEN TUN.

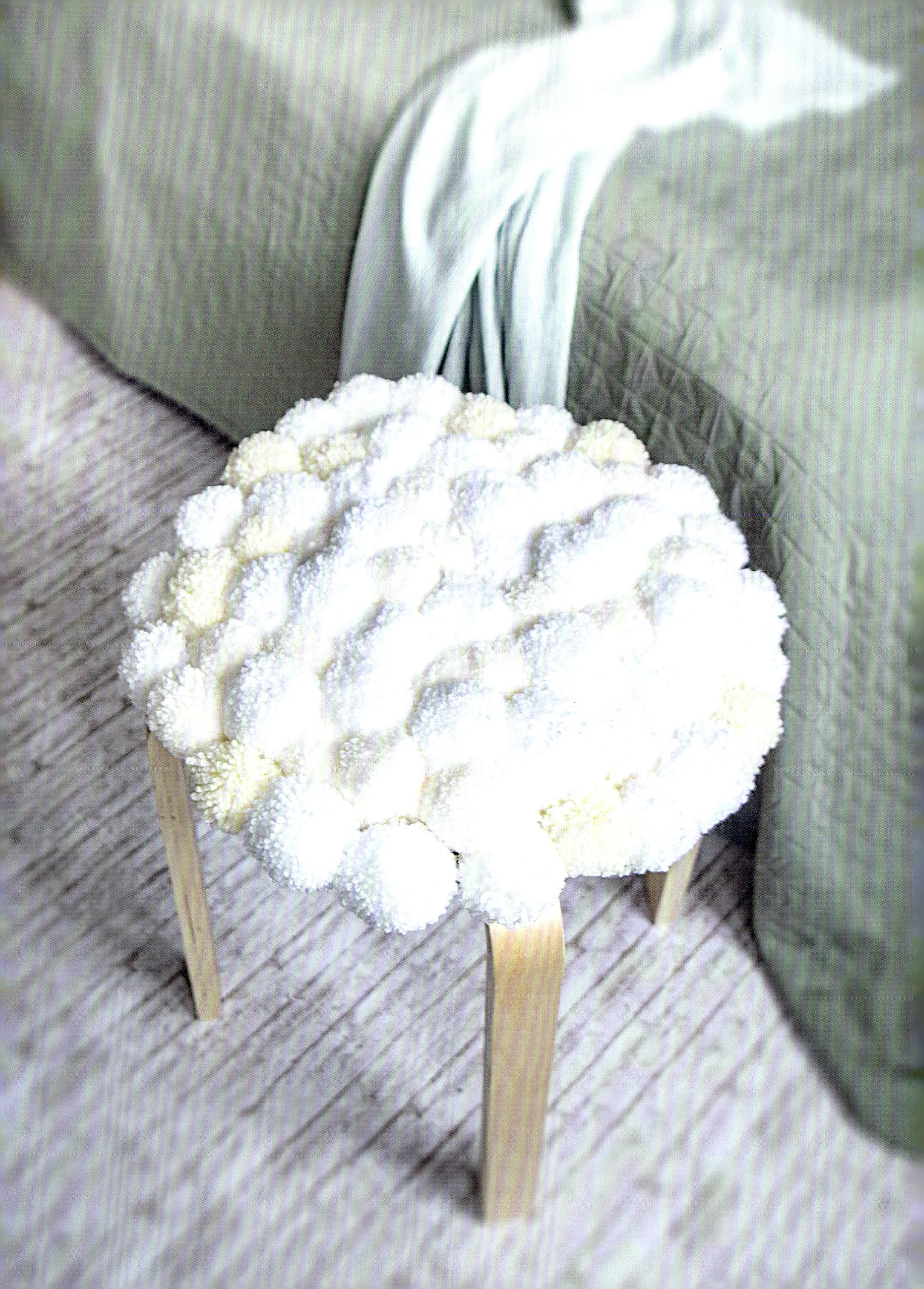

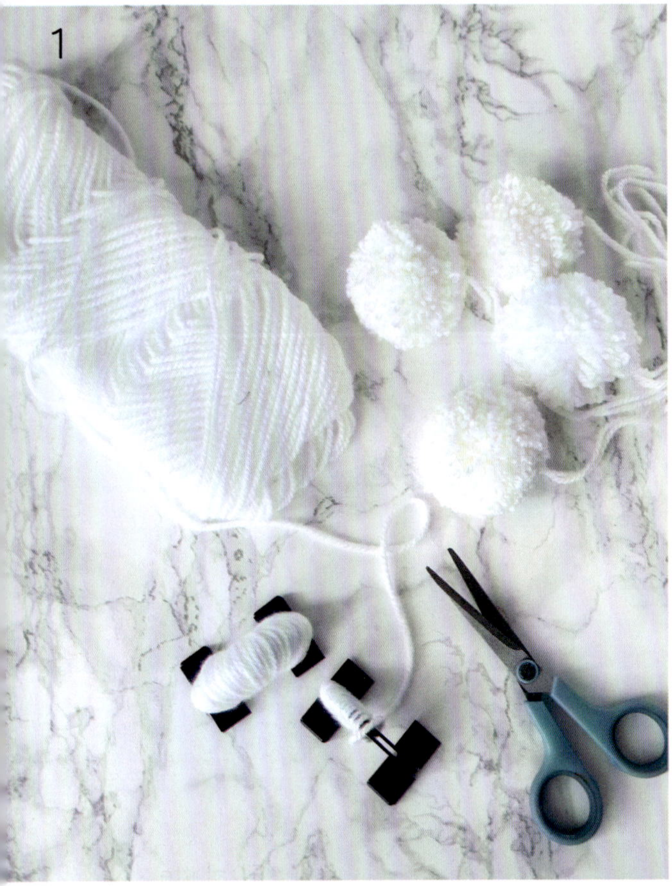
1

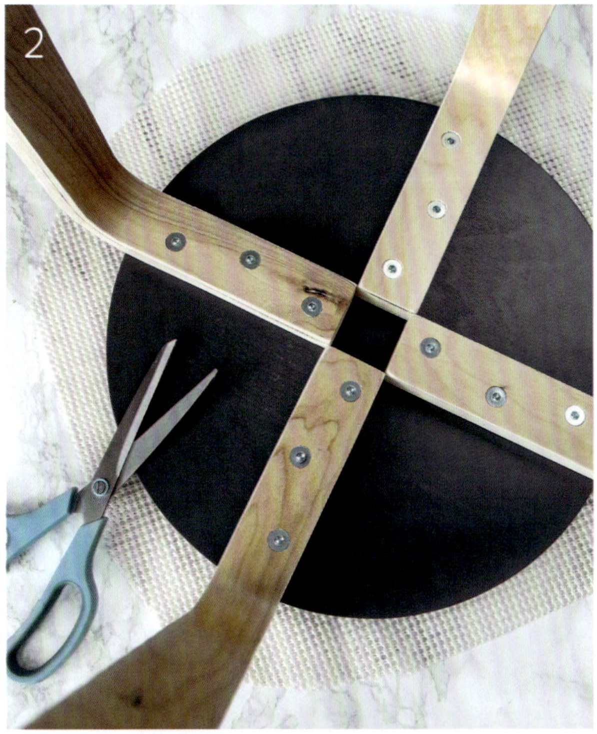
2

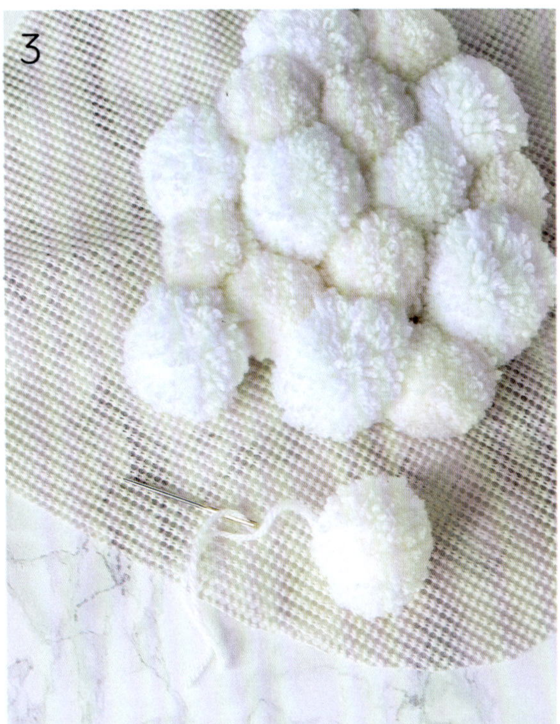
3

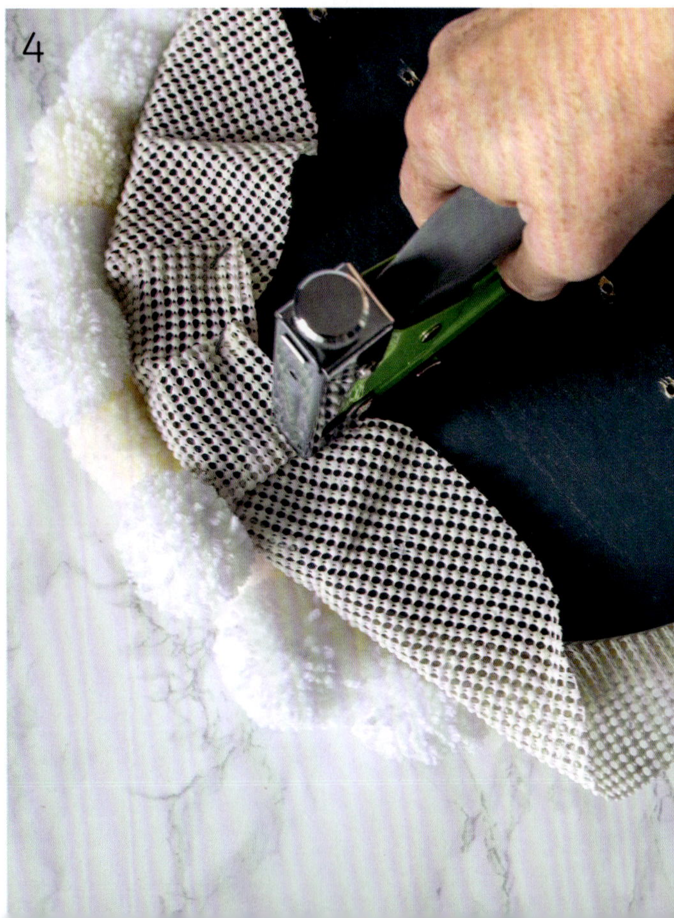
4

Und so geht's

MATERIAL

- weiße Wolle (nicht zu dünn!)
- Pompon-Set
- Schere
- Hocker
- Gittermatte
- dicke Stopfnadel
- Tacker

1. Abhängig von der Größe der Sitzfläche werden zunächst mal eine ganze Menge Pompons hergestellt. Dafür eignet sich ein Pompon-Set, das vielleicht sogar verschiedene Größen beinhaltet. Das Ganze kann ein Weilchen dauern. Unbedingt darauf achten, dass die Schnur, mit der der Pompon zusammengebunden wird, lang genug ist - mindestens 10-15 cm.

2. Um die Pompons später befestigen zu können, benötigt man eine entsprechende Unterlage. Dies kann zum Beispiel ein Stück Antirutschmatte oder Stramin sein. Vielleicht sogar auch ein grober Stickstoff.
Den Hocker auflegen und die Matte oder den Stoff zuschneiden. Dabei rundherum einen Rand von mindestens 5 cm lassen.

3. Die beiden langen Enden am Pompon werden einzeln mit einer dicken Stopfnadel durch die Matte oder den Stoff gezogen und auf der Rückseite verknotet. Darauf achten, dass die Pompons schön dicht aneinander liegen.

4. Sind genugend Pompons hergestellt und angeknotet, befestigt man das ganze Teil mithilfe eines Tackers auf der Sitzfläche des Hockers. Dafür die Beine vorher abschrauben. Ist alles rundherum fest, schraubt man die Hockerbeine wieder an.

Zur Sicherheit kann man auf der Unterseite auch noch über die gesamte Fläche eine Filzplatte aufkleben. Dazu vorher die Bohrungen markieren und erst dann die Hockerbeine wieder anschrauben.

INFO: MAN SOLLTE DIE ANZAHL DER BENÖTIGTEN POMPONS NICHT UNTERSCHÄTZEN. MIT EIN PAAR WOLLRESTEN KOMMT MAN NICHT WEIT. FÜR DIESEN HOCKER WURDEN 450 GRAMM WOLLE IN VERSCHIEDENEN WEISSTÖNEN UND QUALITÄTEN VERWENDET. AM ENDE WAREN ES RUND 70 POMPONS!

DOGGY BED

Kuschelkiste für den Hund

NICHT NUR HERRCHEN UND FRAUCHEN BRAUCHEN EINEN PLATZ ZUM KUSCHELN. AUCH VIELE HUNDE LIEBEN IHREN EIGENEN PLATZ, UM SICH ZURÜCKZUZIEHEN. DIESES DOGGY BED LÄSST SICH AUCH GANZ LEICHT MAL AN EINEN ANDEREN ORT SCHIEBEN.

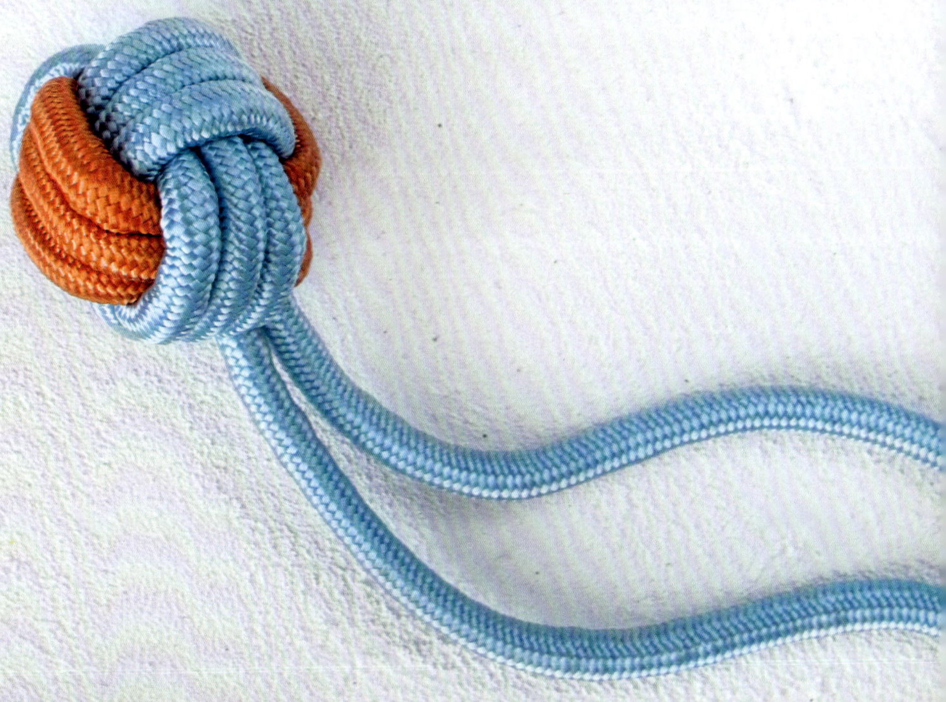

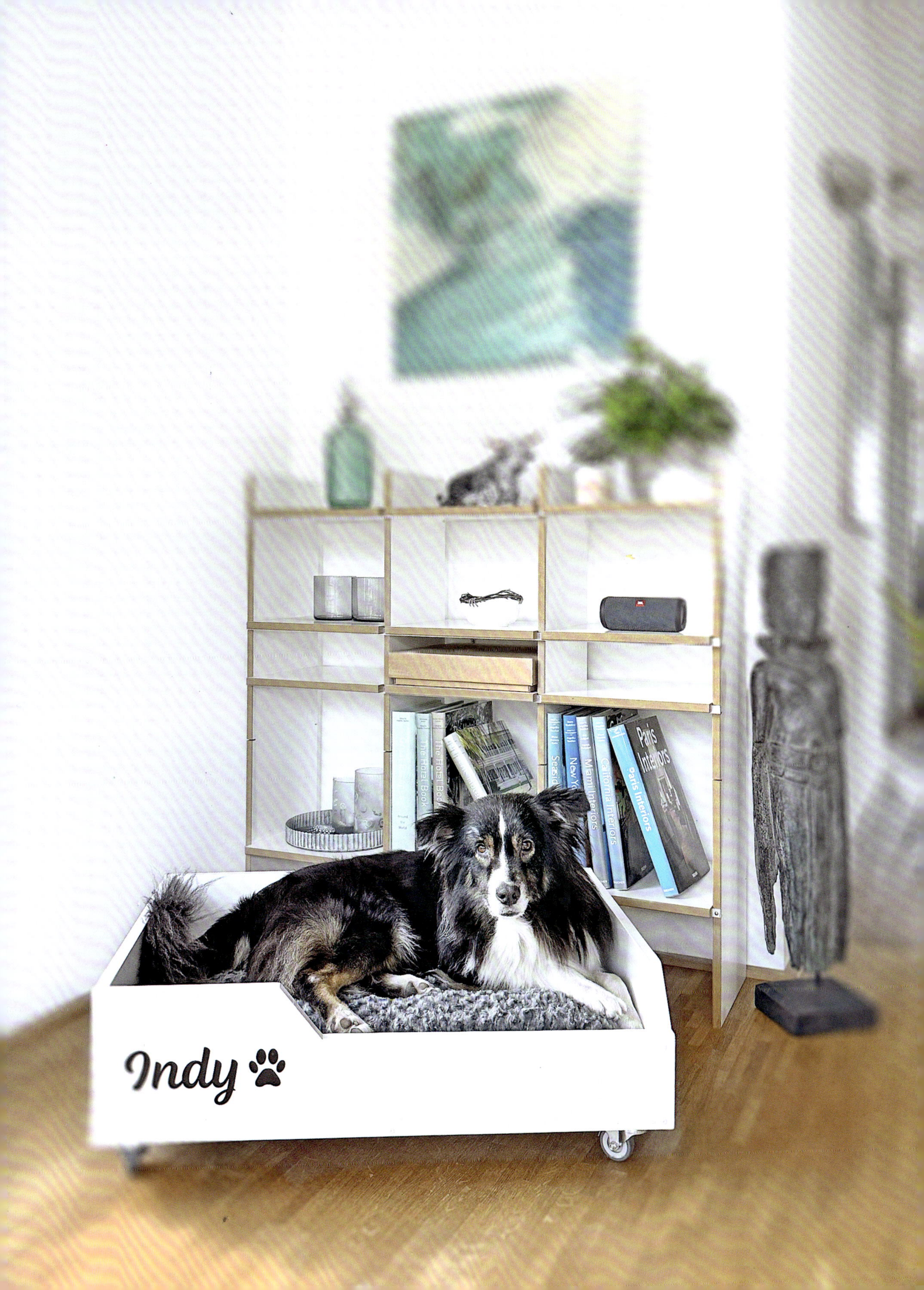
Indy
Paris Interiors
Miami Interiors
California Interiors
Paris Interiors

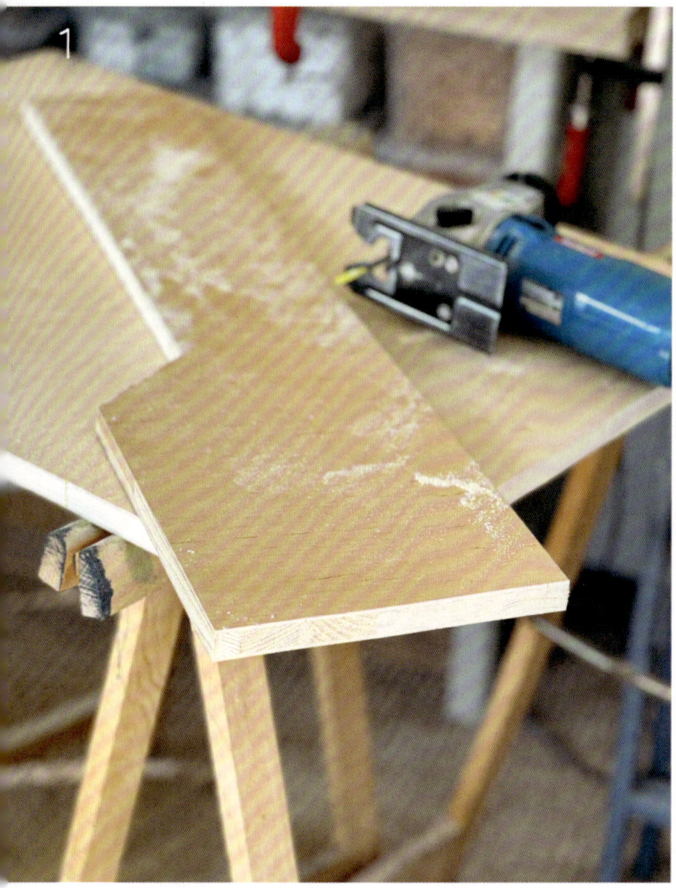

1

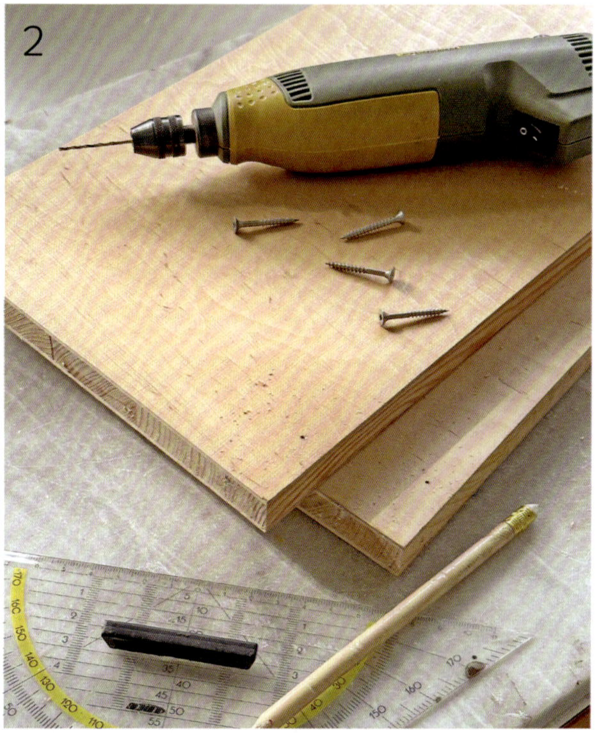

2

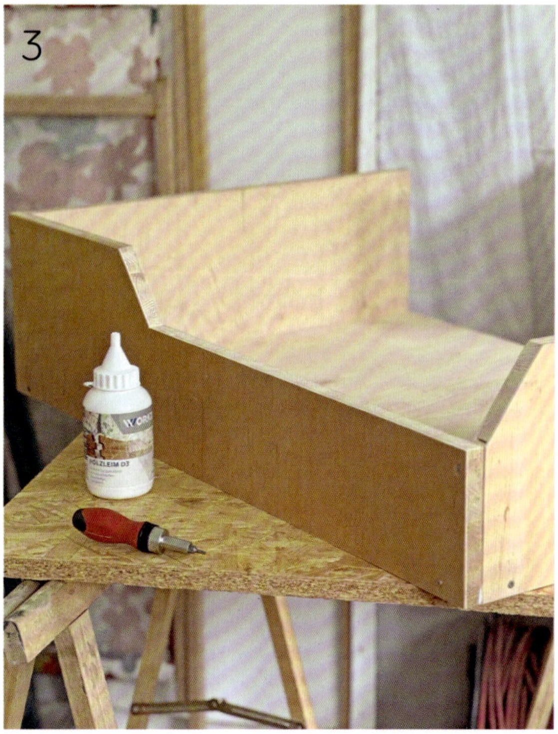

3

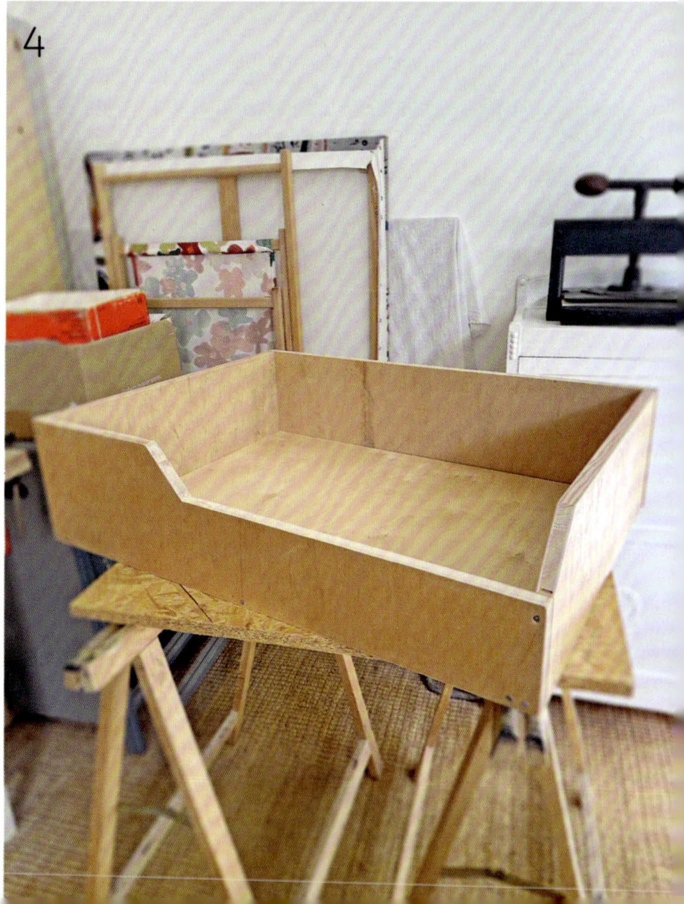

4

Und so geht's

MATERIAL

- Holzzuschnitt
- 4 Rollen
- 16 Schrauben 30 mm lang
- 16 Schrauben 15 mm lang
- Unterlegscheiben
- Lackfarbe
- Holzleim
- Schmirgelpapier
- Stift/Lineal
- Stichsäge
- Bohrer
- Schraubendreher
- Pinsel
- Farbrolle
- optional Plotter
- Kissen

1. Die Größe des Hundebettes ist natürlich abhängig von der Größe des Hundes. Hier handelt es sich um eine mittlere Größe für ein Hundekissen mit den Maßen 55 x 75 cm. Als Holz wurde hier Sperrholz verwendet mit einer Stärke von 18 mm. Dementsprechend muss man sich die Platte und die Seitenteile zuschneiden lassen.

Die hier verwendeten Maße:
Platte: 1x (75 x 55 cm)
kurze Seiten: 2x (20 x 55 cm)
lange Seiten: 2x (20 x78,6 cm

Für einen leichteren Einstieg in das Hundebett kann man an der Vorderseite nach Belieben eine Ecke heraussägen. Dazu auch am Seitenteil ein Stück auf gleicher Höhe entfernen (siehe Zeichnung).

2. Um später die Schrauben leichter eindrehen zu können, bohrt man am besten die Stellen vor. Das geht auch mit einem kleinen Handbohrer.

3. Vor dem Schrauben die Seitenteile mit Holzleim ankleben und dann verschrauben.

4. Sind alle Teile verklebt und verschraubt, schmirgelt man die Kanten gut ab, damit sich der Hund später nicht verletzen kann.

… es geht weiter

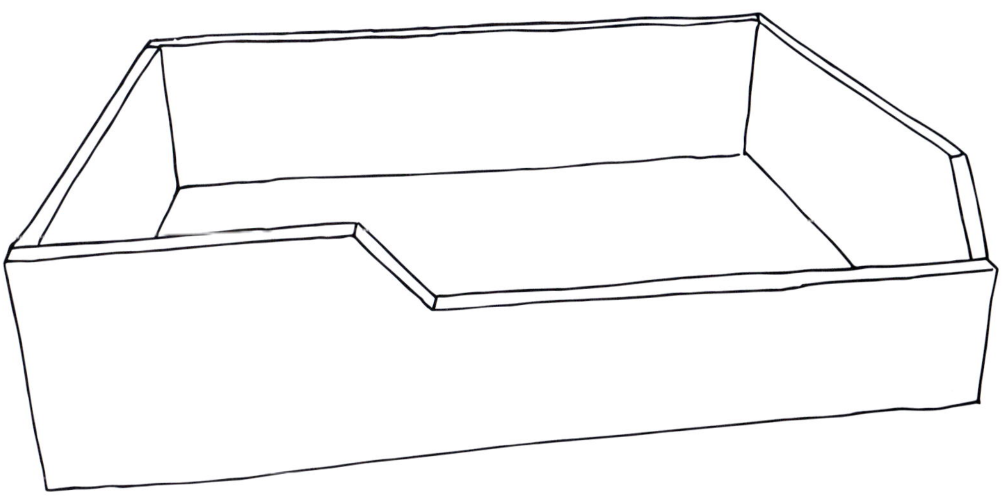

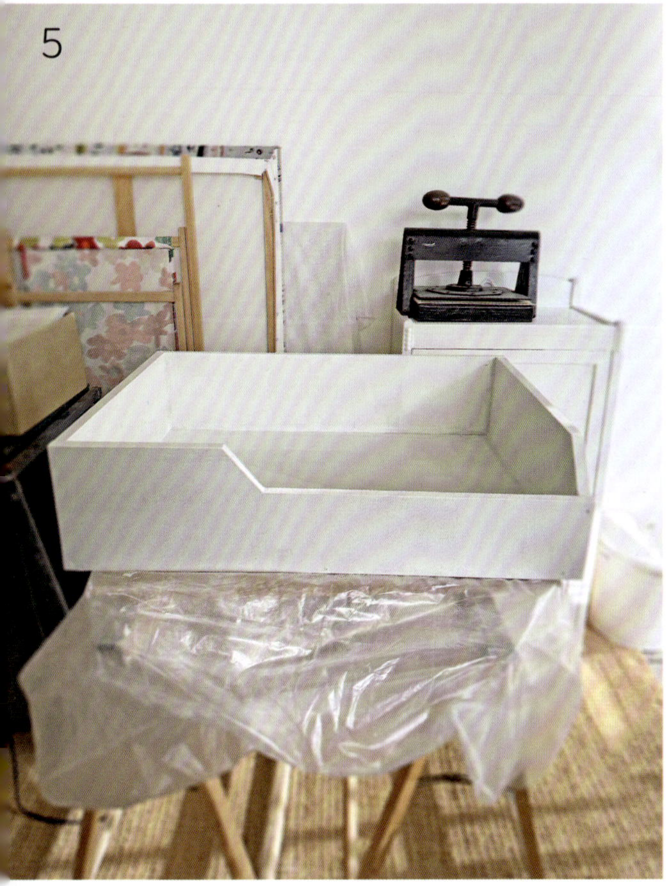
5

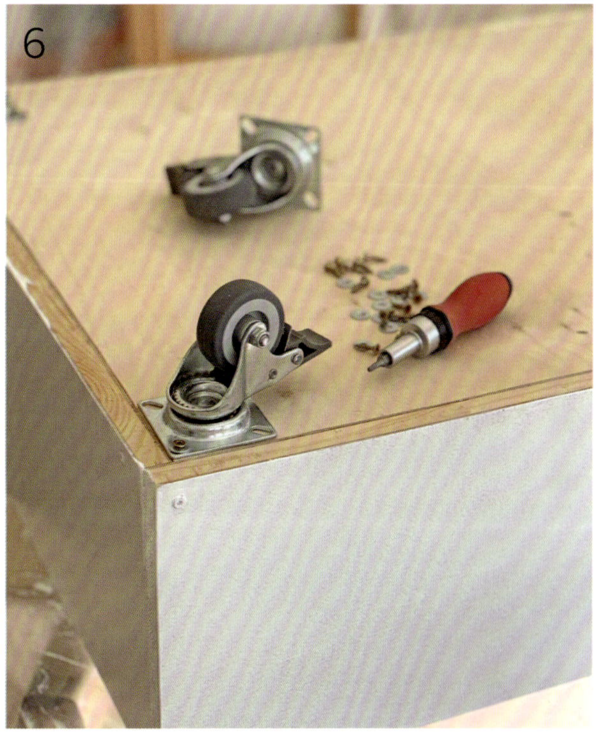
6

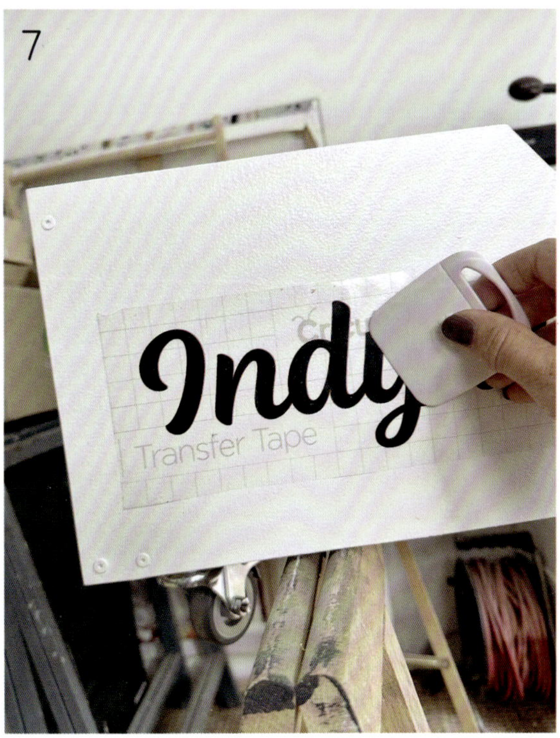
7
Indy
Transfer Tape

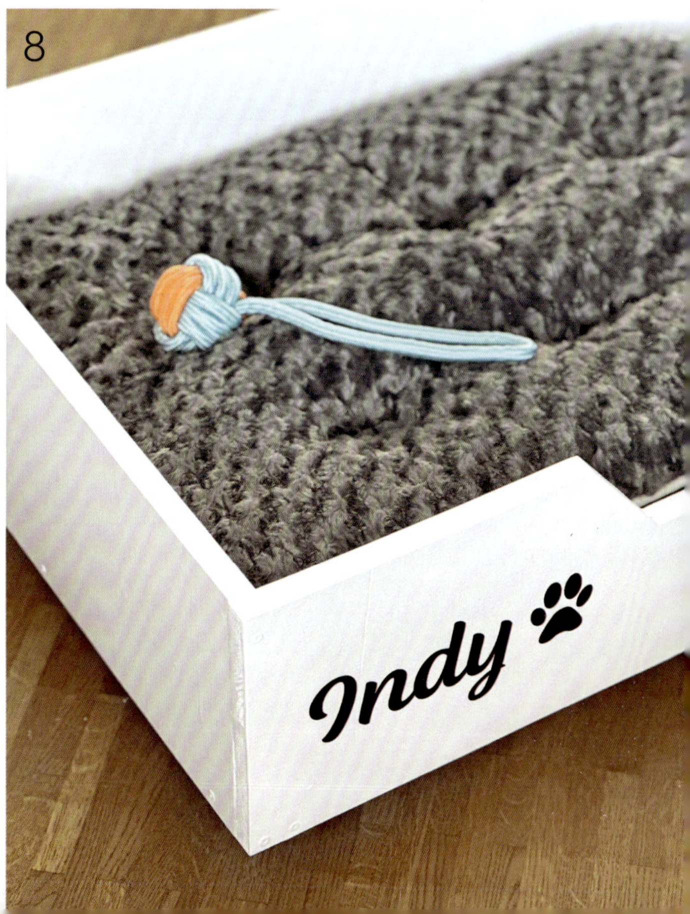
8
Indy

5. Nun geht's ans Streichen. Damit die weiße Farbe gut deckt, muss man 2- bis 3-mal innen und außen streichen. Die Farbe gut trocknen lassen.
Ein wasserbasierter Lack eignet sich hier ganz gut, da er sehr geruchsarm ist, schnell trocknet und die weiße Farbe nicht so schnell vergilbt.

6. Auf der Unterseite des Hundebettes schraubt man die Rollen an. Unbedingt darauf achten, dass die Schrauben nicht zu lang sind und auf der Innenseite wieder rauskommen!
Mindestens eine, besser zwei Rollen sollten eine Bremse haben, damit sich das Hundebett nicht verschiebt, wenn der Hund es benutzt. Alternativ gehen natürlich auch fest verschraubte Füße oder dicke Gummistopper.

7. Damit der Hund auch weiß, dass es sein Ruheplatz ist, muss selbstverständlich noch sein Name vorne stehen. Der lässt sich gut mit einem Plotter erstellen und anschließend aufkleben.

Ansonsten Buchstabenschablonen verwenden und die Schrift nach dem Übertragen mit schwarzer Farbe ausmalen.

8. Zu guter Letzt noch das Lieblingskissen, vielleicht ein Fell und das allerliebste Spielzeug hinein und das Hundebett ist bezugsfertig!

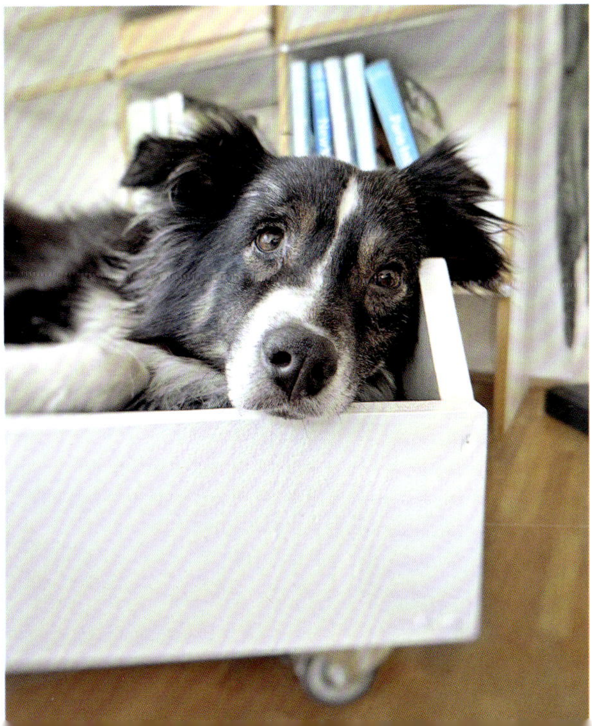

DSCHUNGEL IN PASTELL

Pflanzenmuster auf Stoff

URBAN JUNGLE MAL ANDERS. PASTELLIG UND FRISCH KOMMEN HIER DIE BLÄTTER DER ROBINIE UND DES FARNS DAHER. EINFARBIG ODER ZWEIFARBIG – GANZ EGAL, HAUPTSACHE ANDERSFARBIG UND MIT VIEL WEISS.

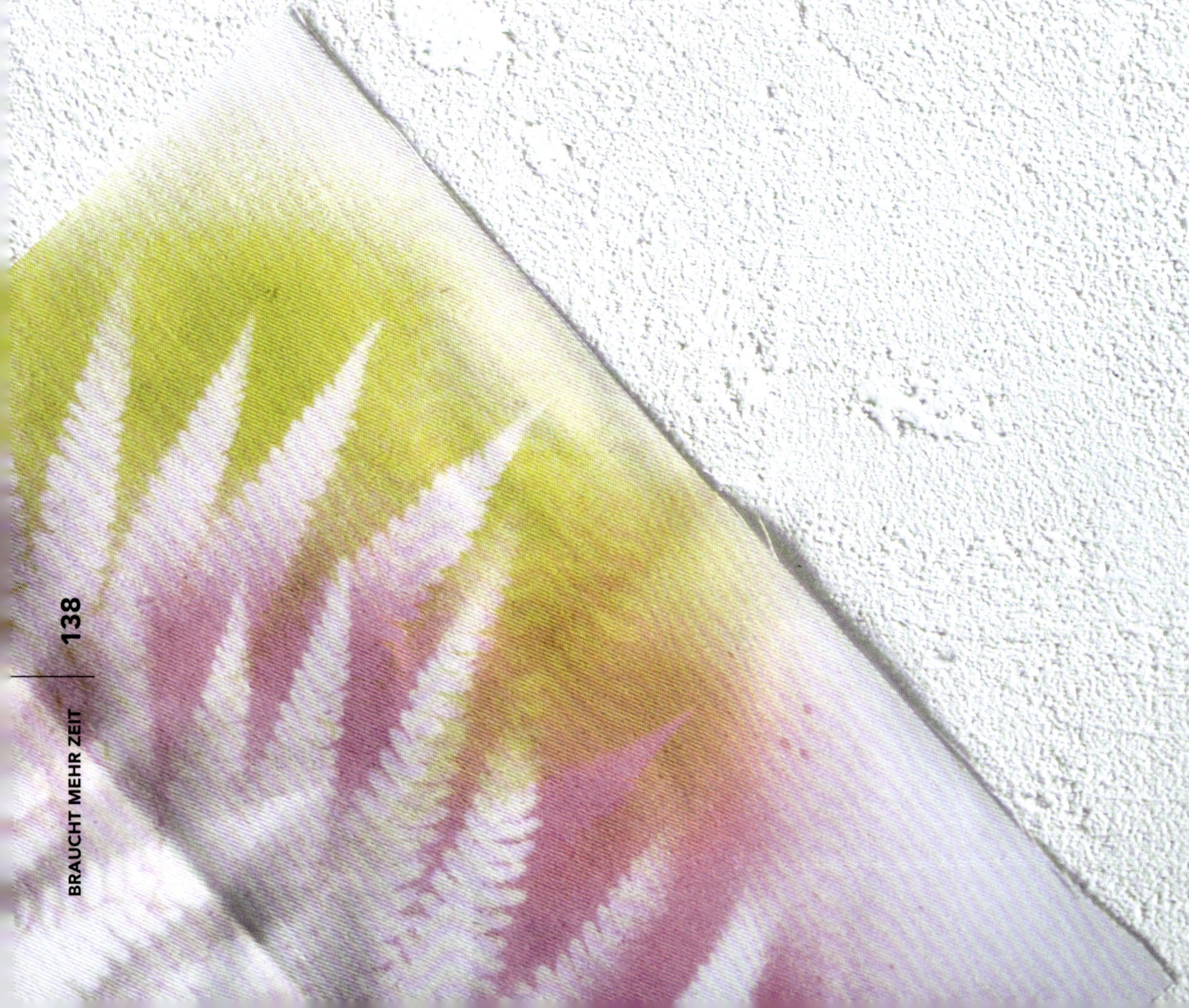

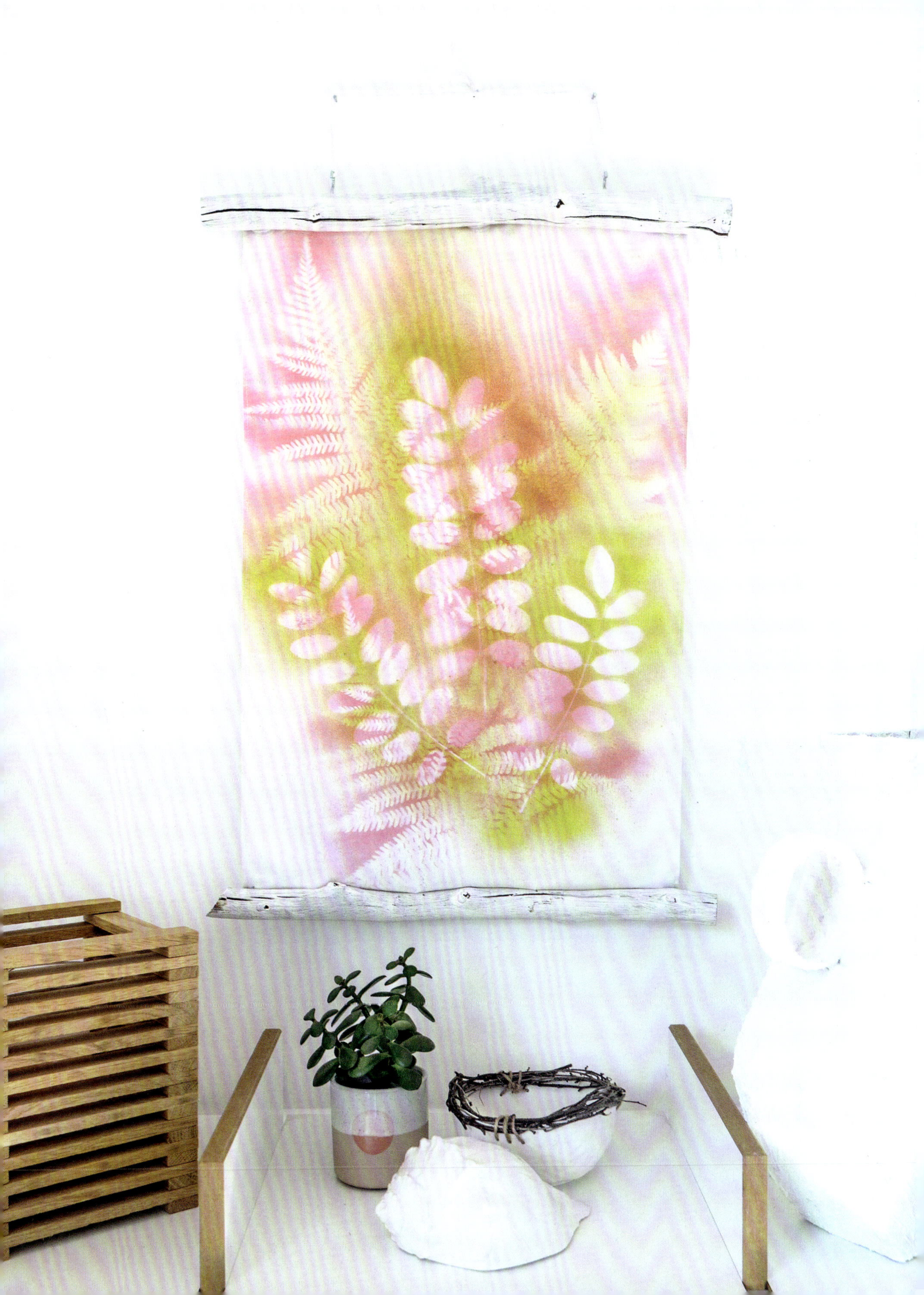

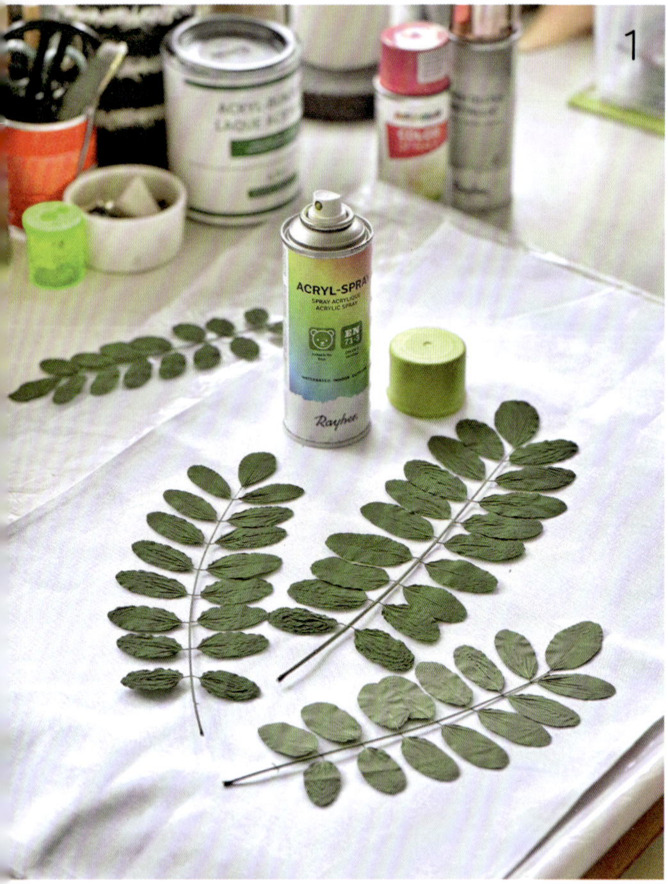
1
ACRYL-SPRAY
Rayher

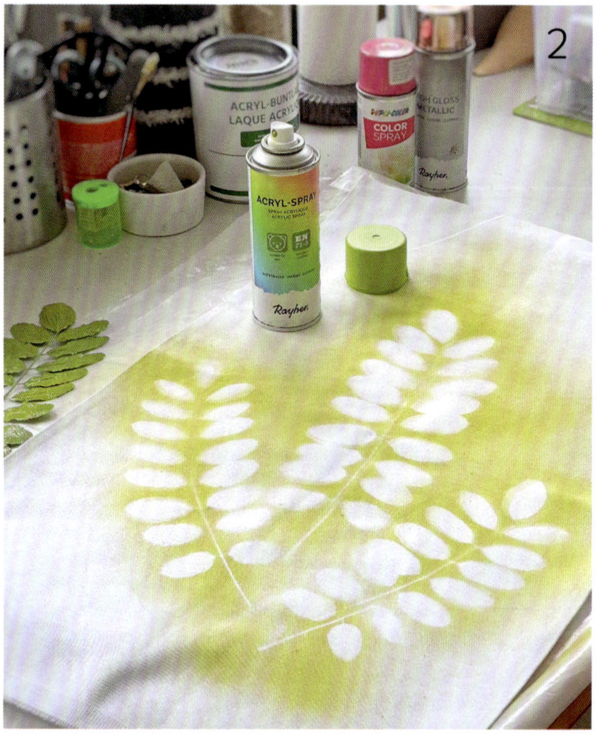
2
ACRYL-SPRAY
COLOR SPRAY
Rayher

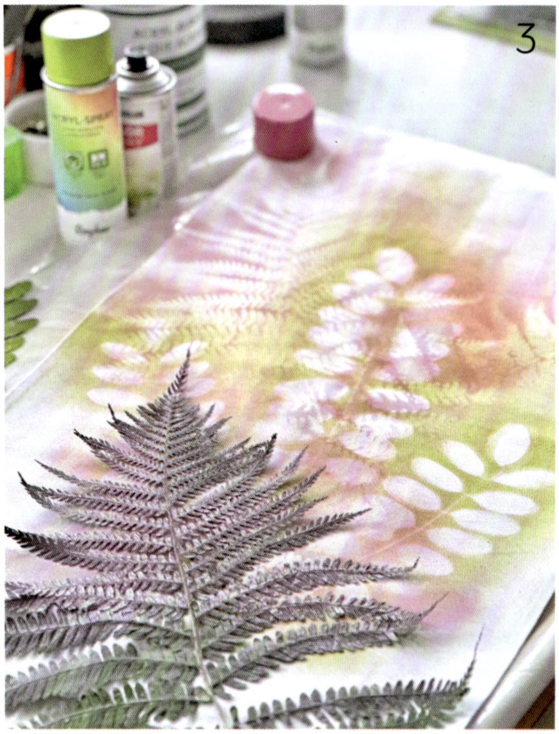
3

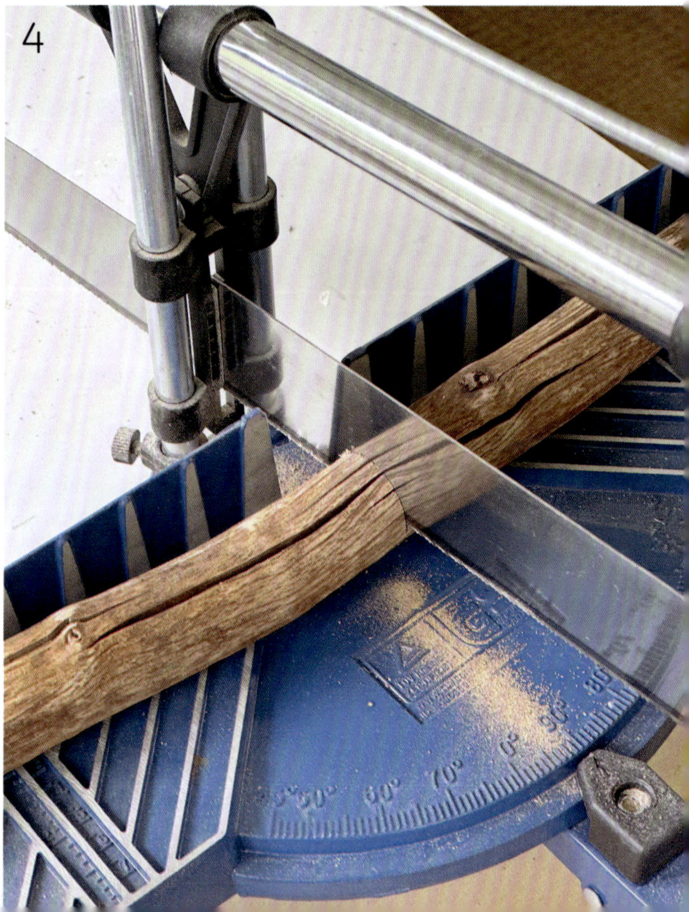
4

Und so geht's

MATERIAL

- weißer, fester Stoff
- Schere, Maßband
- Nähmaschine
- Blätter oder Blüten
- 2 Äste
- Sprühfarbe
- Unterlage
- Handschuhe
- Säge
- Acrylfarbe weiß
- Pinsel
- Handbohrer
- Schraubhaken
- Klettklebepunkte
- dicke Kordel

1. Die gesammelten Blätter oder Blüten sollte man zunächst ein wenig pressen, damit sie später glatt aufliegen.
Den Stoff in beliebiger Größe zuschneiden und auf eine Unterlage legen, um den Untergrund zu schützen. Die Blätter wie gewünscht auf dem Stoff arrangieren.

2. Dann vorsichtig mit der Farbe einsprühen. Es empfiehlt sich, Handschuhe zu tragen, um die Blätter ein wenig zu halten, damit sie beim Sprühen nicht wegfliegen. Auf gute Belüftung achten.

3. Wer mag, mixt verschiedene Blätter und verschiedene Farben miteinander.

4. Dann die zuvor gereinigten Äste zuschneiden, sodass sie zur Stoffbreite passen.

... es geht weiter

INFO: DA DER STOFF IN DER REGEL NICHT GEWASCHEN WIRD, MUSS ES NICHT UNBEDINGT TEXTILFARBE SEIN.

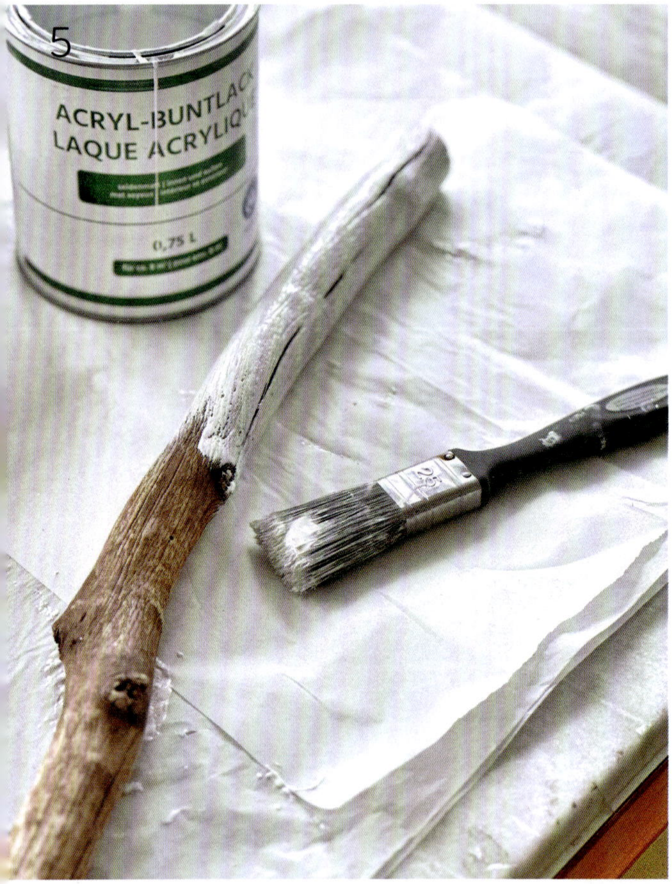
5
ACRYL-BUNTLACK
LAQUE ACRYLIQUE
0,75 L

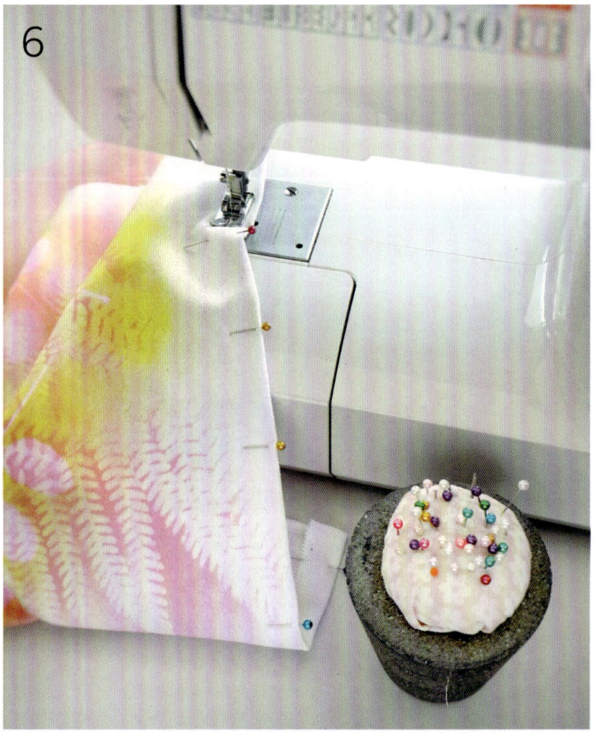
6

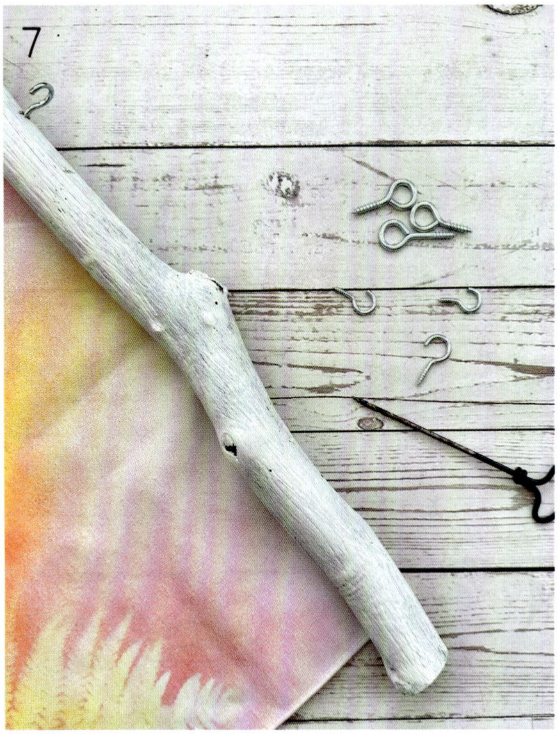
7

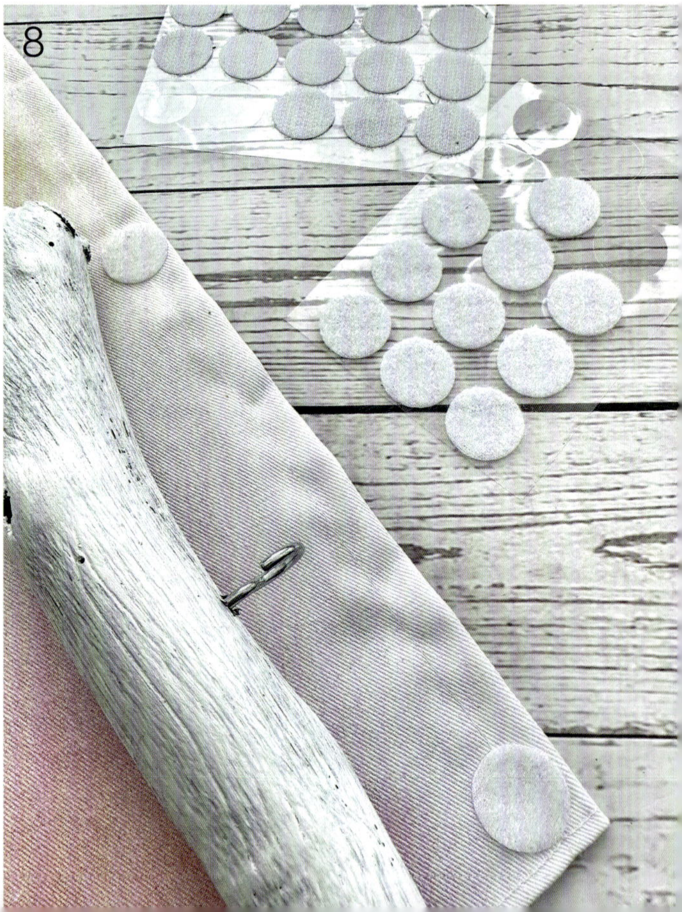
8

5. Während die Farbe auf dem Stoff trocknet, kann man die Äste mit Acryllack weiß streichen und auch diese gut trocknen lassen.

6. Ist die Farbe auf dem Stoff gut getrocknet, säumt man zunächst die Seiten. Oben und unten sollte man einen etwas breiteren Rand umnähen.

7. Die Äste auf den Stoff legen und die Position für die Haken bestimmen. Die Löcher kurz vorbohren und dann die beiden Schraubhaken am oberen Ast eindrehen.

8. Zur Befestigung kann man Klettklebepunkte verwenden. So ist der Stoff abnehmbar und lässt sich gegen ein anderes Motiv austauschen.

9. Für die Aufhängung eine dicke weiße Kordel in entsprechender Länge zuschneiden, verknoten und später das Wandbild damit an den Schraubhaken befestigen.

TIPP: WER KEINE KLETTKLEBEPUNKTE HAT, KANN AUCH EINEN KLETTSTREIFEN AUF DEN STOFF NÄHEN UND DAS GEGENSTÜCK AM HOLZ FESTTACKERN.

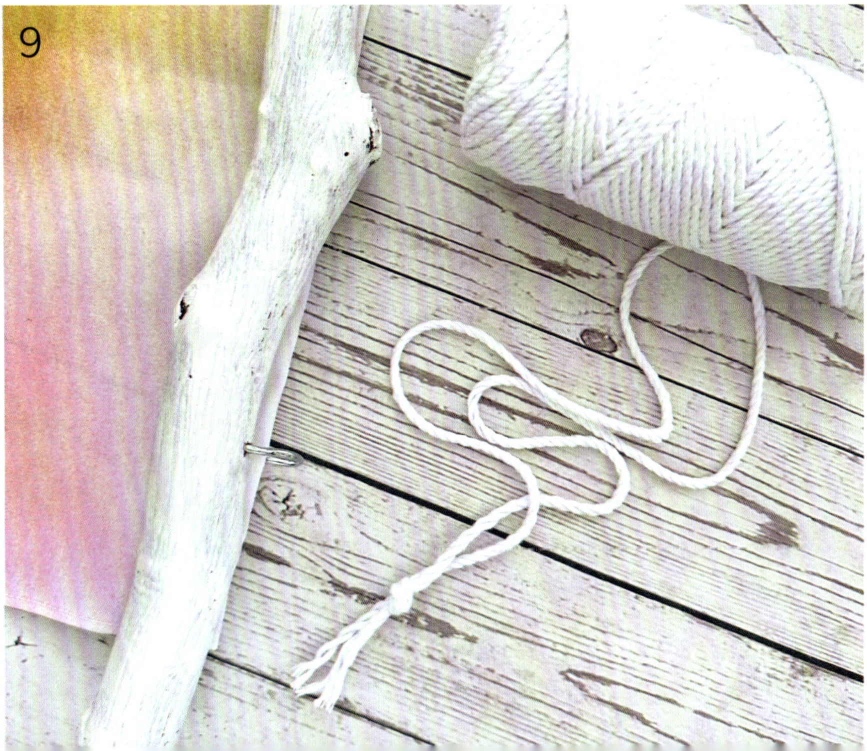

AUGENBLICK MAL!

Kleines „wachsames" Holzregal

DA GUCKT MAN DOCH ZWEIMAL HIN! WIRD MAN HIER ETWA BEOBACHTET? NEIN, DAS KLEINE REGAL IST GANZ HARMLOS. KEIN SPION UND NICHT BIG BROTHER, SONDERN EINFACH EINE KLEINE ABLAGE, DIE ALLES IM BLICK HAT.

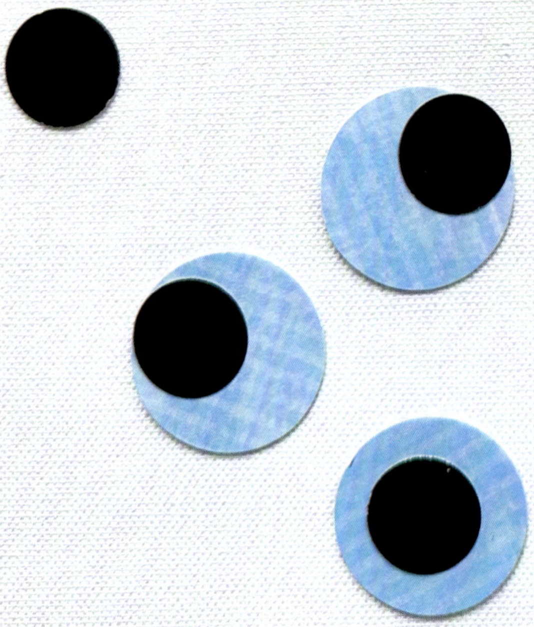

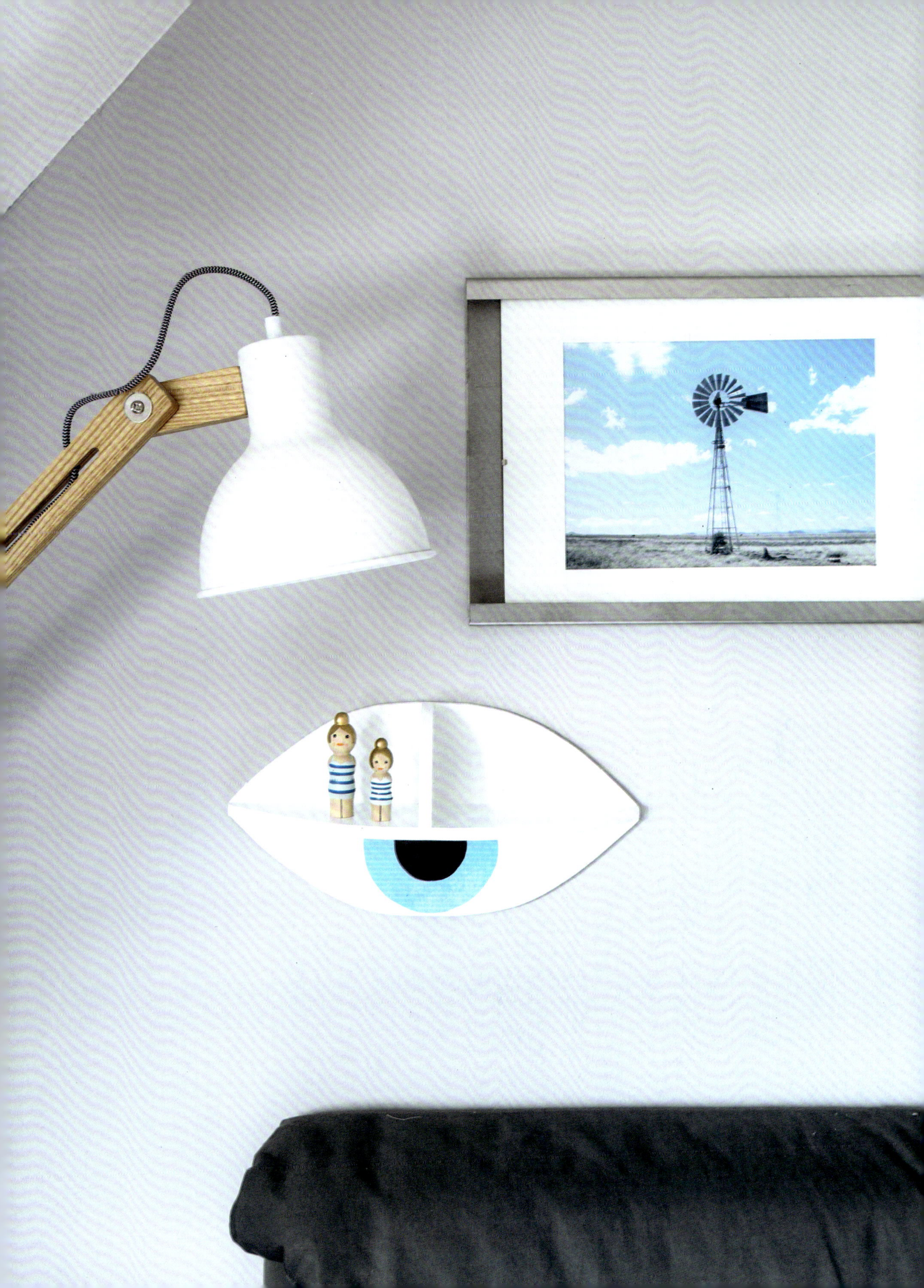

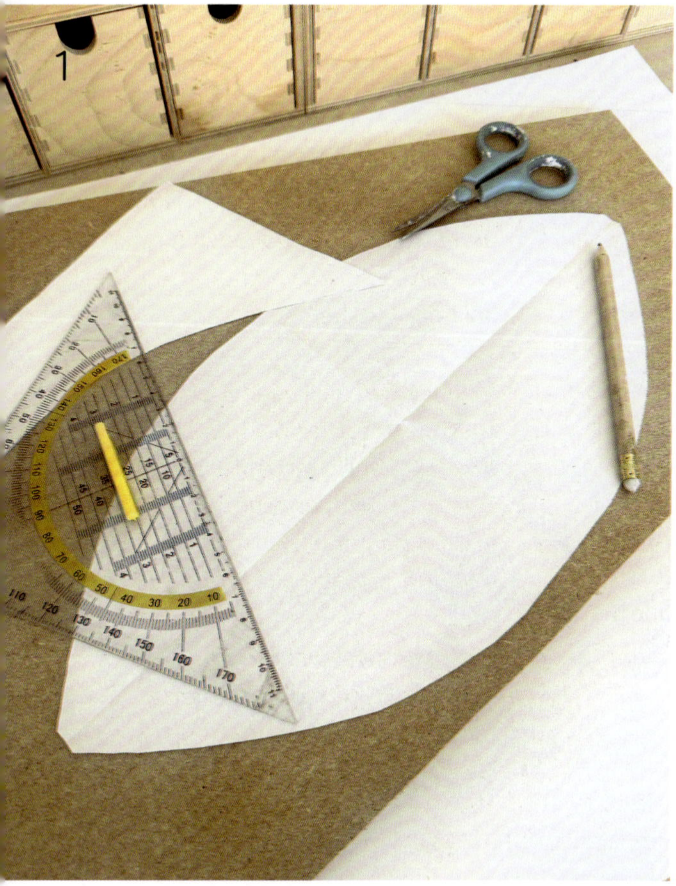
1

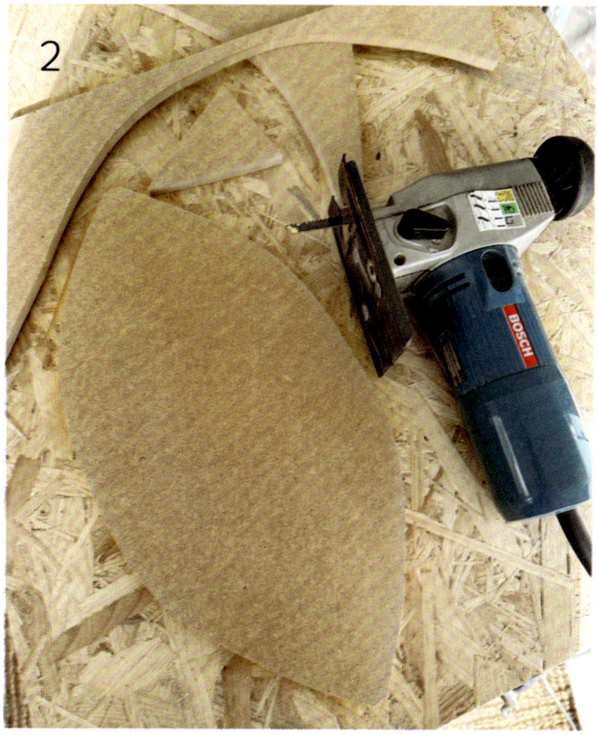
2
BOSCH

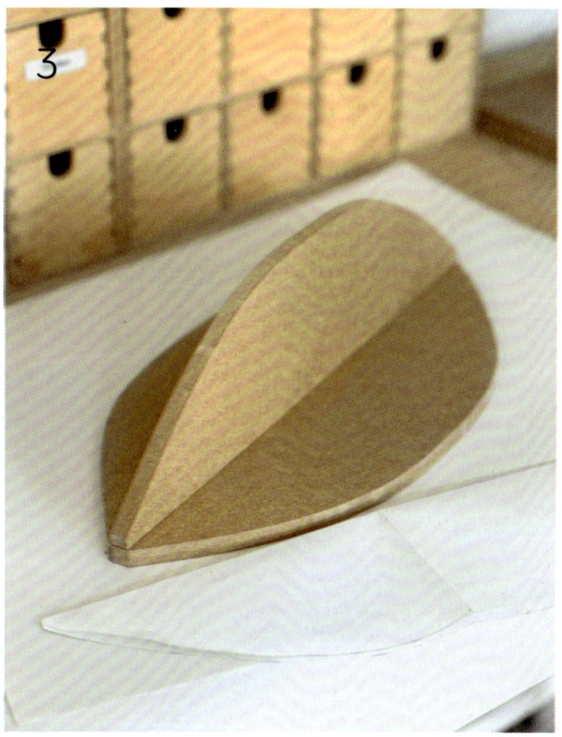
3

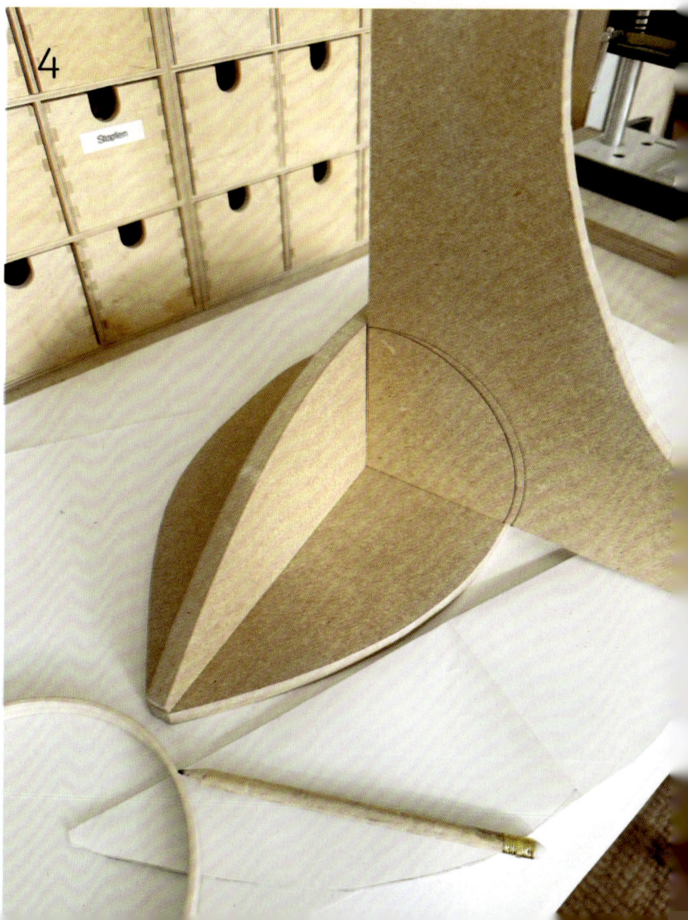
4
Stopfen

Und so geht's

MATERIAL

- MDF-Platte ca. 9-10 mm stark
- Bogen Papier
- feste Pappe
- Cutter
- Stift/Lineal
- Schere
- Stichsäge
- Schmirgelpapier
- Zirkel
- Holzleim
- Acryllack
- Pinsel
- Filzmarker oder farbige Papiere
- Bastelleim
- Kistenaufhänger

1. Die Größe der Holzplatte ist abhängig davon, wie groß man das „Augenregal" herstellen möchte.

Um eine gleichmäßige Schablone zu erstellen, faltet man einen großen Bogen Papier einmal der Länge nach zusammen und dann noch einmal der Breite nach. Nun kann man ein Viertel der Augenform aufzeichnen und ausschneiden. Anschließend aufklappen. Die so erstellte Schablone mit einem Stift auf die Holzplatte übertragen.

2. Anschließend die Form aussägen. Die Spitzen an beiden Seiten des Auges in Plattenstärke gerade abschneiden.

3. Für die Ablage verwendet man nun die halbe Schablone, passt die Platte an und sägt auch hier die beiden Spitzen rechts und links gerade ab.

4. Nun noch die kleine Stütze zuschneiden. Hierfür ein Stück der Platte anhalten, Anfangs- und Endpunkt markieren und einen Kreis aufzeichnen. Anschließend mit der Stichsäge aussägen.

5. Die zugeschnittenen Holzteile glatt schmirgeln und mit Holzleim zusammenkleben und fest werden lassen.

... es geht weiter

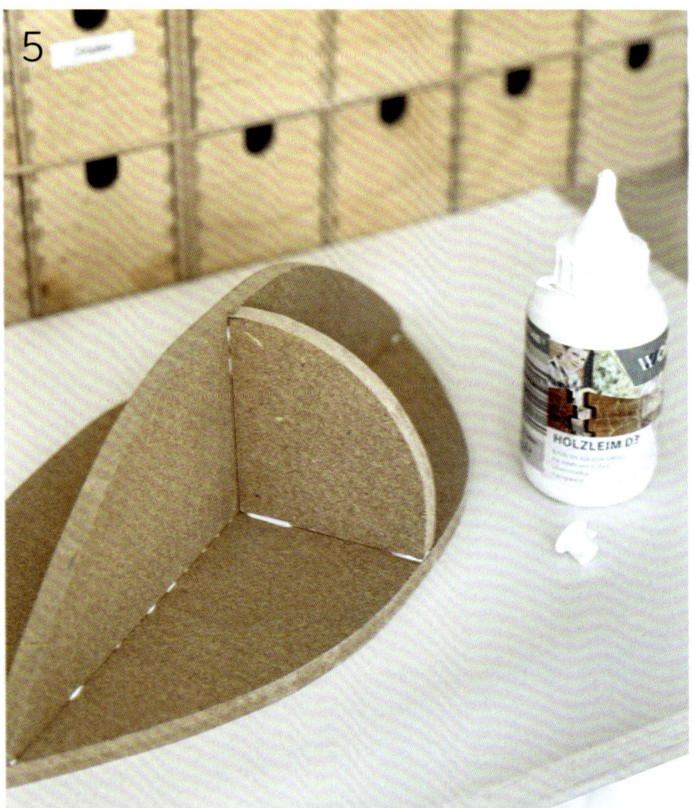

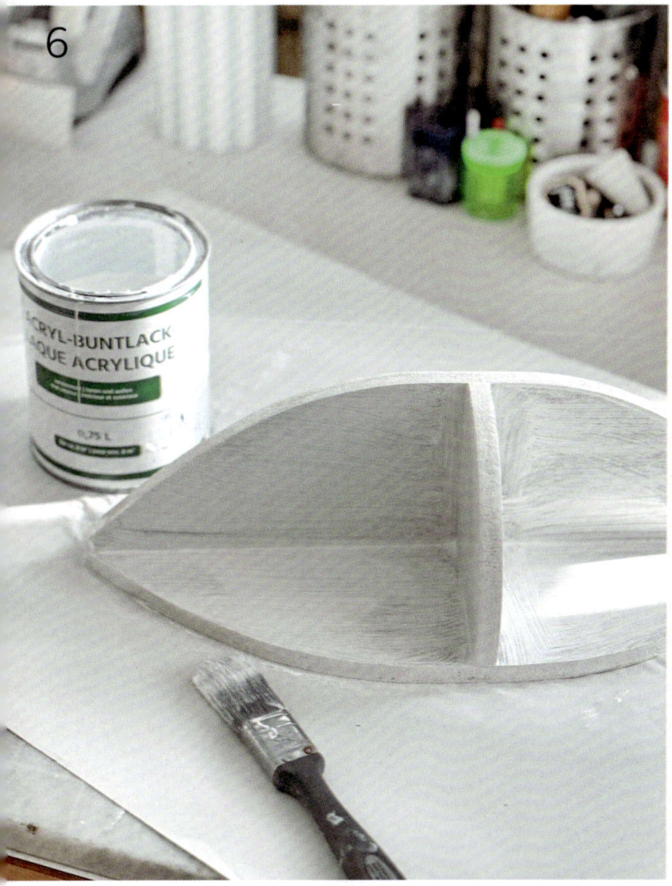
6
CRYL-BUNTLACK
AQUE ACRYLIQUE

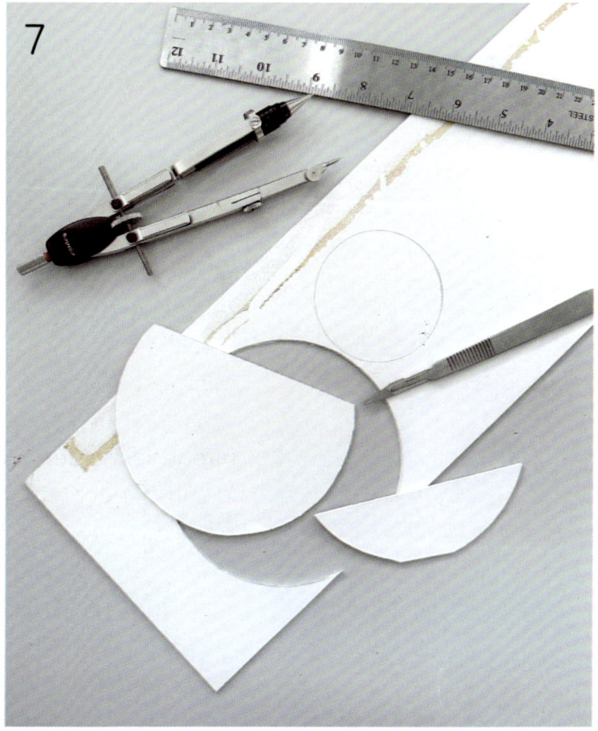
7

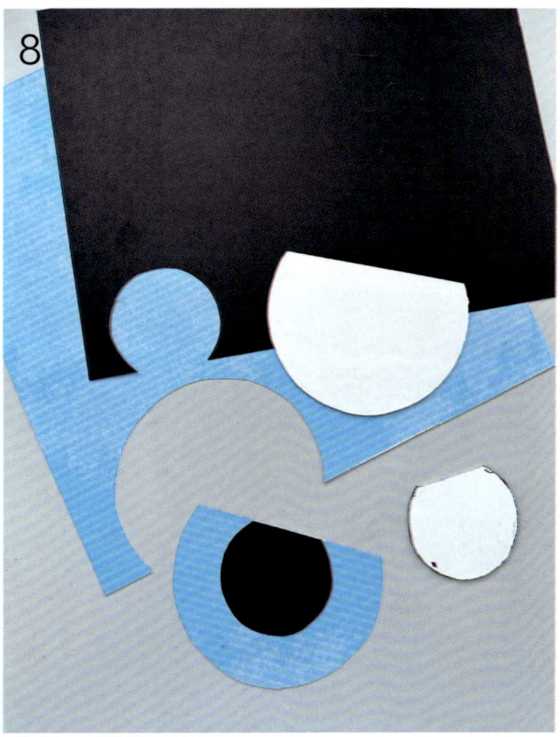
8

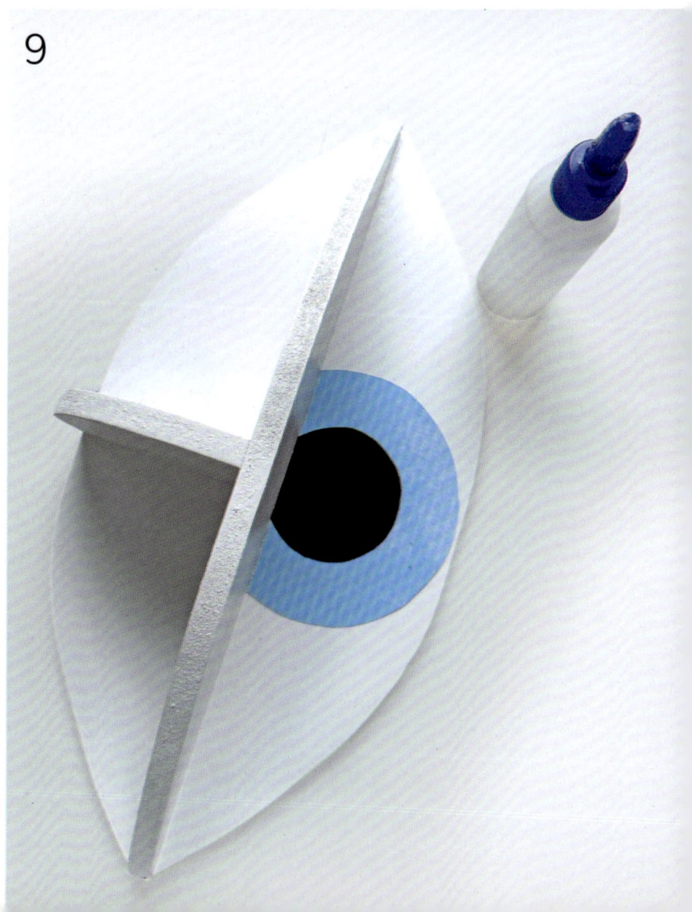
9

6. Dann kann man das kleine Regal bereits streichen. 2-3 Schichten, bis die Farbe gut deckt und gleichmäßig aussieht.

7. Während die einzelnen Farbschichten des Regals trocknen, kann man das eigentliche Auge zuschneiden. Dazu zwei entsprechende Kreise mit dem Zirkel zeichnen. Die Kreise dann mit einem Cutter vorsichtig aus der Pappe schneiden. Für den „Blick“ ein Stück der Kreise gerade abschneiden.

8. Nun das Auge noch farbig anlegen. Hier kann man Filzmarker verwenden oder Arcylfarbe. Man kann auch einfach farbiges Papier zuschneiden.

9. Anschließend das Auge mit Bastelleim auf den unteren Teil des Regals kleben.

10. Für die Aufhängung auf der Rückseite gibt es verschiedene Möglichkeiten. Bei einer Variante, die nicht ganz so flach anliegt, sollte man noch kleine Abstandshalter aus Gummi oder Filz aufkleben, damit das Regal später mit gleichmäßigem Abstand an der Wand hängt.

10

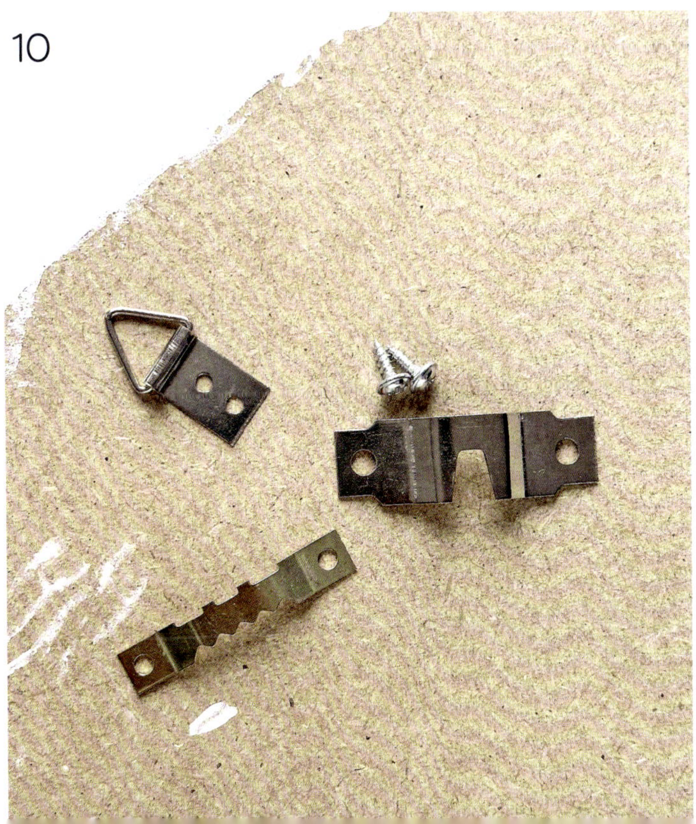

VERSTECKT

Faltparavent mit Bubbles

EIN PARAVENT IST NICHT UNBEDINGT NUR EIN SICHTSCHUTZ, WENN MAN SICH IN ANWESENHEIT ANDERER EINMAL UMZIEHEN MÜSSTE. MAN KANN DAHINTER AUCH MAL DINGE VERSTECKEN, DIE ZWAR NOTWENDIG, ABER OPTISCH VIELLEICHT NICHT SO SCHÖN SIND.

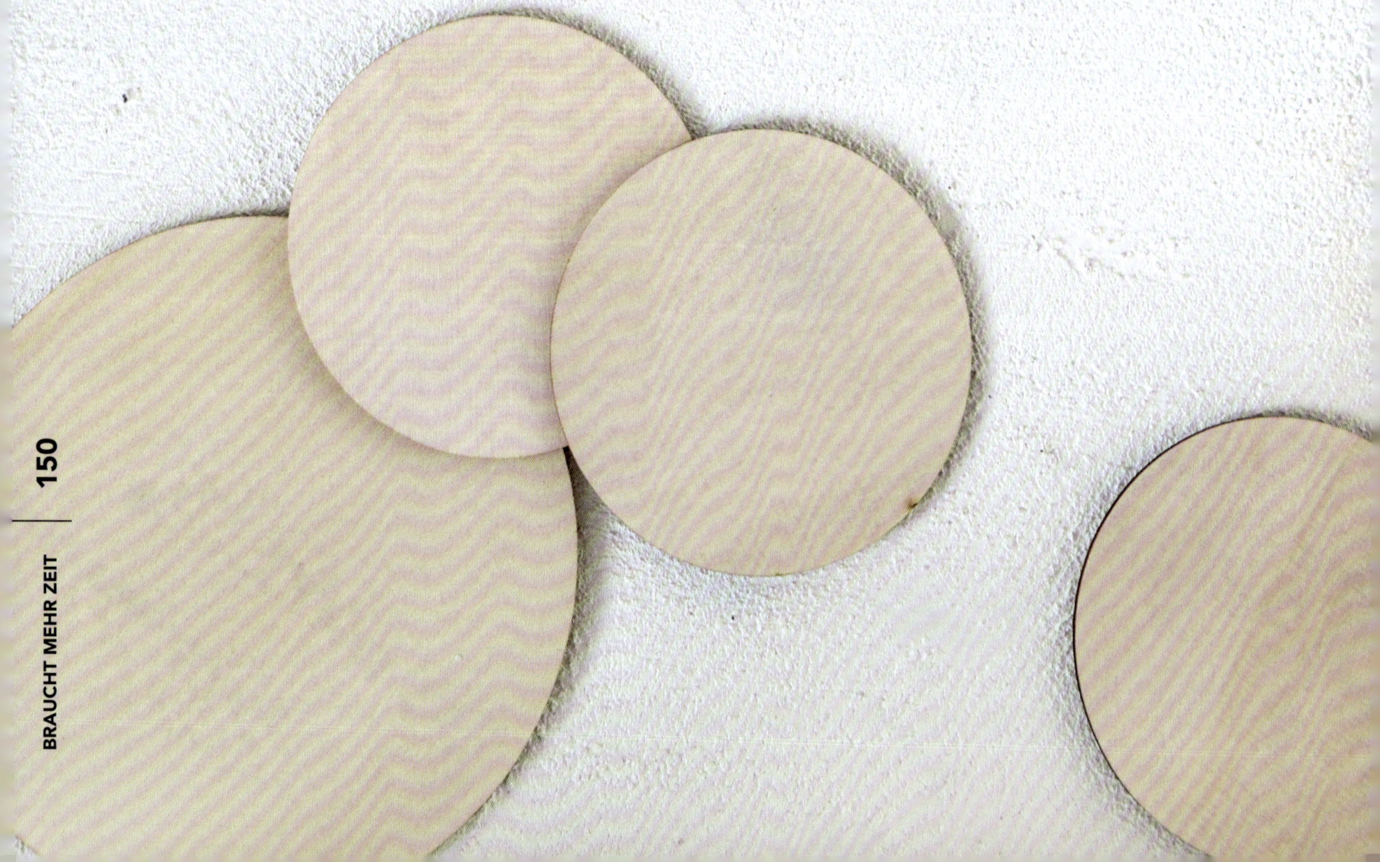

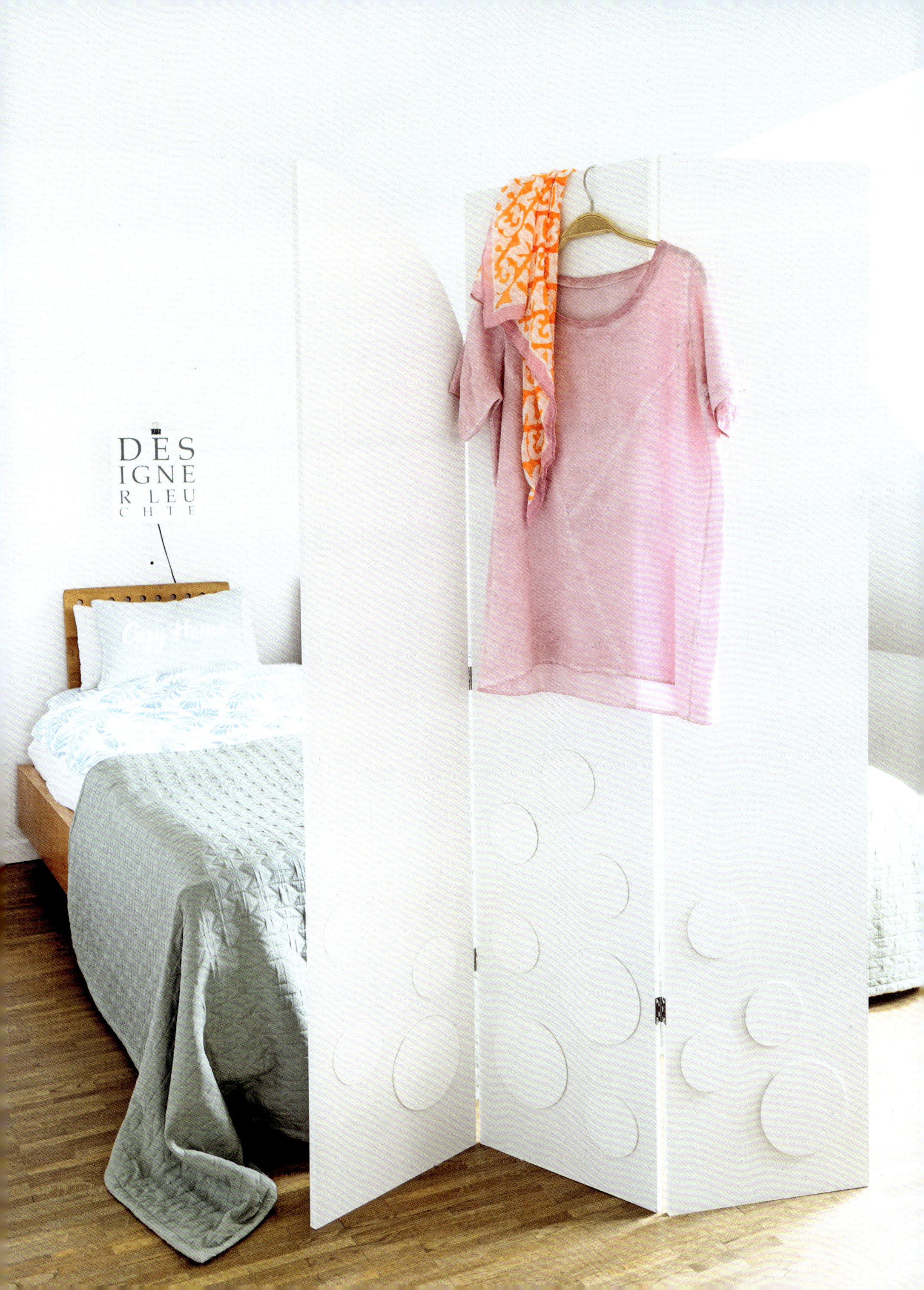
DES
IGNE
R LEU
CHTE

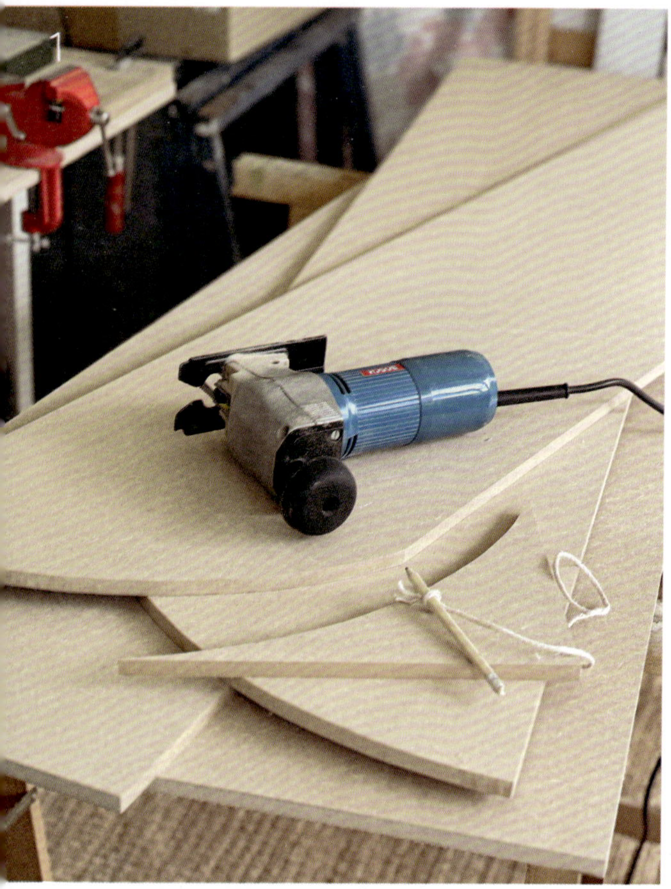

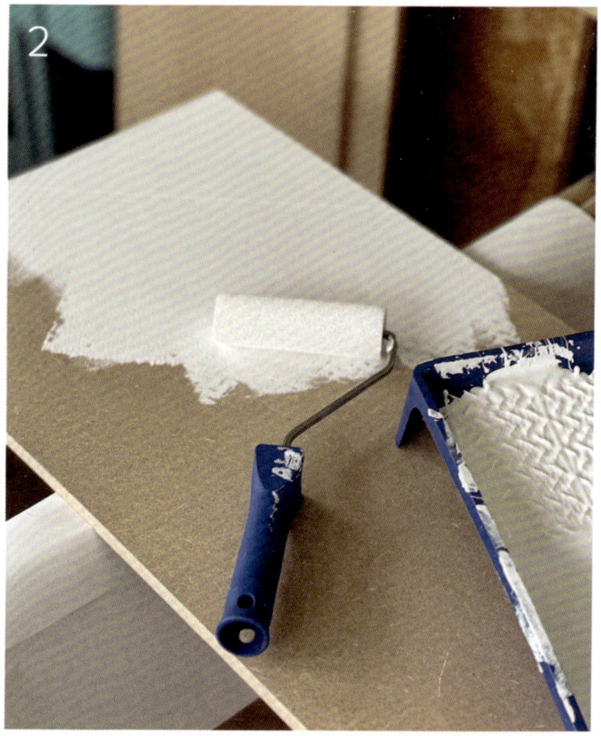

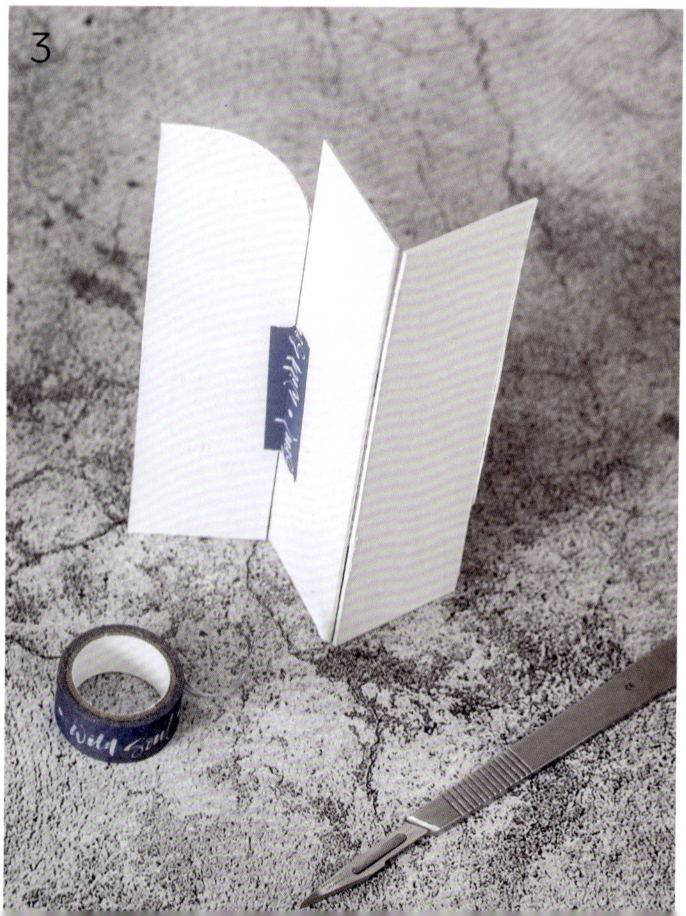

TIPP: DA ES ZU AUFWENDIG WÄRE, DIE FARBROLLE NACH DEN EINZELNEN FARBAUFTRÄGEN JEDES MAL AUSZUWASCHEN, KANN MAN DAS GANZE FARBSET IN EINE KLEINE TÜTE STECKEN, DIE MAN GUT VERSCHLIESST. SO VERHINDERT MAN, DASS DIE FARBE ANTROCKNET.

Und so geht's

MATERIAL

- 3 MDF-Platten 35 x 160 cm, mindestens 20 mm stark
- 6 Scharniere
- passende Schrauben
- Holzscheiben, verschiedene Durchmesser
- Bleistift
- Schnur
- Stichsäge
- optional Schraubklemmen
- Schmirgelpapier
- Heißkleber
- Schraubendreher
- Acryllack
- Farbrollenset
- Filzglider

1. Die Platten sollte man sich in einem Baumarkt besorgen. Man kann dort die passende Stärke des Holzes auswählen und die Platten entsprechend zuschneiden lassen. Die Größe der drei Platten ist variabel. Auch die Stärke und Art des Holzes kann man nach Geschmack anpassen. Zu dünn sollten sie aber nicht sein, sonst halten die Schrauben nicht. Denn die Platten sind recht schwer.
Wie viele Platten einen Bogen bekommen, hängt davon ab, wie der ganze Aufbau später aussehen soll. Hier sind es zwei Platten.
Die Bögen einfach mit einem Bleistift an einer Schnur anzeichnen und den Bogen mit der Stichsäge absägen.

2. Die Kanten mit Schmirgelpapier etwas glätten, dann die Platten alle 1- bis 2-mal lackieren. Damit sich die Platten später nicht durchbiegen, müssen sie unbedingt von beiden Seiten gestrichen werden.
Die Farbe sollte richtig trocknen, bevor man die Platten weiter verarbeitet.

3. Bei verschiedenen Formen der Platten kann es sinnvoll sein, sich ein kleines Modell aus Pappe zu basteln. Welcher Flügel soll in welche Richtung zeigen? Wo müssen dann also die Scharniere sitzen? Ein paar Beispiele für eine Anordnung sieht man unten.

... es geht weiter

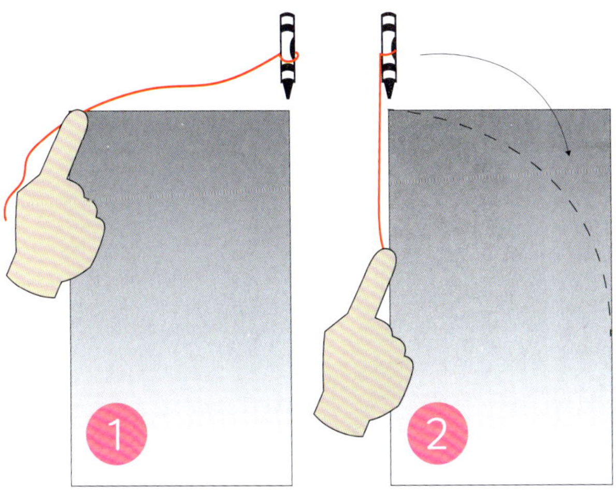

Bogen mit Stift und Schnur zeichnen.

1. Den Stift an die Schnur binden. Schnurende an linke Ecke der Platte halten. Länge der Schnur = Plattenbreite.

2. Stift nun an die linke Ecke halten. Schnurende an linker Kante nach unten führen. Dann mit dem Stift einen Bogen zeichnen.

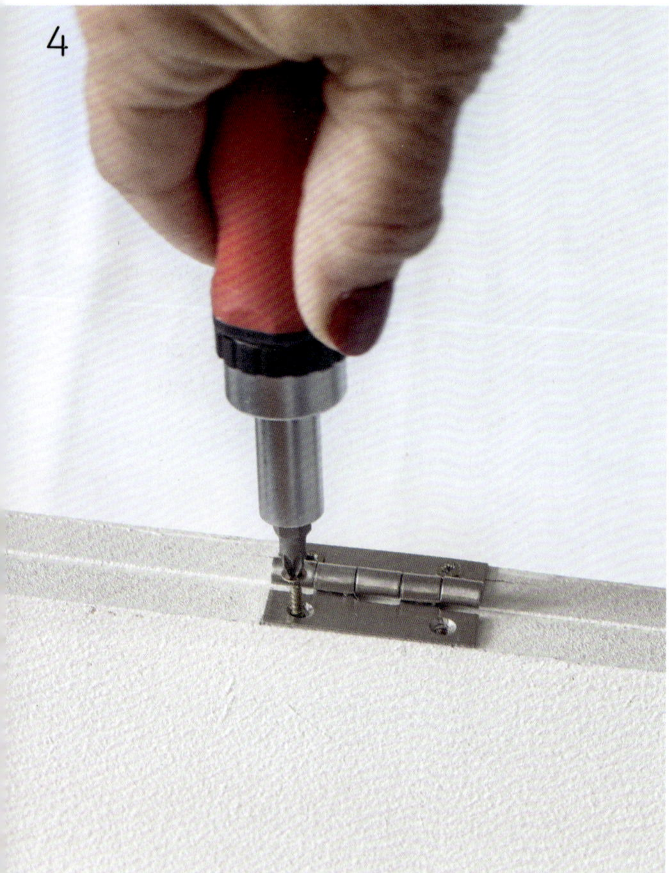
4

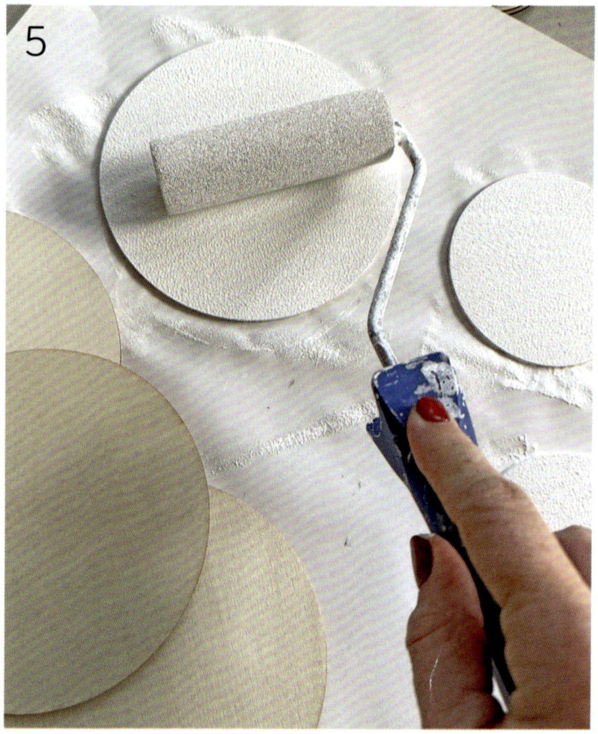
5

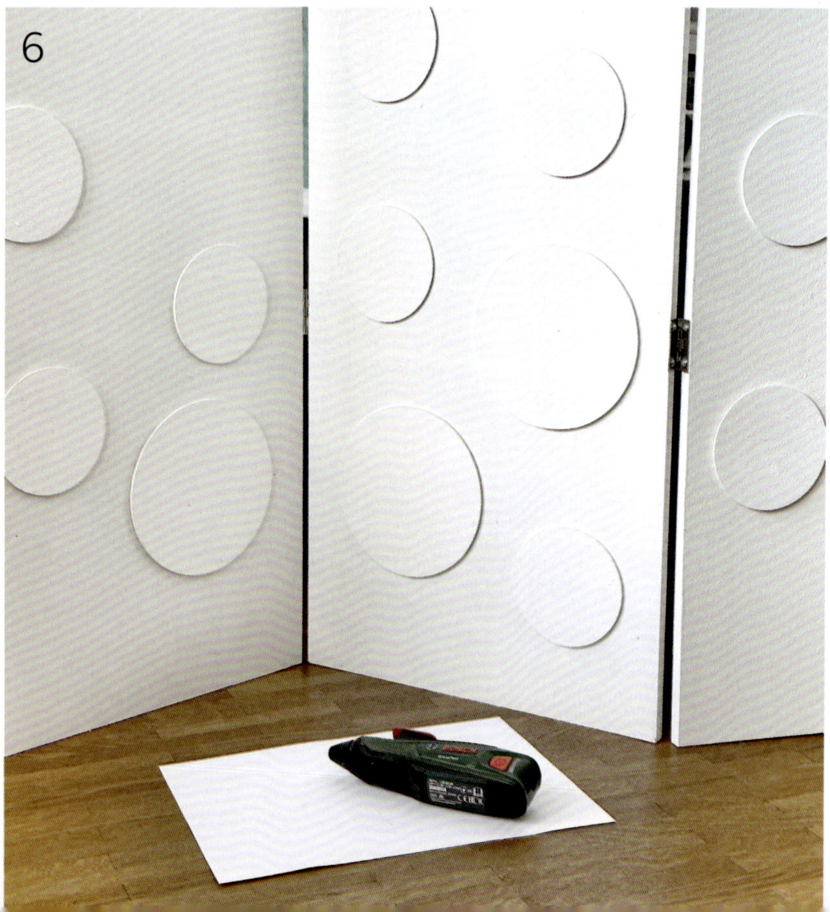
6

4. Platten dicht nebeneinander stellen und am besten mit 2-3 Schraubklemmen sichern. Abmessen, wo die Scharniere sitzen sollen, und die ersten beiden Platten mit drei Scharnieren zusammenschrauben. Die Platten drehen und auf der anderen Seite nun die dritte Platte ebenfalls mit drei Scharnieren anschrauben.

5. Die Holzscheiben, die später auf die Platte geklebt werden, nun ebenfalls streichen. Erst die Kanten, anschließend die ganze Fläche.

6. Sind die Scheiben trocken, kann man sie nach einer erstellten Vorlage mit Heißkleber auf die Holzplatten des Paravents kleben.

Damit man sich nicht den Boden verkratzt, kann man an der Unterseite der Platten Filzglider anbringen.

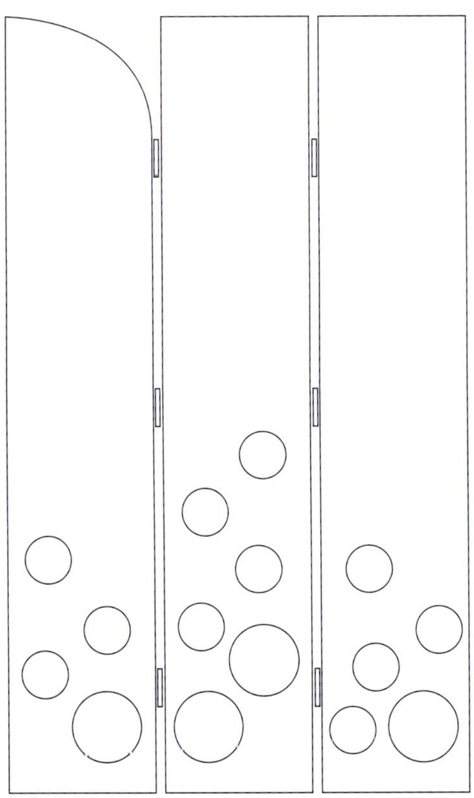

Auch die Aufteilung der Kreise kann man vorher an einer Skizze planen, um die entsprechende Anzahl Kreise in unterschiedlichen Größen zu streichen.

VORLAGEN UND INFOS

SCHNEIDEN MIT DEM FLASCHENSCHNEIDER.
HIERFÜR BENÖTIGT MAN EINEN FLASCHENSCHNEIDER (ALTERNATIV GLASSCHNEIDER) SOWIE HEISSES UND KALTES WASSER.

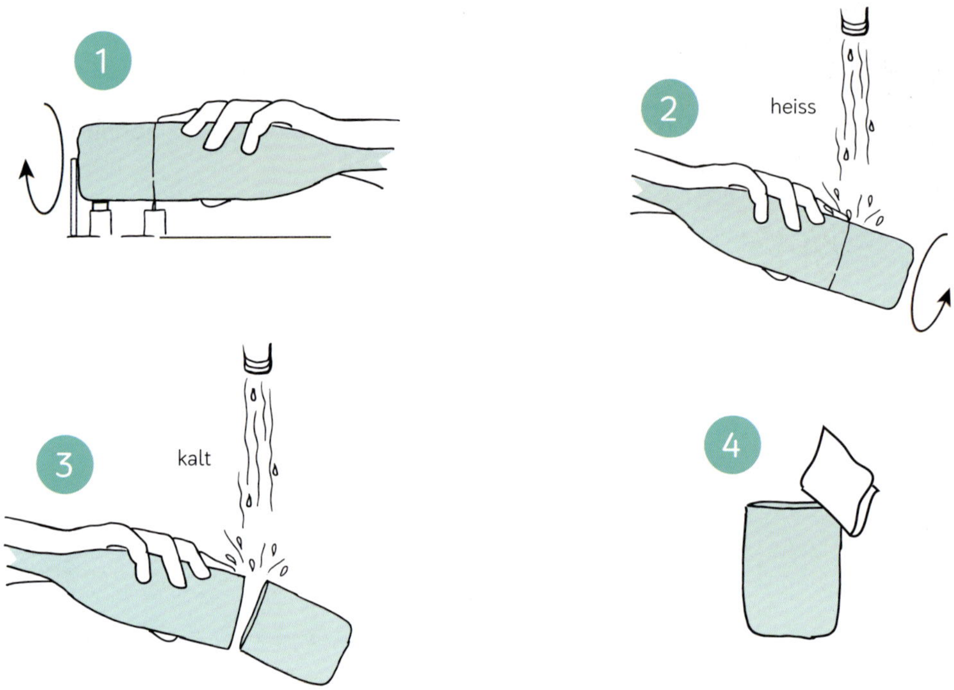

1. Flasche im Glasschneider sauber einmal komplett im Kreis einritzen. Ohne speziellen Flaschenschneider klebt man sich mit Klebeband eine Markierung rund um die Flasche und schneidet dort mit dem klassischen Glasschneider entlang.

2. Anschließend gleichmäßig kochendes Wasser über die angeritzte Naht gießen. Dabei die Flasche drehen. Alternativ kann man die angeritzte Naht auch über einer Flamme drehen, um sie zu erhitzen.

3. Anschließend eiskaltes Wasser über die angeritzte Naht gießen. Dabei die Flasche ebenfalls drehen. Im Idealfall bricht ein Teil der Flasche mit einem leichten Knacken ab. Falls nicht, wiederholt man den Vorgang mit heißem und kaltem Wasser.

4. Dann die Kanten mit sehr feinem Schleifpapier glätten.

Es empfieht sich, Handschuhe und eine Schutzbrille zu tragen!

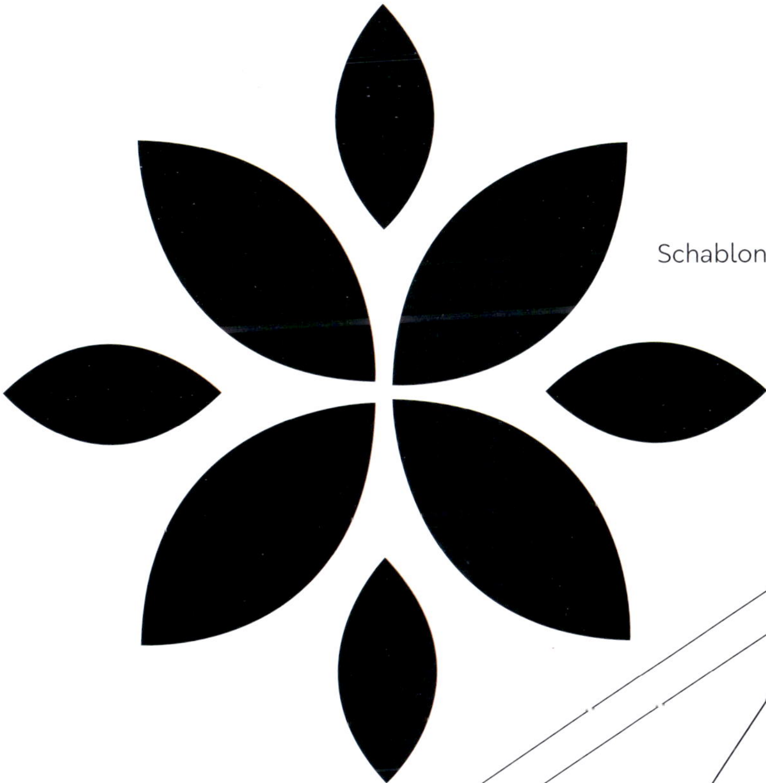

Schablonenvorlage Seite 14

Faltvorlage Ringhalter Seite 26

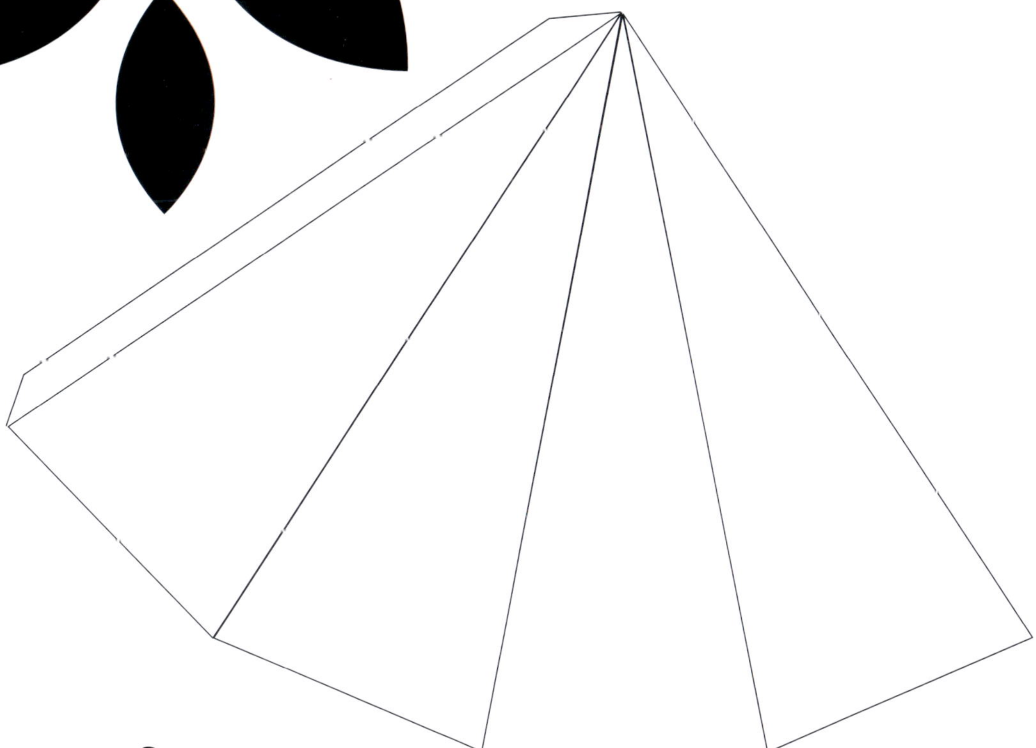

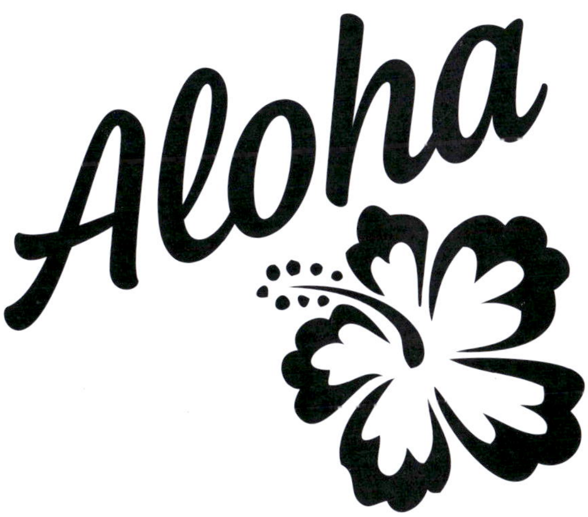

Schriftzug für Vase Seite 40

Waschsymbole für Wäschesäcke
Seite 86

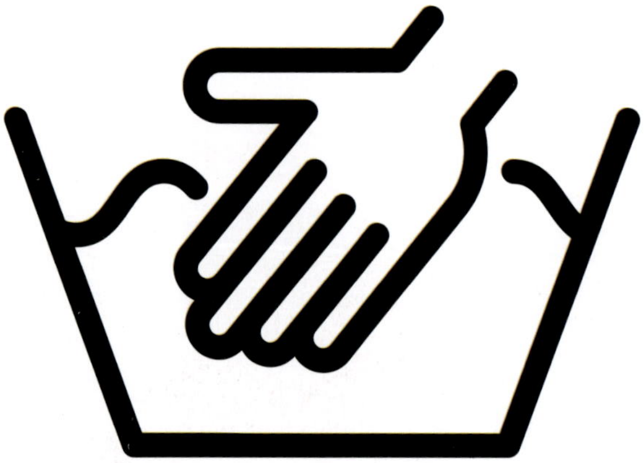

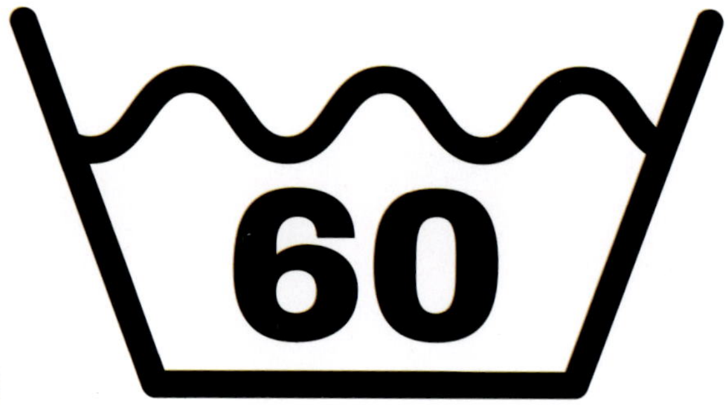

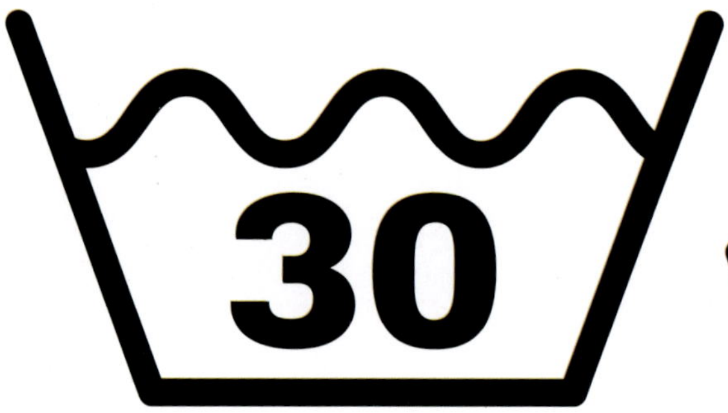

Gebrauchte Blank Decks kann man bei Ebay oder Etsy finden.

Neue Decks erhält man z. B. hier:
www.blag-skateshop.de oder
www.skateshop24.de

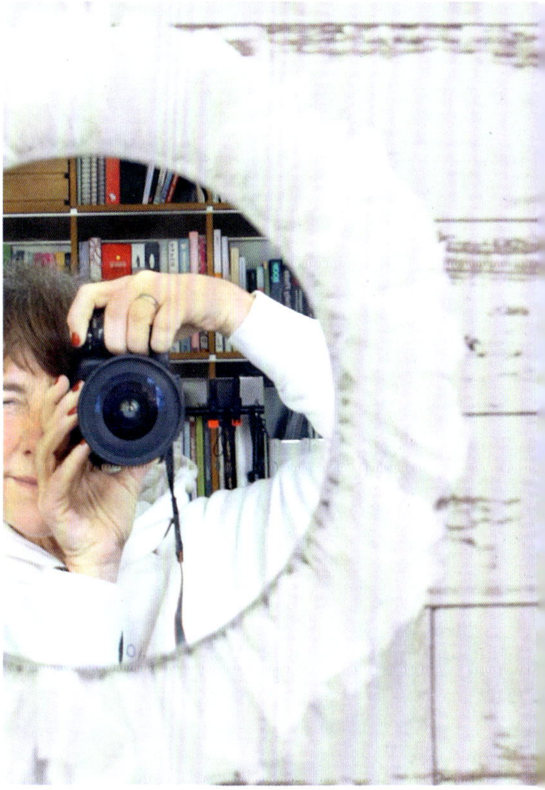

DANK

Ich möchte hier allen danken, die an mein Buch geglaubt und mich unterstützt haben. Dem **Christophorus Verlag**, der stets ein offenes Ohr für meine Ideen und Vorschläge hat, meiner **Freundin Gitti**, die mich immer gerne mal zum Baumarkt gefahren hat (mit dem E-Bike hätte ich die Bretter für den Paravent nicht nach Hause transportiert bekommen). Meiner lieben **Nachbarin Fiona**, die mir immer wieder ihr Wohnzimmer für Aufnahmen zur Verfügung stellt. Und auch der **Lektorin Sigrun Borstelmann**, die so viele meiner Bücher gewissenhaft durchschaut und immer darauf achtet, dass inhaltlich alles zusammenpasst. Und natürlich **meinem Mann**, den ich gerade bei handwerklichen Dingen stets um Rat fragen kann.

IMPRESSUM

Design & Realisation: Ina Mielkau
Fotos & Styling: Ina Mielkau
Projektmanagement: Svenja Wiglinghaus
Lektorat: Sigrun Borstelmann
Korrektorat: Mareike Weber
Umschlaggestaltung: Ina Mielkau
Layout: Ina Mielkau
Repro: LUDWIG:media
Herstellung: Julia Hegele
Printed in Türkiye by Elma Basim

★★★★★

Sind Sie mit diesem Titel zufrieden? Dann würden wir uns über Ihre Weiterempfehlung freuen. Erzählen Sie es im Freundeskreis, berichten Sie Ihrem Buchhändler oder bewerten Sie beim Onlinekauf. Und wenn Sie Kritik, Korrekturen oder Aktualisierungen haben, freuen wir uns über Ihre Nachricht an Christophorus Verlag, Postfach 40 02 09, D-80702 München oder per E-Mail an lektorat@verlagshaus.de.

Unser komplettes Programm finden Sie unter:

www.christophorus-verlag.de

In diesem Buch wird aus Gründen der besseren Lesbarkeit das generische Maskulinum verwendet. Weibliche und anderweitige Geschlechteridentitäten werden dabei ausdrücklich mitgemeint, soweit es für die Aussage erforderlich ist.

Die Deutsche Nationalbibliothek verzeichnet diese Publikation in der Deutschen Nationalbibliografie; detaillierte bibliografische Daten sind im Internet über http://dnb.d-nb.de abrufbar.

ISBN 978-3-8388-3910-3

Kreativ-Service

Sie haben Fragen zu unseren Büchern und Materialien? Wir beraten Sie gern rund um alle Kreativthemen. Rufen Sie uns einfach an. Wir interessieren uns auch für Ihre eigenen Ideen und Anregungen. Sie erreichen uns per E-Mail kreativ-service@c-verlag.de oder unter der Telefonnummer 0049-89-1306 99 577.

Besuchen Sie uns im Internet: www.christophorus-verlag.de & www.selbstgemacht.de